古代歷史文化研究輯刊

十九編

王明蓀 主編

第3冊

周代爵制研究

劉芮方 著

國家圖書館出版品預行編目資料

周代爵制研究／劉芮方 著 — 初版 — 新北市：花木蘭文化事
業有限公司，2018〔民107〕
序2+ 目4+262 面；19×26 公分
（古代歷史文化研究輯刊 十九編；第3冊）
ISBN 978-986-485-399-1（精裝）

1. 貴族階級 2. 周代

618   107002298

ISBN-978-986-485-399-1

古代歷史文化研究輯刊
十九編 第三冊   ISBN：978-986-485-399-1

周代爵制研究

作　　者　劉芮方
主　　編　王明蓀
總 編 輯　杜潔祥
副總編輯　楊嘉樂
編　　輯　許郁翎、王筑　美術編輯　陳逸婷
出　　版　花木蘭文化事業有限公司
發 行 人　高小娟
聯絡地址　235 新北市中和區中安街七二號十三樓
　　　　　電話：02-2923-1455／傳眞：02-2923-1452
網　　址　http://www.huamulan.tw 信箱 hml810518@gmail.com
印　　刷　普羅文化出版廣告事業
初　　版　2018 年 3 月
全書字數　211581 字
定　　價　十九編 39 冊（精裝）台幣 100,000 元

版權所有・請勿翻印

周代爵制研究

劉芮方 著

作者簡介

劉芮方，男，1983 年生，河南南陽鄧州人。2001 年就讀於東北師範大學歷史文化學院，畢業後跟隨詹子慶先生學習先秦史和先秦文獻，於 2007、2011 年依次獲得中國古代史碩士、博士學位。現爲東北師範大學歷史文化學院副教授。目前主持有國家社科基金青年項目、教育科學「十二五」規劃教育部青年項目等課題，在《史學月刊》、《古代文明》、《古籍整理研究學刊》等刊物上發表學術論文多篇。主要從事先秦史、先秦文獻、國學典籍等方面的教學和研究。

提　　要

　　「爵」最早作爲飲酒器和禮器出現，後來逐漸由器物轉變爲等級制度之稱。商代統治者在封賞與自己有血緣親緣關係的貴族及征服地區的部落首領時，往往會冠以相應的名號。一些具有等級差別的固定尊稱在殷商晚期出現，這或許就是「爵制」的草創階段。西周爵制的形成經歷了一個逐步的發展過程。周人滅商之初因襲商制；西周中期隨著統治的鞏固，周人對國家禮制進行了全面變革，使之更加完善和秩序化。儘管「爵」作爲器物基本沒落，但由「爵」衍伸而來的這種等級秩序卻被周人使用並形成了整齊而系統的五等爵制。春秋時期王室衰微，但此爵制被繼承下來，體現爲畿外畿內諸侯的「公侯伯子男」和王室內部官員的「公卿大夫士」兩個序列。春秋晚期爵制隨著社會形勢變革而有了變異的苗頭，但沒有替代制度產生。戰國時代禮壞樂崩，原有以血緣關係爲紐帶的「外內爵」制度先後遭到破壞，各國之間的交往完全憑實力而定。外部局勢的遽變加上諸侯國內加強君權的需要，原有等級秩序崩潰，「以功授爵」的方式就開始成爲主流，其中秦國的「軍功爵制」最爲典型。在周代，爵制與官制、軍制以及貢賦食祿制度等政制息息相關，由此構成了周代貴族等級制度的基本面貌。以春秋時期爲例，儘管此時社會秩序變動很大，但從諸侯之間和諸侯國內部來看，爵位的高低仍在政治生活中起著維護等級秩序的作用。

序

　　《周代爵制研究》即將付梓出版，作者囑我為之作序，是為之。

　　劉芮方勤奮好學，善於思考，他隨我學習古史十餘年，從本科、碩士到博士，給我留下深刻印象。

　　我仔細認真閱讀他的作品，深感有如下特點：

　　首先，他動態地研究周代爵制，從爵制的起源、五等爵制的形成、春秋時代的變異，直到戰國時代的轉型，乃至封建時代的延續，給讀者一個完整的科學思考，具有較高的學術價值。

　　其次，將爵制與其他政治制度聯繫起來考察。第一，將爵制與官制聯繫一起研究；第二，與軍制及其他政制等聯繫研究，展示出周代爵制的各種功能。使本課題研究深入一步，且反映出作者的思維活躍，展示作者的學術勇氣。

　　最後，作者運用二重證據法，充分吸取前人和當代研究成果，特別運用古文字和考古成果，相互佐證，增強了本文的科學性。

　　總之，本書為古史學界增添了一部新成果，將得到古史學者的稱讚。

詹子慶

2016 年 3 月

目

次

緒　論

　　先秦時期是中國歷史文化的源頭，中國傳統的思想、文化、政治體制、社會生活等等均起源於先秦時期。在先秦的時段中，周代的歷史得益於傳世文獻而更爲豐滿、詳盡，對周代歷史問題的研究不僅是可行的，更關係到我們對先秦時期乃至整個中國歷史的認識和瞭解。周代的爵制研究與周代以及先秦時期的政治結構、政治制度、社會禮制等一系列的問題密切相關，這一課題非常重要，值得我們對此認眞研究和深刻總結。

第一節　周代爵制的研究意義和方法

一、研究意義

　　爵制是整個中國古代社會一個重要政治制度，是古代等級制度的一項重要內容，同時也是古代社會秩序的重要組成部份。自從私有制確立，人類進入階級社會以後，等級觀念便滲入社會的每個角落。有學者認爲，商代已進入以爵制爲外在表現的分封等級社會。更有學者認爲，兩周時期乃「爵本位」的時代，爵制在周代貴族社會中發揮著重要的作用。春秋時期儘管「禮崩樂壞」，周代的爵制也隨之遭到破壞，出現了不少變異的情況，但以其爲核心的社會等級秩序仍未有大的改變。到了戰國時期，社會發生遽變，在新的社會形勢下，原有的以血緣爲中心的爵制體系解體，新的崇尚軍功的爵制系統開始建立，其中以秦最爲典型。自從商鞅變法後，新的軍功爵制在秦國社會秩序中就起著等級劃分的作用。秦統一六國，新的「二十等爵制」在國家中的

重要地位開始確立，至漢代中後期社會制度變革後才有所轉變。在以後中國古代社會中，爵制幾經變革，其地位雖有所下降，但仍在傳統政治體制中佔據一定的地位。此外，後世爵制的變革多以「周代爵制」（或說儒家化了的周代爵制）爲藍本。因此，周代爵制的研究，是整個古代社會爵制研究極其重要的一環，不僅關係到這一政治制度的起源和初期的發展演變問題，更關係到對後世爵制的更好認識。對這一課題的研究，有助於我們對整個傳統社會等級制度的理解和把握。

兩周時期正是爵制產生、完善並逐漸走向變異及轉變的時期，也是以「五等爵制」爲核心的周代爵制最爲輝煌的時期。其在周代政治及社會中的地位非常重要，從周代社會來看，爵制是周代禮制中不可或缺的一個環節，也是周代政治制度中極其重要的組成部份；同時，這一時期社會中一系列的相關制度，如政制層面的官制、軍制、封國采邑制度，以及社會禮儀生活中車馬、用具，喪葬的禮儀、墓制形狀、陪葬品等等，均與爵制息息相關。因此，對周代爵制及其相關問題的研究，可以加深我們對周代政治制度和社會生活的理解和認識。

因此，通過對周代爵制的研究，可以使我們對中國古代社會中爵制的起源及早期的流變有清晰的瞭解，也可以使我們加深對周代政治結構及禮制的研究和認識，從而有助於我們對中國古代等級社會的理解和考察。這一課題的研究，具有較強的學術意義和價值。

二、研究方法

首先，歷史學儘管是一門傳統學科，但其在新時代的發展和其他學科一樣離不開科學研究方法的有力指導。近代以來，馬克思主義傳入中國，一些先進知識分子開始使用其唯物史觀和經典論著對中國歷史的研究進行理論指導。建國後，馬克思主義更成了國內學者研究歷史的指南，爲中國的史學研究開闢了新的道路。近年來，西方思潮蜂起湧入中國，但在我們目前的歷史研究中，仍需堅持「唯物史觀」這一科學的研究方法。同時，我們也應該注意吸收和借鑒西方其他史學研究方法，如比較史學、計量史學等對我們研究進行理論指導。

其次，自從王國維先生建立文獻和考古結合的「二重證據法」以來，先秦史的研究基本都遵循這一研究方法，本文的研究也不例外。本文將採用傳

世文獻、出土文獻和考古資料相結合的方式對周代爵制的基本問題進行論述。

本文的研究以傳世文獻爲基礎。中國古代的傳世文獻，經過幾千年的輾轉傳抄及後人整理，其成書年代、作者及眞僞問題一直困擾著眾多學者。清末以來疑古思想的出現，以及近代「古史辨」學派的辨僞工作，使得眾多傳世文獻受到人們的質疑。但隨著近年來出土文獻的增多及李學勤等諸位先生的努力，人們開始對傳世文獻的態度發生了轉變。對於周代爵制的研究來說，先秦傳世文獻儘管存在各種各樣的問題，但一些基本的文獻，如經過校勘整理的《尚書》、《逸周書》、《左傳》、《國語》、《戰國策》等等，這些學界公認的史料，由於其系統性和豐富性，仍是我們研究的基礎所在。

出土文獻是我們研究的另一重要支柱，是傳世文獻的重要補充。研究周代爵制的起源，自然會涉及到商代爵制，出土的甲骨卜辭是研究商代爵制最重要的資料。對於周代爵制的研究來講，傳世及出土的金文資料是傳世文獻的有力補充。而研究戰國時期的爵制，則需要相關竹簡和帛書的佐證，甚至在某些問題的論述上，幾乎全要依靠簡帛資料的支撐。

考古報告也是我們在研究周代爵制中所必須參考的重要資料。在研究「爵」從器物到制度的演變時，所依賴的資料基本全爲考古發掘的墓葬情況；而在研究爵制與相關禮制、車馬服飾等用具時，也需要大量考古資料對相關文獻進行補充說明。

對以上三者的使用遵循靈活性原則，總體上我們以傳世可靠文獻爲研究的根基，畢竟出土文獻和考古資料的不系統性，帶有很大的局限性。但在某些具體問題的探討上，則根據史料的可靠與豐富程度，靈活使用相關的資料。

最後，我們將採用文獻資料與考古成果相結合的研究方法，吸收歷史學、文字學、考古學等多學科的研究成果，通過宏觀研究與微觀分析，探討周代爵制的起源、發展及其演變規律，對周代爵制從整體上進行動態把握。

第二節　周代爵制的研究綜述

一、文獻綜述

與周代爵制相關的文獻可分爲三類：傳世典籍、出土文獻及考古材料。下面分別對其進行簡單說明。

（一）傳世典籍

先秦文獻對於爵制的記載，因爲東周時「諸侯惡其害己也，而皆去其籍」，戰國時候的孟子亦僅聞其大略，不知爵制的詳細面貌。但是《孟子》、《周禮》、《禮記》、《儀禮》、《白虎通》等文獻仍粗略記載了前人對爵制的直接認識，這些材料爲最早最直接的材料。三禮之中，爭論頗多，其中的材料包括當時的原始材料、後世材料乃至後人的理想成分，參雜一起，理想之處過多，千年來，前人多延其說，而不知辨別。因此我們使用時需結合其他材料，一一細分。這些文獻多載春秋戰國時史實，因此較多符合春秋之制。在漢代大一統的前提下，《白虎通》直接承其說，並申論之，成爲後世流傳至今的觀點。這些材料，肯定有其合理的地方，需愼重對待，使用原則與金文或他文獻相合則信之，否則就存疑不論，僅爲參考。

《尚書》、《逸周書》、《左傳》、《國語》、《戰國策》（包括《戰國縱橫家書》）、《竹書紀年》，以及《孟子》、《荀子》等諸子類傳世文獻，它們對史事的敘述中，既提供爵制產生的社會背景、當時社會存在的各種爵稱，又能提供當時爵制的一些面貌，及其在社會中所發揮的各種功用。這些文獻，是我們研究中最多、最主要的組成部份，爲我們研究之基礎。我們可利用這些材料勾勒出爵制的初貌，又利用其與官稱的對應，勾勒出其與官制等其他制度之間的關係，還可從中定位其起到的作用。但是，由於這些文獻本身及內部各篇章成書時間不一，加上後世的竄誤、亡佚，我們在使用時需詳加甄別。

《孟子》一書基本爲孟子所著，完成於公元前 4 世紀〔註1〕，書中很多內容反映了他對當時乃至之前社會制度的看法。已知周代爵制的情況最早就記載於《孟子·萬章下》中，北宮錡向孟子打聽周代爵祿制度的情況，孟子談到：「其詳不可得聞也，諸侯惡其害己也，而皆去其籍；然而軻也嘗聞其略也。天子一位，公一位，侯一位，伯一位，子、男同一位，凡五等也。君一位，卿一位，大夫一位，上士一位，中士一位，下士一位，凡六等。天子之制，地方千里，公侯皆方百里，伯七十里，子、男五十里，凡四等。不能五十里，不達於天子，附於諸侯，曰附庸。天子之卿受地視侯，大夫受地視伯，元士受地視子、男。大國地方百里，君十卿祿，卿祿四大夫，大夫倍上士，上士倍中士，中士倍下士，下士與庶人在官者同祿，祿足以代其耕也。次國地方七十里，君十卿祿，卿祿三大夫，大夫倍上士，上士倍中士，中士倍下士，

〔註1〕 楊伯峻：《孟子譯注》，北京：中華書局，2005年。

下士與庶人在官者同祿，祿足以代其耕也。小國地方五十里，君十卿祿，卿祿二大夫，大夫倍上士，上士倍中士，中士倍下士，下士與庶人在官者同祿，祿足以代其耕也。耕者之所獲，一夫百畝；百畝之糞，上農夫食九人，上次食八人，中食七人，中次食六人，下食五人。庶人在官者，其祿以是爲差。」〔註2〕從這段話可以看出，孟子認爲的諸侯等級序列爲連天子在內的五等爵，其中子男爲同一位。此外，在各國內部也存在一個包括國君在內的六等爵位等級。從封國大小來看，分爲天子、公侯、伯、子男、附庸這樣的五個等級，而各國內部卿大夫士的封邑則與諸侯等級相仿。各國各個等級的祿則依國大小和自身爵位高低而有不同的等差。

　　成書於戰國中期的《禮記・王制》〔註3〕的記載與之相仿：「王者之制祿爵，公侯伯子男，凡五等。諸侯之上大夫卿，下大夫，上士中士下士，凡五等。天子之田方千里，公侯田方百里，伯七十里，子男五十里。不能五十里者，不合於天子，附於諸侯曰附庸。天子之三公之田視公侯，天子之卿視伯，天子之大夫視子男，天子之元士視附庸。」〔註4〕差別之處一是孟子所謂五等爵包括天子在內，子男同一位；二是天子之卿大夫士受地多了「三公」而依次下降。

　　而成書於戰國晚期的《周禮》〔註5〕中亦存在五等爵稱的記載，只是各諸侯封地面積與前兩個不同。如《周禮・夏官・職方氏》：「凡邦國千里，封公以方五百里，則四公；方四百里，則六侯，方三百里，則七伯；方二百里，則二十五子；方百里，則百男，以周知天下。」〔註6〕《周禮・地官・大司徒》：「凡建邦國，以土圭土其地而制其域。諸公之地，封疆方五百里，其食者半；諸侯之地，封疆方四百里，其食者三之一；諸伯之地，封疆方三百里，其食者三之一；諸子之地，封疆方二百里，其食者四之一；諸男之地，封疆方百里，其食者四之一。」〔註7〕《周禮》爲戰國時人的「建國規劃」，這些記載

〔註2〕〔漢〕趙岐注、〔宋〕孫奭疏：《孟子注疏》，〔清〕阮元校《十三經注疏》本，北京：中華書局，1980年影印，第2741頁。

〔註3〕王鍔：《〈禮記〉成書考》，北京：中華書局，2007年。

〔註4〕〔漢〕鄭玄注、〔唐〕孔穎達疏：《禮記注疏》，〔清〕阮元校《十三經注疏》本，北京：中華書局，1980年影印，第1321～1322頁。

〔註5〕楊天宇：《周禮譯注》，上海：上海古籍出版社，2004年。

〔註6〕〔漢〕鄭玄注、〔唐〕賈公彥疏：《周禮注疏》，〔清〕阮元校《十三經注疏》本，北京：中華書局，1980年影印，第863頁。

〔註7〕《周禮注疏》，第704頁。

應是根據前代制度並結合戰國時候地域廣大的具體情況而做的適當調整，並非對前代制度的追述。此外《周禮》還有對不同爵等對應不同禮儀的規定。如《周禮・春官・大宗伯》：「以玉作六瑞，以等邦國：王執鎮圭，公執桓圭，侯執信圭，伯執躬圭，子執穀璧，男執蒲璧。以禽作六摯，以等諸臣：孤執皮帛，卿執羔，大夫執雁，士執雉，庶人執鶩，工商執雞。」〔註8〕這些記載雖然並不一定是當時的準確史實，但其中反映的等級制度卻是當時的真實存在，我們可以與考古等其他材料相結合，從中找出爵制的真實面目來。

《商君書》是記載商鞅變法後秦國爵制演變初期最為重要的材料。書中不僅有商君變法的草令，還有其後學對當時情況的追記，諸篇雖不一定作於一時，但基本上可以反映出變革時的爵制內容和思想。其內容大概包括立爵重要性、立爵原則、授爵種類、爵位等級、爵位升遷、爵位論定及繼承和轉移等方面。不僅使我們對商鞅爵制思想有所認識，更有助於對秦國二十等爵最終形成之前情況的瞭解。

其他先秦諸子著作基本都涉及爵制和相關的內容，如《墨子》載：「今王公大人亦欲效人以尚賢使能為政，高予之爵，而祿不從也。夫高爵而無祿，民不信也。」〔註9〕即反映了春秋後期爵制變革中的爵與祿的關係。《韓非子》：「明主之為官職爵祿也，所以進賢材勸有功也。」〔註10〕「官職可以重求，爵祿可以貨得者，可亡也。」〔註11〕「然則無功而受事，無爵而顯榮，為有政如此，則國必亂，主必危矣。」〔註12〕這些均是戰國時期爵位變革後史實的反映。其他如《管子》、《荀子》、《莊子》、《呂氏春秋》等書中也有類似的材料，只是比較瑣碎，需要我們詳加整理。

春秋戰國時期的史書中也有「公侯伯子男」五等爵的記載。《國語・周語中》：「昔我先王之有天下也，規方千里，以為甸服。以供上帝山川百神之祀；以備百姓兆民之用；以待不庭不虞之患。其餘以均分公侯伯子男。」〔註13〕《國語・魯語下》：「天子作師，公帥之，以征不德。元侯作師，卿帥之，以

〔註8〕 《周禮注疏》，第762頁。

〔註9〕 〔清〕孫詒讓：《墨子閒詁》，北京：中華書局，2001年，第54～55頁。

〔註10〕 〔清〕王先慎：《韓非子集解》，北京：中華書局，2003年，第57頁。

〔註11〕 《韓非子集解》，第110頁。

〔註12〕 《韓非子集解》，第450頁。

〔註13〕 〔清〕徐元誥：《國語集解》，王樹民、沈長雲點校，北京：中華書局，2002年，第51～52頁。

承天子。諸侯有卿無軍，帥教衛以贊元侯。自伯子男有大夫無卿，帥賦以從諸侯。」〔註14〕《左傳‧襄公十五年》：「王及公、侯、伯、子、男，甸、采、衛大夫，各居其列，所謂周行也。」〔註15〕《公羊傳‧隱公五年》：「諸公者何？諸侯者何？天子三公稱公，王者之後稱公，其餘大國稱侯，小國稱伯、子、男。」〔註16〕可見當時五等爵的存在已經成為共識。

漢代文獻主要繼承並整理先秦文獻的觀點。《史記‧漢興以來諸侯王年表》直接稱：「周封五等：公，侯，伯，子，男。」〔註17〕《漢書‧地理志》則據《孟子‧萬章下》和《禮記‧王制》「公、侯地方百里，伯七十里，子、男五十里」的記載，有：「周爵五等，而土三等。」〔註18〕的說法。《春秋繁露‧爵國》則完全繼承公羊傳的觀點。

成書於東漢漢章帝時的《白虎通》是以今文經學為基礎，當時討論五經異同的論說總集。其中《爵》篇為當時諸儒尤其今文學家關於爵制的觀點總集。其主要觀點有「天子者，爵稱也」；「爵有五等，以法五行也。或三等者，法三光也」；「殷爵三等，謂公、侯、伯也」；「公卿大夫者何謂也？內爵稱也」等。並就「婦人無爵」、「爵人於朝」、「大夫功成未封而死，不得追爵賜之者」及生前死後的不同爵稱等問題辨析了各種不同的觀點。〔註19〕

此外，就天子是否爵稱的問題，許慎《五經異義》認為天子非爵，而鄭玄《駁五經異義》則從《士冠禮》「古者生無爵，死無諡」得出天子有爵。此外鄭玄還沿襲《白虎通》的觀點認為殷因夏爵為三等之制，周代定為五等，而春秋又變為三等，合伯子男為一。

隨著官方對常見儒學典籍的統一校準，周代五等爵之觀點已基本成古人之共識。對周代爵制的看法也沿襲先秦兩漢的觀點而無任何變動。在魏晉到元明這段時間，可供參考是的杜預、孔穎達等人對先秦兩漢相關文獻的注疏，這有助於我們對相關文獻的理解與認識。

〔註14〕　《國語集解》，第 181 頁。

〔註15〕　〔晉〕杜預注，〔唐〕孔穎達疏：《春秋左傳正義》，〔清〕阮元校刻《十三經注疏》，北京：中華書局影印，1980 年，第 1959 頁。

〔註16〕　〔漢〕何休注、〔唐〕徐彥疏：《春秋公羊注疏》，〔清〕阮元校刻《十三經注疏》，北京：中華書局影印，1980 年，第 2207 頁。

〔註17〕　〔漢〕司馬遷：《史記》，北京：中華書局，1959 年，第 801 頁。

〔註18〕　〔漢〕班固：《漢書》，北京：中華書局，1962 年，第 1542 頁。

〔註19〕　〔清〕陳立：《白虎通疏證》，北京：中華書局，1994 年，第 1～33 頁。

　　清人的貢獻主要體現在兩個方面，一是對先秦兩漢相關典籍的輯佚、校勘、整理，大大方便了我們對這些文獻的閱讀與理解。如孫星衍《尚書今古文注疏》、孫詒讓《周禮正義》、孫希旦《禮記集解》、劉文淇《春秋左氏傳舊注疏證》、陳立《白虎通疏證》等等。另一方面，清人的一些筆記及研究著作也涉及到了周代爵制的研究，成果異常豐富。

　　阮元主編的《皇清經解》乃彙集儒家經學經解之大成，是對乾嘉學術的一次全面總結。全書共收入七十三家，一百八十三種著作，凡一千四百卷。其中萬斯大《學禮質疑》、臧琳《經義雜記》、惠士奇《禮說》、江永《周禮疑義舉要》、沈彤《周官祿田考》、王鳴盛《周禮軍賦說》、任大椿《弁服釋例》等書，或涉及對先秦禮書中爵制的補注，或涉及到爵制相關的祿田、服飾等方面，值得我們借鑒。

　　秦蕙田《五禮通考》沿前人徐乾學《讀禮通考》之體例，以《周禮》、《儀禮》為綱領，將二十二史等材料補充其中，博及吉、凶、賓、軍、嘉五禮，又分七十五類，網羅眾說，匯為一書。書中內容包括天文、地理、軍政、官制等等，蔚為大觀，其中官制部份直接涉及到爵制的內容，而其他匯聚的諸禮部份也對我們研究爵制相關的社會生活部份增添了很多方便。

　　黃以周《禮書通故》整理排比古代禮書中各項典章制度，在充分列舉古代各家觀點後做了詳細按語。其中《職官通故一》即是對爵制各種觀點的詳細整理。其中包括「天子是否為爵稱」、「五等爵與三等爵」、「春秋時伯爵」、「封諸侯與爵人之時、地」、「殷周『士』是否為爵稱」、「諸侯之卿大夫命制」、「各等級采祿封邑之別」等等，既有前代各家的不同觀點，又有作者對這些觀點的辨析，極為方便。

　　顧棟高《春秋大事表》對春秋及三傳做了分類整理和實證研究，其中《表五：列國爵姓存滅》從春秋三傳中詳細勾勒了各諸侯國的爵稱，加以列表分類排比，讓我們對春秋列國爵稱一目了然，極為細緻、方便、翔實，一方面展示了五等爵稱在各諸侯國的具體體現，另一方面使我們對春秋爵制的研究省卻翻檢之功。

　　此外清代學者的一些筆記亦對爵制的某些方面做了一些考證與論述，也為我們的研究提供了一些參考。如趙翼《陔餘叢考》「公」條涉及了周代爵制，「執圭」條涉及到戰國時楚國爵制。黃宗羲《明夷待訪錄·置相》和顧炎武《日知錄》從當時新的角度討論了天子為爵稱的問題。此外《日知錄》的「諸

侯在喪稱子」、「未逾年書爵」、「卿不書族」等條對爵制相關的一些細節亦有可供參考的論述。

綜觀在爵制研究方面，先秦文獻可分為兩大部份，一是對爵制的直接認識；二是史料中與爵制相關的人名及其他相關制度、禮儀等方面的記載。後世的文獻基本沿用這兩部份，以及對這兩部份的整理、考證、辨析。儘管傳世文獻有著成書時間不一、內容竄誤、真偽難辨等問題，但因為其相對系統性，仍然是我們研究周代爵制的最基本資料，只是在使用時需參考出土文獻和考古資料詳加辨析。

（二）出土文獻及考古材料

二十世紀以來，隨著甲骨文和金文的發現日益增多，人們對商周時期的典制逐漸增加了瞭解。商代以前的歷史由於傳世文獻及出土資料欠缺，僅能從發掘的墓葬等材料中知道當時社會中等級的存在，但具體內容很是模糊，目前很難研究清楚；隨著卜辭文獻的整理和釋讀研究，學者們對商代晚期的等級情況進行了廣泛而深入的研究，儘管在商代爵制的問題上存在許多爭議，但我們還是可以從現有材料中對此有一定的瞭解。甲骨文是研究周代爵制起源——商代爵制的第一手材料。商代文獻稀少，且爭論頗多，論及爵制的材料更是寥寥，故甲骨文乃是最為重要的材料。《甲骨文合集》及《甲骨文合集釋文》是目前已知甲骨文字的材料總集；島邦男的《殷墟卜辭綜類》和姚孝遂的《殷墟甲骨刻辭類纂》是甲骨文分類檢索的工具書，有助於我們翻檢材料；《甲骨文字集釋》及《甲骨文字典》、《甲骨文字詁林》等是甲骨文字釋義的工具書，有助於我們對「侯、伯、子、男」等爵稱字義的理解；陳夢家《殷墟卜辭綜類》和島邦男《殷墟卜辭研究》等是對甲骨文分類研究的名著，其中均涉及到商代爵制的研究，便於我們對甲骨文字材料的理解。

金文材料的出現極大豐富了我們對周代文獻乃至周代歷史的認識，是研究周代爵制不可或缺的資料。《殷周金文集成》及《近出殷周金文集錄》是目前已知絕大多數金文材料的總集，其他新出土的材料零星發布在《考古》、《文物》等刊物上。《金文引得》及《金文今譯類檢（殷商西周卷）》是金文檢索的工具書，為我們查找金文資料提供了極大方便。《兩周金文辭大系圖錄考釋》、《殷周金文集錄》、《商周青銅器銘文選》和《殷周金文集成釋文》等書提供了金文的摹釋及初步的研究。此外，李學勤、裘錫圭、朱鳳瀚、王世民、

李零、劉啟益、王暉等諸位先生對金文的一些考證研究，或發表於各種期刊雜誌，或收錄於各人論文集中，涉及商周爵制的內容也值得我們重視。

　　此外戰國以後的簡帛文書材料爲我們瞭解周代爵制在戰國秦漢時期的演變提供了原始的材料。《睡虎地秦墓竹簡》和《張家山漢簡》爲商鞅變法後秦國爵制的再現提供了第一手資料，彌補了傳世文獻研究的不足，使我們可以更好理解周代爵制的演變。

　　考古材料多體現周代爵制與禮儀制度的聯繫，如用鼎制度、喪葬制度、用玉製度等，這些內容舊時記載於三禮中，但因爲時代久遠，史料散失，莫辨眞假，新發掘的考古材料正好可以直觀體現出這些等級制度在物質方面的表現。《商周考古》、《中國考古學‧夏商卷》和《中國考古學‧兩周卷》分類集合了建國以來夏商兩周考古方面的研究，方便我們翻檢。此外，與爵制有關的考古報告及研究論著集中於：一、器用制度。俞偉超、高明《周代用鼎制度研究》從考古材料出發，結合文獻，詳細考證了周代用鼎制度，其他還有李學勤《新出青銅器研究》、朱鳳瀚《中國古代青銅器綜論》、李玉潔《殷周用鼎制度研究》、林澐《周代用鼎制度商榷》等。二、墓葬制度及陪葬品。相關的發掘報告及研究著作有《琉璃河西周燕國墓地》、《寶雞強國墓地》、《浚縣辛村》、《黃河中下游地區的東周墓葬制度》、《楚系墓葬研究》等，分別涉及到諸侯及卿大夫士的各式墓葬。三、其他方面，如許宏《先秦城市考古學研究》涉及到各級爵的封邑問題，孫慶偉《周代用玉製度研究》結合考古發掘考證了周代各等級的用玉製度，笪浩波《先秦禮車制度初探》詳細討論了先秦時期的車服制度。而梁雲的《戰國時代的東西差別》則詳細論述了戰國時期各國的器用制度、墓葬等級、都城形態等方面，雖他的論述側重於東西方比較，但亦對爵制相關的這些方面展開了論述。

二、研究綜述

　　由於史料的缺乏，先秦時期的學者對周代爵制基本情況已經所知不多，漢代及後世的學者對此認識一直以《周禮》等儒家文獻爲準繩；20 世紀以來金文等出土文獻的大量發掘，使得學界對傳統觀點出現了種種爭議，也由此促使我們對這一問題進行更深更細緻的探討。下面對周代爵制研究的狀況作一簡單的回顧。

　　學術界對周代爵制的研究基本集中在「公侯伯子男」這「五等爵」的討論上，至於孟子所提到的「君——卿——大夫——士」另一等級序列，學界則很少將之作爲周代爵制的組成部份來討論。因此下面主要就學者對「五等爵」的研究以及爵制相關的專題等問題做一番梳理。

（一）關於周代五等爵的研究

　　傳統學者提到周代爵制，一直以「五等爵制」稱之，但進入 20 世紀二三十年代，研究金文之風日盛，一些學者在用金文證史的同時，對傳世文獻的可靠性漸生懷疑，對五等爵亦多持懷疑、否定態度。由此諸多學者的觀點可大概分爲三類。

　　一是承「疑古」之風，對傳世文獻持懷疑態度，以當時所發現的金文材料爲準；由此帶來的後果就是否認周代存在五等爵制，甚至於否認周代爵制的存在。當以王國維、傅斯年、顧頡剛、郭沫若、楊樹達、胡厚宣、陳槃、姚孝遂、趙伯雄、劉源、魏芃等人爲代表。王國維在《古諸侯稱王說》一文中據彝銘中「夨伯」又稱「夨王」等例證，謂：「古諸侯於境內稱王與稱君、稱公無異。……蓋古時天澤之分未嚴，諸侯在其國自有稱王之俗。即徐、楚、吳、越之稱王者亦沿周初舊習，不得盡以僭竊目之。」〔註 20〕此文雖未正面涉及五等爵問題，但王與諸侯的界限都不那麼嚴格，又何況諸侯間的爵位高低，故此文的問世實爲隨後出現的懷疑、否定五等爵制傾向的一種啓發。1930年，傅斯年先生發表《論所謂五等爵》首先否認周代五等爵的存在，他以爲與《詩》、《書》、金文等不合，指出「五等爵之本由後人拼湊而成，古無此整齊之制」、「五等爵者，本非一事，既未可以言等，更未可以言班爵也。」〔註21〕顧頡剛先生早年在《戰國秦漢間人的造僞與變僞》一文中從疑古的角度出發，肯定了傅斯年先生觀點，並進一步認爲「五等爵制」如果不是「傳訛」，就是「作《春秋》的人有意定出來的階級」。〔註22〕同時郭沫若先生亦發現金

〔註20〕王國維：《觀堂別集》卷一，《觀堂集林》（附別集），北京：中華書局，1959年，第 1152～1153 頁。

〔註21〕傅斯年：論所謂五等爵，《歷史語言研究所集刊》第二本，中華書局，1987年影印；又載《傅斯年全集》（三），長沙：湖南教育出版社，2003 年，第 20～45 頁。

〔註22〕顧頡剛：《戰國秦漢間人的造僞與辨僞》，《古史辨自序》，石家莊：河北教育出版社，2002 年，第 142～143 頁。原文載燕京大學《史學年報》第二卷第二期，1937 年。

文中爵無定稱，因謂五等爵祿，實周末儒者論古改制之所為，因舊名而賦之以等級也。〔註23〕楊樹達先生亦遍檢金文爵稱，分為兼稱七種，列舉大量例證，力證「銘文國君之名稱不但與《春秋》歧異而已，即在彝銘本身，雖同一國君，彼此互殊者仍至夥」，謂「前人說經者謂諸侯在其國內得稱公，《春秋》書法有前後異稱者，又設為進爵降爵之說。由今觀之，彼皆彌縫牽附之詞，非當時之實錄也。」〔註24〕胡厚宣先生更廣搜博證，以為殷之封建，以爵名視之，有婦子侯伯男田，復以爵無定稱之事實，謂五等爵「乃周末五行說盛行之後，儒者託古改制之所為，就舊有之名，而定以等級者也。」〔註25〕陳槃在利用金文與文獻材料進行對照研究後，實際也認為諸侯爵無定稱。〔註26〕姚孝遂先生直接認為孟子所說乃臆造，商周均無此典制。〔註27〕趙伯雄在同意傅、郭、楊等前輩學者的觀點基礎上也認為「從《春秋》來看，諸侯各國的『爵稱』雖說大體固定，但這或者是筆削的結果，或者是魯人的習慣稱謂，這些『爵稱』並不能構成所謂五等爵制。」「從《左傳》來看，當時諸侯國間確乎是有等級差別的。不過當時的分級，大體上是按國的大小與實力，分為大國、小國、附庸等幾等，而不是什麼公侯伯子男。」〔註28〕

近年來劉源也持有同樣的觀點：「殷周政體為內外服制，……五等爵制在商周時期並未真正實行過，殷和西周的真實諸侯體系是『侯、甸、男、衛、邦伯』。而所謂五爵稱中，只有侯、男是王室冊命的外服諸侯。公、伯、子三種名號則在『侯甸男』體系之外，其性質分別為高等級貴族的尊稱、首領及嫡長子、族長及宗子，故在殷周時代廣泛用作貴族名號，並不限於諸侯的範

〔註23〕 郭沫若：《中國古代社會研究》第四篇五《周代彝銘中無五服五等之制》，北京：人民出版社，1964年；《金文所無考》六《五等爵祿》，《金文叢考》《郭沫若全集・考古編》（第五卷），北京：科學出版社，2002年，第81～120頁。

〔註24〕 楊樹達：《古爵名無定稱說》，《積微居小學述林》卷六，上海：上海古籍出版社，2007年，第249～256頁。

〔註25〕 胡厚宣：《殷代封建制度考》，《甲骨學商史論叢初集》（上），石家莊：河北教育出版社，2002年，第19～81頁。

〔註26〕 陳槃：《春秋大事表列國爵姓及存滅表撰異》（三訂本），上海：上海古籍出版社，2009年。

〔註27〕 于省吾主編，姚孝遂按語編輯：《甲骨文字詁林》，北京：中華書局，1999年，第2132頁。

〔註28〕 趙伯雄：《周代國家形態研究》，長沙：湖南教育出版社，1990年，第127、129頁。

圍。」〔註29〕魏芃也認爲「五等爵制」始終並未作爲一種自上而下頒行的完善制度存在過，而這種體系理論是在戰國早中期之間對春秋時期眞實存在的歷史材料進行補充完善的基礎上逐漸成型的。〔註30〕

　　二是繼承前人的看法，以傳世文獻爲依託，承認周代存在五等爵制，並進一步申論之。其雖然吸收了近人的研究成果，不再以三禮爲立論基礎，但仍相信《春秋》、《左傳》等文獻的記載。隨後即使有學者亦證以金文及考古，但其根基仍爲這些文獻。如金景芳先生即反對以金文爲絕對尺度的研究方法：「因爲五等爵不僅見於《周禮》、《王制》、《孟子》，也見於《國語》、《左傳》。……這些不約而同的記載，足以證明周人是確有五等爵制的。……至於金文中所記載的複雜情況，在文獻裏也何嘗沒有？我們只應細心研究，找出眞正的原因。那種把金文作爲絕對尺度，凡是不符合金文的，即武斷爲不可信的做法，我們在史學研究中是應當避免的。」〔註31〕

　　瞿同祖曾將《春秋》所載諸侯爵位的稱謂，詳加摘錄，按等級分類作表，發現「諸侯確有公、侯、伯、子、男五等爵位，除非升黜是不可以改稱的」。〔註32〕束世澄討論五等爵名及其各種變例後也認爲《春秋》「所記各國爵位是可靠的」。〔註33〕杜正勝也認爲：「《春秋》的五等爵制是宗周舊禮無疑。」〔註34〕

　　而對文獻中「五等爵制」問題搜集最爲齊全的是陳恩林先生，他通過對現存傳世文獻的檢索、考辨，認爲「周代諸侯公、侯、伯、子男五等爵的排列是有序的。」〔註35〕

〔註29〕劉源：《「五等爵」制與殷周貴族政治體系》，《歷史研究》，2014 年第 1 期，第62～78 頁。

〔註30〕魏芃：《西周春秋時期「五等爵稱」研究》，南開大學歷史學院博士學位論文，2012 年。

〔註31〕金景芳：《古史論集》，濟南：齊魯書社，1981 年，第 95～110 頁。

〔註32〕瞿同祖：《中國封建社會》第二章第三節《諸侯的等級》，上海：上海人民出版社，2005 年。

〔註33〕束世澄：《爵名釋例──西周封建制探索之一》，《學術月刊》，1961 年第 4 期，第 41～42 頁。

〔註34〕杜正勝：《編户齊民──傳統政治社會結構之形成》，臺北：聯經出版事業公司，1990，第 322 頁。

〔註35〕陳恩林：《先秦兩漢文獻中所見周代諸侯五等爵》，《歷史研究》，1994 年第 6 期。

葛志毅先生亦認為：「周初分封之後，形成一套諸侯等級體系，即所謂公侯伯子男五等爵制。這不僅在《左傳》、《國語》中可以得到證明，《孟子》、《管子》及一些禮書中也有記載。」「所謂五等爵無定稱說，其根本的失誤之處，就在於對此複雜情況缺乏深入研究，只對爵稱作些表面上的統計對比就貿然下結論，其結論當然不可信。」〔註36〕其認為五等爵是周初隨著分封制形成而發展起來的，成形於成康之際，「周人所封諸侯畢竟有限，因而五等爵制的推廣，不得不主要通過周王以朝覲會同之禮組織接待臣屬邦國而實現。……由於爵制的產生，已使周代朝會帶上嚴格的等級制色彩，這是周代朝會制度區別於夏商的顯著特徵。……朝會活動與五等爵制的配合，始終是周代政治制度發展中的一個重要特點。」〔註37〕

俞偉超、高明兩位先生則通過對周代一些墓葬用鼎制度的考察，認為周代確實存在五等爵制。〔註38〕王世民先生則通過對西周、春秋時期金文材料中爵稱的研究後發現，除生前尊稱和死後追稱的情況之外，金文中確已有了固定的五等爵稱。〔註39〕

翦伯贊先生則早在《中國史綱》中亦以《詩》、《書》、《左傳》為依據，並證以金文，認為「五等爵」（公侯伯子男）確實存在，且有等差之分，至西周末年由於封建及兼併戰爭，陷於紊亂。〔註40〕

三是雖然反對傳統舊儒的觀點，但仍承認周代存在爵制，不過不是公侯伯子男式樣的五等爵制。其立論依據亦以金文為主，但並未對傳世文獻持否定態度，而是作為參考和對照，比較謹慎。

一些學者仍將周代爵制當作一個整體來論述。童書業先生則認為所謂五等爵實際只是「侯、甸、男」三等爵，〔註41〕和殷商的制度是一樣的，其中

〔註36〕 葛志毅：《周代分封制度研究》，哈爾濱：黑龍江人民出版社，第157頁。

〔註37〕 葛志毅：《殷周兩代諸侯體制的比較》，《學習與探索》，2000年第6期，收入其《譚史齋論稿》，哈爾濱：黑龍江人民出版社，2003年，第32～45頁。

〔註38〕 俞偉超、高明：《周代用鼎制度研究》，《北京大學學報》（哲社版），1978年1～3期；又載入俞偉超《先秦兩漢考古學論集》，北京：文物出版社，1985年。

〔註39〕 王世民：《西周春秋金文中的諸侯爵稱》，《歷史研究》，1983年第3期；《西周春秋金文所見諸侯爵稱的再檢討》，《古文字與古代史》第三輯，臺北：中央研究院歷史語言研究所，2012年3月，第149～157頁。

〔註40〕 翦伯贊：《中國史綱》第一卷《史前史、殷周史》，收入《翦伯贊全集》（第一卷），石家莊：河北教育出版社，2008年，第270～274頁。

〔註41〕 另其在《春秋左傳研究》中認為五等爵為「侯、甸、男、采、衛」，與王玉哲同。《春秋左傳研究》，北京：中華書局，2006年，第310頁。

的「甸」也就是「伯」。「侯」大約就是最大的諸侯,「伯(甸)」次之,「男」最小。而「公」是一種尊稱,並非爵位。〔註42〕顧頡剛先生和林澐先生均同意這種觀點。〔註43〕張亞初、劉雨《西周金文官制研究》中認為,《周禮》中「公」、「侯伯」、「子男」三等與金文中「侯、甸、男」三等名稱雖然不同,對應關係卻是顯而易見的〔註44〕。

　　另一些學者則將西周與東周分開論述。這些學者往往贊同春秋戰國存在五等爵制,但認為西周並沒有形成。

　　楊向奎先生認為,西周時期只有內、外服制,而無「爵制」;春秋時代舊制度崩壞之後,「五等爵稱」逐漸取代了外服,而「侯甸男采衛」等則演變為「五服」。「服與爵混,爵與職合」,因此才造成了文獻資料中關於「爵」、「服」的記載混亂情況。〔註45〕

　　王玉哲先生肯定西周有爵位制,但五等爵名應該為「侯、甸、男、采、衛」,至於「孟子所說的公、侯、伯、子、男五等爵的次序在西周是否如此,由於史料缺乏,其可信程度難以完全證實,只能說是事出有因。……這些爵位在西周時是否都已出現?現在還說不清楚。」〔註46〕楊寬先生也有類似的看法。〔註47〕

　　趙光賢先生則持以謹慎的態度。他認為「我以為依據《詩》、《書》、《春秋》、《左傳》諸書以及金文,自西周以來即有公、侯、伯,子男則較少見,或用於外族之君。東遷以後,五等爵的存在是有目共見的。至於爵位常有變動,金文與文獻所載不合。此中當有其理由,而為我們所不知,這個問題不如暫時保留。我以為雖有這個問題,不足以推翻周代貴族的不同等級的爵位這個客觀存在的事實。」〔註48〕西嶋定生先生亦有同樣的觀點:「周代的爵制,是否為五等爵制,那是有問題的。根據最近的研究,所謂五等爵的體系,從

〔註42〕童書業:《春秋左傳研究》,第148～151頁。

〔註43〕顧頡剛:《史林雜識初編・畿服》,北京:中華書局,2005年;林澐:《甲骨文中的商代方國聯盟》,《古文字研究》(六),中華書局,1981年,第85頁。

〔註44〕張亞初、劉雨:《西周金文官制研究》,北京:中華書局,1986年,第143～144頁。

〔註45〕楊向奎:《宗周社會與禮樂文明》,北京:人民出版社,1992年,第126～136頁。

〔註46〕王玉哲:《中華遠古史》,上海:上海人民出版社,2000年,第586～587頁。

〔註47〕楊寬:《西周史》,上海:上海人民出版社,2003年,第545頁。

〔註48〕趙光賢:《周代社會辨析》,北京:人民出版社,1980年,第126頁。

春秋到戰國時代才完備，周代即已實施五等爵制之說，實爲可疑。但周代並不是沒有爵制，『爵』的觀念及具體施行是存在的；天子與諸侯之間的關係，諸侯與卿、大夫之間的關係，都是由這個『爵』來結合，只不過不是以五等爵制的形式來實行。」〔註49〕

　　陶希聖編校的《中國政治制度史》則認爲爵制乃春秋之後方有，「實際所謂公侯伯子男，本非爵制，且未嘗有一定之等列。而中國古代政治制度中有實在的爵制。這時的爵制，在社會上，始眞正的表示出尊卑等級意味。然各國爲制不同。儒者處此時期，乃因古所舊有之名稱，隨社會政治之趨勢，釐定爲五等爵制，於其間賦之以等級，欲使其成爲當時通行之制。」〔註50〕

　　許倬雲先生亦認爲「西周早期不見封建制度的五等爵位號，並非意味著西周沒有層級的位序」，「實則嚴整的封建等級化及其禮儀，在西周中葉以後已漸漸發展成形了。」〔註51〕他以墓葬的禮儀差別爲依據，雖然沒有提到爵制的產生，但指出了西周中期以後，即穆王以後等級制度開始形成系統化的事實。而這點已由很多考古工作者及諸多學者如郭寶鈞、杜廼松、鄒衡等人的研究所證實。〔註52〕

　　近年來影響比較大的一個觀點是哥倫比亞大學李峰先生提出的，他將西周和東周相分離進行討論，以金文中有關諸侯稱謂的資料爲依據，並與文獻中諸侯爵稱進行了系統對比，得出了這樣的結論：「公、侯、伯、子和男的五種稱謂在西周時期雖已出現，但他們屬於西周國家中不同社會『秩序』，並沒有形成一種按特定原則和邏輯進行排列的爵位制度。因此，所謂制度化了的『五等爵』稱並非西周史實，而是春秋時期政治秩序進行重新制度化過程中的一個部份，這個過程導致了諸侯國霸主的產生。『五等爵』作爲一種國君的身份差別制度很可能出自春秋早期政治家之手，其目的就是要規範和協調國

〔註49〕〔日〕西嶋定生著，武尚清譯：《中國古代帝國的形成與結構——二十等爵制研究》，北京：中華書局，2004年，第67頁。

〔註50〕陶希聖編校：《中國政治制度史》（第一冊先秦），臺北：啓業書局，1979年，第166～169頁。

〔註51〕許倬云：《西周史》（增訂本），北京：三聯書店，1994年，第162～163頁。

〔註52〕郭寶鈞《山彪鎮與琉璃閣》，北京：科學出版社，1959年，第43～59頁；北京大學歷史系考古研究室商周組：《商周考古》，北京：文物出版社，1979年，第204～205頁，杜廼松：《從列鼎制度看「克己復禮」的反動性》，《考古》1976年第1期，第17～20頁；鄒衡、徐自強：《整理後記》，見郭寶鈞《商周銅器群綜合研究》，北京：文物出版社，1981年。

與國之間的關係，並可能以此爲依據規定會盟國向霸主繳納貢賦的標準。這一制度在戰國時期得到了儒家的推崇，並將其與領土分配制度和其他禮制系統結合起來，共同形成一個複雜卻有機地聯繫在一起的理想化了的制度。隨後，儒家以一種託古的方式將這一理想化的制度錯誤地追加到西周國家之上。進而，這種理想化的制度在漢代以後的政治中逐漸得以實施。」〔註53〕這不僅是對文獻中「五等爵」理論的批判，更是對這一理論產生的過程及其在中古時期政治實踐的一個考察。

　　虞萬里、張廣志和熊逸三位先生分別綜述了前人的看法後，認爲西周時諸侯有爵位、等列是可以肯定的，但至於爵分幾等，爵名又是什麼，目前還沒有得到解決。〔註54〕

（二）周代爵制相關專題的研究

1. 爵制的起源和發展演變問題

　　徐喜辰等先生認爲緣於血緣關係，「由於等級起源於血緣關係，因此家族稱謂常常和表示社會地位的爵位（等級）發生混淆。但仍不難看出它們之間的淵源關係。……而且五等爵，除侯以外，公、伯、子、男原來都是宗族稱謂。這樣，等級起源於血緣關係亦可證明」〔註55〕；楊樹達先生、李亞農先生認爲起源於部族中其善長之技能〔註56〕；裘錫圭先生認爲起源於職官或職事〔註57〕；晁福林先生則認爲應當與分封制、宗法制的實施同步，濫觴於周代的冊命制度〔註58〕。

〔註53〕李峰：《論「五等爵」稱的起源》，《古文字與古代史》第三輯，臺北：中央研究院歷史語言研究所，2012年3月，第159～184頁。

〔註54〕虞萬里：《商周稱謂與中國古代避諱起源》，《傳統中國研究集刊》第一輯，上海：上海人民出版社，2006年，第110～183頁；張廣志：《西周史與西周文明》，上海：上海科學技術文獻出版社，2007年，第130～134頁；熊逸：《春秋大義2隱公元年》，桂林：廣西師範大學出版社，2009年，第215～230頁。

〔註55〕徐喜辰、斯維至、楊釗主編：《中國通史》第三卷《上古時代》，白壽彝總主編，上海：上海人民出版社，1994年，第837頁。趙縕：《五等爵溯源——兼論三代血緣政治》，《山東社會科學》，1989年第2期。

〔註56〕李亞農：《李亞農史論集》（上、下），上海：上海人民出版社，1962年，第127～132頁。

〔註57〕裘錫圭：《甲骨卜辭中所見的「田」、「牧」、「衛」等職官的研究》，《古代文史研究新探》，南京：江蘇古籍出版社，1992年，第343～365頁。

〔註58〕晁福林：《先秦時期爵制的起源與發展》，《河北學刊》，1997年第3期，第73～81頁。

　　儘管對周代爵制的起源有各種不同的看法，但學術界對於周代爵制的演變趨勢則沒什麼爭論。晁福林先生《先秦時期爵制的起源與發展》及馬衛東先生《春秋時代五等爵制的存留及其破壞》〔註 59〕對周代爵制的發展演變做了很好的總結。可概括爲：五等爵在西周時期成型；春秋時發生變異，但仍是各國乃至貴族之間等級秩序的重要標準；戰國時期隨著社會形勢的發展，賜爵範圍開始擴大，各國逐漸在周代五等爵的基礎上制定了新的爵制，秦的改革最爲完善，其逐漸形成的二十等爵制一直爲漢代所沿用。

2. 爵制與官制的研究

　　論述爵制與官制關係的有王貽梁《概論西周內服職官的爵位判斷》〔註 60〕、楊寬《西周王朝公卿的官爵制度》〔註 61〕、楊善群《西周公卿職位考》〔註 62〕、應永深《試論周代三公制度的建立、發展及其衰亡》〔註 63〕等四篇論文及卜憲群《秦漢官僚制度》一書第五章第二節《賜爵制與官僚制》〔註 64〕、閻步克《從爵本位到官本位——秦漢官僚品位結構研究》〔註 65〕，此外日人吉本道雅《先秦時期國制史》〔註 66〕及松井嘉德《周的國制——以封建制與官制爲中心》〔註 67〕也涉及到了這一問題。

　　爵制與官制的關係涉及到先秦社會政治秩序的建構與變化，十分重要。

〔註 59〕 馬衛東：《春秋時代五等爵制的存留及其破壞》，《史學集刊》，2006 年第 4 期，第 132～137 頁；又見其《春秋時期貴族政治的歷史變遷》，吉林大學古籍所 2007 年博士論文，第 22～41 頁。

〔註 60〕 王貽梁：《概論西周內服職官的爵位判斷》，《中華文史論叢》1989 年第 1 輯，上海：上海古籍出版社，1989 年，第 23～37 頁。

〔註 61〕 楊寬：《西周王朝公卿的官爵制度》，《人文雜誌》叢刊 2《西周史研究》1984 年，第 93～119 頁。

〔註 62〕 楊善群：《西周公卿職位考》，《中華文史論叢》，1989 年第 2 輯，上海：上海古籍出版社，1989 年，第 41～54 頁。

〔註 63〕 應永深：《試論周代三公制度的建立、發展及其衰亡》，《紀念顧頡剛學術論文集》，成都：巴蜀書社，1990 年，第 307～321 頁。

〔註 64〕 卜憲群：《秦漢官僚制度》，北京：社會科學文獻出版社，2002 年。

〔註 65〕 閻步克：《從爵本位到官本位——秦漢官僚品位結構研究》，北京：三聯書店，2009 年。

〔註 66〕 〔日〕吉本道雅：《先秦時期國制史》，《殷周秦漢史學的基本問題》，佐竹靖彥主編，北京：中華書局，2008 年，第 48～69 頁。

〔註 67〕 〔日〕松井嘉德：《周的國制——以封建制與官制爲中心》，《殷周秦漢史學的基本問題》，佐竹靖彥主編，北京：中華書局，2008 年，第 70～87 頁。

這方面概括性的研究主要有：閻步克《從爵本位到官本位》在重點論述秦漢官階制度演變時，簡單概括古代社會早期為從「爵本位」到「官本位」的演變，即有爵然後才有官，各種禮遇都依爵而定，而不是依職位而定，而官職的任命是在爵制的基礎上的。卜憲群《秦漢官僚制度》第五章「秦漢皇權與官僚制度」第二節《賜爵制與官僚制》中簡略論述了爵制與官制從先秦時期到秦代的演變，著重於賜爵制對於早期官僚制的推動作用，「國以功授官予爵」、「庶人之有爵祿」、「不官無爵」。

　　具體方面的論述，對周王室內服官對應的爵位，王貽梁在《概論西周內服職官的爵位判斷》中提出了八種判斷內服職官爵位的方法：一據爵稱；二據官名；三「右」者；四冊命賞賜；五具體職掌；六排列順序；七人物關聯；八墓葬制度。楊寬《西周王朝公卿的官爵制度》則根據金文冊命禮中「右」的身份認為，西周朝廷大臣確有公、卿兩級。公一級的，早期有太保、太師、太史；後期有太師、太史。卿一級的，早期有司徒、司馬、司工、司寇、太宰、公族，到中期以後，司寇的職位降低，只有五位大臣。由畿內諸侯進入朝廷擔任司馬、司徒、司工的，多數為伯爵。楊善群《西周公卿職位考》詳細論證了西周各時期「公」、「卿」兩級爵位的任官情況，最後他認為西周公卿級的高官起初以三公六卿為主幹，三公為太保、太師、太史，六卿為大宰、公族、司徒、司馬、司空、司寇。西周中期的恭、懿時期，成立了由五人組成的常務權力機構，此機構在一位通達王命的公級執政大臣統領下工作，其職權在司徒、司馬、司空諸卿之上。西周末年，大師又成為總攬全國軍政事務的執政大臣。它與史官之長尹氏，是周王之下掌握實權的最高官職。隨著周代社會的發展，居公卿爵位的人數和官職均有所變化。應永深《試論周代三公制度的建立、發展及其衰亡》中認為三公之「公」是爵稱，而三公是西周貴族官僚制度中最高的一個等級。張亞初、劉雨《西周金文官制研究》收錄了大量與西周官制有關的金文資料，非常便於研究檢索，且其對於西周的官制進行了一番詳細的考證，書後附錄有「《周禮》六官與西周金文職官對照表」，儘管其並沒有具體論及西周時期的官爵關係，但其提供的資料非常便於我們進行研究。

　　諸侯國內部的官爵情況，沒有專文論述，一些論述官制的論著和論文會涉及一二。如趙曉斌《春秋官制研究》在分國論述春秋時期官制的時候順便

提及了各官的爵位。〔註 68〕韓連琪《春秋戰國時代的中央官制及其演變》對春秋時期各國卿與官職有詳細的對應〔註 69〕。

3. 爵與祿的關係

這一問題可分爲兩個階段來討論，一個是周代早期封土食邑的階段。相關的論著有侯志義《采邑考》〔註 70〕、呂文郁《周代的采邑制度》〔註 71〕、葛志毅《周代分封制度研究》、周振鶴《中國地方行政制度史》〔註 72〕、周書燦《西周王朝經營四土研究》〔註 73〕、柳春藩《秦漢封國食邑賜爵制》〔註 74〕、及董平均《出土秦律漢律所見封君食邑制度研究》〔註 75〕等書。由於傳世文獻中材料有限，早期的封土也無法從考古中得到證明，故這方面多賴於春秋時期的史料。以上論著的研究多是著眼於周代封國的基本情況，有助於我們對當時封國基本情況的瞭解。另一個階段是戰國時原有統治階層的改變中，各級貴族的待遇從封土食邑轉向俸祿（當然食邑本身仍然存在，不過不占主要地位），爵與俸祿的關係。蔡鋒《春秋時期貴族社會生活研究》詳細論述了春秋戰國時期各諸侯國卿大夫士俸祿的演變，並對各國卿大夫士各等級的俸祿情況做了初步的辯證和探討〔註 76〕。

4. 爵制與軍制的關係

在這方面涉及西周時期的論述極少，僅有陳恩林《先秦軍事制度研究》〔註 77〕、《中國軍制史（第三卷兵制）》〔註 78〕、劉展主編《中國古代軍制史》〔註

〔註68〕 趙曉斌：《春秋官制研究——以宗法禮治社會爲背景》，浙江大學人文學院博士學位論文，2009 年。

〔註69〕 韓連琪：《春秋戰國時代的中央官制及其演變》，《文史哲》1985 年第 1 期，第 5〜14 頁。

〔註70〕 侯志義：《采邑考》，西安：西北大學出版社，1989 年。

〔註71〕 呂文郁：《周代的采邑制度（增訂版）》，北京：社會科學文獻出版社，2006 年。

〔註72〕 周振鶴：《中國地方行政制度史》，上海：上海人民出版社，2005 年。

〔註73〕 周書燦：《西周王朝經營四土研究》，鄭州：中州古籍出版社，2000 年。

〔註74〕 柳春藩：《秦漢封國食邑賜爵制》，瀋陽：遼寧人民出版社，1984 年。

〔註75〕 董平均：《出土秦律漢律所見封君食邑制度研究》，哈爾濱：黑龍江人民出版社，2007 年。

〔註76〕 蔡鋒：《春秋時期貴族社會生活研究》，北京：中國社會科學出版社，2004 年。

〔註77〕 陳恩林：《先秦軍事制度研究》，長春：吉林文史出版社，1991 年。

〔註78〕 《中國軍事史》編寫組：《中國軍事史（第三卷兵制）》，北京：解放軍出版社，1987 年。

〔註79〕 劉展主編：《中國古代軍制史》，北京：軍事科學出版社，1992 年。

79〕、高銳《中國上古軍事史》〔註80〕等這些軍事方面的專著稍稍涉及一些。其他絕大多數集中於戰國尤其是秦爵制與軍制的關係上，如白國紅《論趙國的軍事賞罰制度》〔註81〕，朱紹侯《軍功爵制研究》〔註82〕、張金光《秦制研究》〔註83〕等等。

5. 爵制與社會生活的關係

除了以上考古所述外，還有蔡鋒《春秋時期貴族社會生活研究》、徐傑令《先秦社會生活史》〔註84〕等書。此外還有一些相關的學位論文，如王雪萍《〈周禮〉飲食制度研究》〔註85〕、邱德修《商周禮制中鼎之研究》〔註86〕及高兵《周代婚姻制度研究》〔註87〕等等。

三、研究空間

從目前的研究狀況來看，對於周代爵制的考察仍有待進一步的深入。主要體現在以下三個方面：

一是對周代爵制的研究缺乏一個整體而系統的研究成果。任何一種制度，都有其產生、發展乃至消亡的過程，爵制也不例外。而在其產生、發展、消亡的過程中，必定不會呈現單一的面貌，而是複雜多樣的。有些學者對這一問題的論述，往往將周代幾百年作爲一個整體來論述，他們對史料的使用也是西周、春秋、戰國互相交雜，這就導致了認識上的眾多分歧。對我們來說，通過對史料的分期考察，可以將周代爵制的發展分爲草創、形成與輝煌、變異、轉型幾個階段，這樣就可以澄清之前因爲時間竄誤導致的分歧，從而準確的認識周代爵制的全貌。

二是對周代爵制的深入研究不夠。前人研究多集中於爵稱的有無，如「五等爵稱的存在」、「五等爵的等級序列」等問題，而對爵制與他制（如官制、軍制、分封采邑制等）的關係，以及爵制在社會中的地位和作用論述不夠，

〔註80〕高銳：《中國上古軍事史》，北京：軍事科學出版社，1995年。
〔註81〕白國紅：《論趙國的軍事賞罰制度》，《河北師範大學學報》（哲社版），1998年第3期，第53～56、66頁。
〔註82〕朱紹侯：《軍功爵制研究》，上海：上海人民出版社，1990年。
〔註83〕張金光：《秦制研究》，上海：上海古籍出版社，2004年，第743～773頁。
〔註84〕徐傑令：《先秦社會生活史》，哈爾濱：黑龍江人民出版社，2004年。
〔註85〕王雪萍：《〈周禮〉飲食制度研究》，揚州大學博士學位論文，2007年。
〔註86〕邱德修：《商周禮制中鼎之研究》，臺灣師範大學博士學位論文，1981年。
〔註87〕高兵：《周代婚姻制度研究》，吉林大學博士學位論文，2004年。

僅有的幾篇研究論文不足以幫我們解決文獻中爵稱、官稱混亂狀況等問題，不足以幫我們瞭解爵制在周代社會中更深更廣的作用。因此，我們設獨立章節專門討論爵制與周代社會中官制、軍制、采邑制等各方面的關係，由此來加深對爵制的認識。

三是對周代爵制的整體定位不夠。以往學者研究爵制，一般就制論制，很少會從整個社會等級秩序和權力構成方面來討論這個問題，未將爵制視爲周代社會等級秩序的有機組成部份來研究。從這方面來講，日本學者的研究就深入的多，如西嶋定生（《中國古代帝國的形成與結構——二十等爵制研究》）在研究秦二十等爵制時就將爵制視爲秦至漢初構建整個社會的秩序，這種觀點從一定程度上對爵制在社會中的地位有所誇大，但他從整體社會等級秩序上來考察爵制的思路值得我們借鑒。吉本道雅（《先秦時期國制史》）、松井嘉德（《周的國制——以封建制與官制爲中心》）等學者在不同程度上也涉及到爵制在周代整體權力構成方面的地位。因此，我們在討論周代爵制的內容和爵制與周代社會關係的時候，一定要有一個大的視角，要從周代整個統治結構來考慮，從而對爵制有一個清晰的定位。

第三節　本文的研究框架及相關問題

通過以上論述，我們可以清楚的瞭解到爵制的研究是有一定學術意義的，前人對此已經進行了大量的工作，做出了卓有成就的成果，給我們提供了豐富的研究背景資料和相關方法的指導，但仍存在一定的研究空間。因此，本文就這些空間，提出自己的一隅之見，冀望對周代爵制的研究稍盡綿薄之力。下面我們就先簡單闡述一下文中提及的幾個相關概念，接著著重敘述一下本文的基本研究框架。

一、幾個相關的概念

周代爵制的研究是一個傳統的題目，但由於材料的原因，學術界對其中相關問題有不少爭議，因此，爲了避免歧義和行文的需要，本文對一些概念的使用，在下面稍加說明。

（一）「爵制」和商代的「爵稱」

何爲「爵制」？如何判定我們討論的相關制度爲「爵制」呢？許倬雲先

生曾經說過：「官僚制度的運行，有極重要的一個項目，即所謂『品秩』的存在。凡是非制度化的權威，例如父權，其中分工的要求是職務的分配而不必有一定的品秩。制度化的權威，如君權，則必須用階級來保證節制和傳達命令；如果發展了業績考核及獎懲升黜的制度，明確的品秩更有必要，此時遂有職務和階級平行的兩套系統存在，……封建結構中的爵號，往往即相當於品級。」〔註 88〕他提到品秩的發展是社會的需要，這點很有道理；此外以後世的品級制度來比照爵制，二者均以等級性爲特徵也有一定的合理性。但周代的爵制與後世的以「業績考核」及「獎懲升黜」爲標準的「品級」不同，它更強調的是一種天然的屬性，文獻中所見周代爵位升黜的情況極少。西嶋定生先生就反對用「位階」來定義爵制，儘管他著眼於爵制在整個社會體制中的地位與作用。〔註 89〕魏晉以後官階制度建立之後，爵製成爲另一標誌身份榮耀的等級系統，在史書中清晰可見。而在官階制度尚未出現的先秦時期，爵制就成了唯一標示貴族等級的制度。

　　因此，儘管各時段爵制特徵的不同，使我們無法用一固定的概念來定義，但正如晁福林先生所說，在對先秦時期爵制的界定中，有兩方面的特徵是可以確定的：一是長期固定的尊號。如五等爵之「公、侯、伯、子、男」等尊號；二是這些尊號之間當有一定的等級性存在，這是爵制在後世無論如何變化均具有的特徵。以這兩個標準來判斷先秦爵制，當是可行的。〔註 90〕

　　關於商代的「爵稱」和「爵制」問題。學術界對於商代爵制的有無等問題，爭議很大，詳見相關章節的論述。我們尚未解決此問題之前，使用「爵稱」這個概念來稱呼相關的「侯、甸、男」等尊稱，用「爵制」來稱呼以這些「爵稱」爲內容的一種制度，正是基於以下考慮：首先，從相關卜辭中顯示，這些稱呼是長期固定的尊號；其次，儘管沒有確切的證據來證明這些「爵稱」之間存在一定的等級差別，但在這些「爵稱」的時代的確存在貴族之間的等級差別，除「爵制」外，當時並沒有後世出現的「品、勳、階」等其他

〔註 88〕許倬云：《戰國的統治機構與治術》，《求古編》，北京：新星出版社，第 282～313 頁。原載《臺灣大學文史哲學報》第 14 期。

〔註 89〕〔日〕西嶋定生：《中國古代帝國的形成與結構——二十等爵制研究》，第 52～53 頁。

〔註 90〕晁福林先生也提到過「採用『爵』字，有兩種涵義，首先是表示貴族的尊號，其次是表示貴族間等級的差異」，見其《先秦時期爵制的起源與發展》，第 75 頁。

等級制度；最後，西周時明確產生的「爵稱」及「爵制」中，明顯有繼承商代的痕跡。此外，還有行文方便的需要。因此，考慮到這幾個因素，我們在討論商代相關問題時，使用了「爵稱」和「爵制」這兩個概念是可行的。

（二）周代的「外爵」和「內爵」

我們在討論周代爵制的時候，使用「外爵」來稱呼畿內和畿外諸侯的「公、侯、伯、子、男」這一「五等爵」的等級序列，使用「內爵」來稱呼周王室內部以及各諸侯國內部「卿、大夫、士」這一等級序列，這是有一定依據的。

早在戰國時期，孟子在追敘周代爵祿情況時就提到：「天子一位，公一位，侯一位，伯一位，子、男同一位，凡五等也。君一位，卿一位，大夫一位，上士一位，中士一位，下士一位，凡六等。」與之類似的還有《禮記・王制》：「王者之制祿爵，公侯伯子男，凡五等。諸侯之上大夫卿，下大夫，上士中士下士，凡五等。」可見，他們均將諸侯之爵與國內臣下之爵分為兩個系統。陳恩林先生在《先秦兩漢文獻中所見周代諸侯五等爵》一文中亦將二者分開加以論述。

賈誼《新書・階級》：「古者聖王制為列等，內有公、卿、大夫、士，外有公、侯、伯、子、男，然後有官師小吏，施及庶人，等級分明。」〔註91〕是其將二者區分為「內、外」。《白虎通義・爵》：「公、卿、大夫者何謂也？內爵稱也。」〔註92〕首次將之稱為「內爵」，那麼與之相區分的「公侯伯子男」自然為「外爵」了。這種區分當是站在周王室的立場上，稱呼王室以外的諸侯之爵稱為「外爵」，而稱呼王室內部的官員爵稱為「內爵」。而周代各諸侯國之政治結構基本仿照宗周體制，諸侯國內的官員也有類似「卿大夫士」這樣的爵稱，二者相仿，我們同樣將之稱為「內爵」。

後來閻步克在《從爵本位到官本位──秦漢官僚品位結構研究》一書中論述周代爵制時，也以「內爵」、「外爵」稱之〔註93〕，我們就採用這種意見，用此二者來概括稱呼周代爵制的相應內容。

〔註91〕〔漢〕賈誼撰，閻振益、鍾夏校注：《新書校注》，北京：中華書局，2000 年，第 80 頁。

〔註92〕〔清〕陳立：《白虎通疏證》，第 16 頁。

〔註93〕閻步克：《從爵本位到官本位──秦漢官僚品位結構研究》，第 34～35 頁。

二、本文的研究框架

　　商周時期是中國古代社會政治制度和社會思想等多方面的源頭，而爵制又是周代貴族等級體制的主要內容，對於中國古代政治制度史、古代禮制的研究，都有一定的價值和意義。本文大概分爲三個部份，六個基本章節，借鑒前人的研究成果，把傳世文獻與出土文獻及考古發掘的新材料相結合，對周代爵制的起源和發展演變進行系統的梳理，並就爵制與官制、軍制、封國采邑制等問題進行初步的論述，以期能體現出爵制在周代貴族等級社會中的地位及作用。全書的基本內容如下：

　　第一部份：緒論。包括三個方面的內容。首先對本課題的研究意義和研究方法加以闡述；接著回顧和綜述本課題已有的研究成果，指出其中的研究空間；最後對本課題的研究框架和相關內容做一番概述。

　　第二部份：包括本文第一章到第五章。對先秦時期爵制的發展脈絡做全面而具體的闡述。

　　第一章從「爵」之字形和地位入手，討論爵是如何從器物轉變爲標示等級的禮制。這是我們研究爵制的前提。這一章主要討論三個方面的問題，首先從「爵」之字形流變入手，總結並擴展前人的論述，由此確定「爵」這一器物的具體形制；接著我們總結前人的研究，來看爵這一器物自身在先秦社會中的流變；最後我們以上文的研究爲基礎來討論爵是如何從器物轉變爲禮制。通過對這些問題的討論，我們發現，儘管有學者提出不同的觀點，但「爵」對應的具體器物確實是目前學術界公認的「三足、兩柱、有流和尾」狀的酒器；這種酒器在夏時出現，盛行於殷商，西周時衰落並逐漸消亡，西周中期以後，「爵」就轉變成了飲酒器的統稱；明確了「爵」這一器物及其演變後，我們可以發現，其成爲等級制度的「爵制」一是因爲其在墓葬中自身所代表等級制度，另一是在重大祭祀和禮儀場合中「行爵」的先後次序形成的。

　　第二章探討的是商代爵制的草創問題。本章分三節，第一節對商代爵制研究史作一番回顧，從中看出諸家對商代爵制的觀點；第二節分別就諸家提到的具體爵稱進行論述，依次對「公、侯、伯、子、男（任）、田（甸）、帚（婦）、衛、亞、王」等十種稱呼進行分述，發現商代基本存在「侯、伯、子、男（任）、田（甸）、帚（婦）、衛」等七種爵稱；第三節餘論，分別就商代是否存在系統的爵制、相關爵稱的來源、爵位的授予儀式以及這些帶爵號諸侯與商王室的關係等問題進行簡單的延伸論述。從中看出，商代的爵稱一般源

自商王派遣的職事和血緣姻親兩方面，而從當時爵位的簡單授予儀式和這些諸侯對商王室的臣服關係來看，商時已經開始了相關爵制的草創。

第三章探討的是西周爵制的形成問題。本章分兩節，第一節對西周相關文獻進行詳盡分析後，發現西周爵制的形成經歷了一個逐步的發展過程：初期繼承了殷商爵制，並加以改動，變成了「公、侯、伯、子、男、甸、采、衛」等稍顯混亂的爵制，西周中期以後，周初爵制伴隨著西周禮制的變革而逐漸形成系統性和規範化的「五等爵制」；第二節梳理了金文中出現的五等爵稱，並對其中「爵無定稱」的現象作了簡單的分析，由此證實了西周時期五等爵制的存在。

第四章探討的是春秋時期對西周爵制的繼承與變異。本章分兩節，第一節分別從爵稱、爵命、爵等三個方面對春秋時期的爵制進行論述，從中發現春秋時期的爵制大概分為規範諸侯之間等級序列的「五等爵制」之「外爵」和規範王室及諸侯國內部臣下等級關係的「卿大夫士」之「內爵」兩個系統，這分明是對西周中期形成的爵制的繼承和完美體現；第二節則從相關的文獻記載出發，就春秋晚期「五等爵」和「外爵」的變異情況做一番討論，並指出原有爵制轉變趨勢：賜爵範圍由貴族到囊括廣大庶民在內的整個社會等級，賜爵標準由原有以血緣為本到「尚功」和「尚賢」。

第五章探討的是戰國時期新爵制的形成。本章分兩節，第一節對戰國時期秦國之外諸國爵制進行一番探討，從中發現這些國家的新爵制都是在原有「卿大夫士」的「內爵」基礎上進行補充和修改而成；第二節則從二十等爵的爵稱、新爵稱的來源、賜爵的程序、擁有的特權等方面對秦國的軍功爵制進行簡單的論述，從中我們得知，商鞅變法時依據「庶長」等原有的秦國舊官爵稱號，並吸收關東諸國的爵號，建立起來新的軍功爵制，新爵制初為十餘級，後逐漸發展為「二十等爵」。秦賜爵有「勞、論、賜」等一套完整的程序。有爵者的特權體現在任官資格、田宅、「乞庶子」、司法、墓封甚至傳食等多方面上。秦國新爵制的系統和完善，是其國力強盛並統一六國的根基。

第六章探討的是爵制在周代貴族等級中的地位和作用。以春秋時代的相關情況為例，本章分三節，第一節討論的是爵制與官制的關係，從春秋時期魯國的情況來看，爵等與官職的高低大體上是對應的，「爵」的地位凌駕於「官」之上；第二節討論爵制與軍制的關係，各諸侯國依爵等擁有不同數量的「軍」，各軍由諸卿按照爵位高低和晉爵的先後來統率，大夫則在軍中擔任稍低職

位，起到輔助作用；第三節討論爵制與貢賦和食祿的關係，諸侯對周王的貢賦，一般畿內諸侯「卑而貢重」，而畿外諸侯則基本和爵之高低一致，「列尊貢重」。到春秋時期，天子衰微，諸侯對侯伯的貢賦基本仍是依照爵位高低而定，而諸侯國內卿大夫的食祿在春秋時期也是與爵位等級相一致的。

　　結語對本文的研究內容作一總結。認為周代爵制經歷了從器物到制度的轉變，商代爵制的草創、以「五等爵制」為中心西周爵制的形成、春秋時期的繼承和變異、戰國時期向軍功爵制的轉型等五個發展階段；爵制與官制、軍制以及貢賦食祿制度等周代社會的政制息息相關，構成了周代貴族等級制度的基本面貌。

第一章　爵從器物到制度的轉變

　　我們在研究周代的爵制時，首先會有一個疑問，即爲何是用「爵制」而不是「斝制、觚制、觚制」等名稱來表示周時等級制度呢？要弄明白這個問題，我們就需要先認定「爵」字所對應的器物，接著看「爵」是如何從器物轉變爲作爲等級的「爵制」。

第一節　從爵之字形到這一器物的定名

　　要瞭解「爵」所對應的器物，我們需從古人對其認識談起。「爵」，《說文·鬯部》載：「[字]，禮器也。象爵之形，中有鬯酒，又持之也。所以飲器象爵者，取其鳴節節足足也。[字]，古文爵，象形。」〔註1〕依小篆此爲會意字，分三個部份，一爲「[字]」，「象爵之形」，爲形體；中爲「[字]」，爲「鬯酒」，乃爵中所盛之物；右下爲「[字]」，手持之形。先秦文獻中並沒有爵之形狀的具體描述，其象形部份不明。段玉裁注訂正其說以爲應是「象雀之形」。〔註2〕故《說文》應爲「器象雀者，取其鳴節節足足也」，後人多據此以爲爵象「雀」形，如宋代《三禮圖》中爵之圖象，爲「刻木作雀形，背負琖」〔註3〕。看來這是宋之

〔註1〕　〔漢〕許慎：《說文解字》，北京：中華書局，1963 年影印本，第 106 頁下。

〔註2〕　〔清〕段玉裁：《說文解字注》，上海：上海古籍出版社 1981 年影印本，第 217 頁下。

〔註3〕　〔宋〕王黼：《重修宣和博古圖》卷十四《總說》，文淵閣四庫全書本，上海：上海人民出版社 2006 年影印本，第 554 頁。又其描繪《三禮圖》之爵形，見〔宋〕聶崇義纂輯、丁鼎點校：《新定三禮圖》卷十二《匏爵圖》，北京：清華大學出版社，2006 年，第 370 頁。

前人們對爵之器物的認識，應是對《說文》記載的理解進行描繪而來。

《說文解字注》書影

　　宋代金石之學興起，學者對各種古器物的研究有了長足的進步，對爵這一名稱相對照的實物也有了新的認識。如《考古圖》卷五收錄「父丁爵」等三足器 8 件，均以爵稱之，並稱「今禮圖所載爵皆於雀背負琖，經傳所不見，固疑不然，今觀是器：前若喙，後若尾，足修而銳，其全體有象於雀其名。又曰：舉其量有容升者，則可謂之爵無疑。今兩柱爲耳，所以反爵於坫如鼎敦，蓋以二物爲足也。」〔註4〕可見到了宋代，在金石之學的帶動下，在器形的認定上，宋人儘管仍以《說文》爲準繩，但已經開始拋棄固有的看法，將今之爵形器定名爲「爵」。後世的金石學家大都做此判斷，如清人馮雲鵬、馮雲鵷輯《金石索》中「金索一」中「商斧木爵」等前四器〔註5〕。現今學界基本均同意此說法，故我們看到的青銅器名錄中，「爵」就成了這種三足器的定稱。

〔註 4〕〔北宋〕呂大臨編撰：《泊如齋重修考古圖》，北京：北京圖書館出版社，2003年，第 329～330 頁。

〔註 5〕〔清〕馮雲鵬、馮雲鵷輯：《金石索》，北京：書目文獻出版社，1996 年影印道光元年刻本。

　　但從傳世和出土的青銅器來看，直至目前，還沒有自稱爲「爵」的銅爵，自稱爲「爵」的器形也並不是當今常見的模樣。如 1976 年出土於陝西扶風縣雲塘村的西周晚期器「伯公父勺」，其文曰「伯公父作金爵用獻用酌用享用孝」〔註 6〕，器形明顯爲傳統所認定的「勺」而非「爵」。故有學者就此認爲，先秦文獻中所提到的「爵」，其器物形象即此類器，而目前被稱爲「爵」的那種三足青銅酒器的定名來自宋人，並沒有堅實的考古學和文字學基礎。〔註 7〕

伯公父勺銘文　　　　　　　　　伯公父勺

　　而在傳世的器物中，僅有一件銅爵，其銘文爲「魯侯乍■」〔註 8〕。有人認爲這是銅爵中難得的自銘爲「爵」的一件標本。〔註 9〕但細究來，尚有不少可爭議的地方。此器最早著錄於阮元的《積古齋鍾鼎彝器款識》，定爲「魯侯簋」，摹本不清，當時釋■爲「晉」字〔註 10〕。徐同柏《從古堂款識學》定

〔註 6〕《集成》16.9935，《集成釋文》（六）第 35 頁，對中間「爵」一字有不同釐定，另李零、何景成均釋爲「爵」，可取，具體見下文對字形的論述。

〔註 7〕何景成：《論包山楚簡中的「會■之觴」——兼說「爵」的形制》，張光裕、黃德寬主編《古文字學論稿》，安徽大學出版社，2008 年，第 380～390 頁。

〔註 8〕《集成》12.9096。

〔註 9〕杜金鵬：《銅爵研究——中國古代酒器研究之三》，《夏商周考古學研究》，北京：科學出版社，2007 年，第 774 頁。

〔註 10〕〔清〕阮元：《積古齋鍾鼎彝器款識》卷七，北京：商務印書館，1938 年影印嘉慶九年刻本，第 400 頁。

爲「魯侯角」，其摹文很是清晰，釋爲 ![]。〔註11〕孫詒讓《古籀拾遺》中認爲其上部從 [] 即 [今]，下部從 [大]，方釋其爲 [爵]，即後世之「爵」字。〔註12〕郭沫若從之，直接釋爲「爵」字，且定此器名爲「魯侯爵」。〔註13〕《集成釋文》繼承郭的意見，但與之略不同，將其看作「[丁]、[爵]」兩字，而釋爲「考爵」〔註14〕。依此思路，有學者認爲，[] 乃二者合文，[丁] 乃 [甹] 之省，爲聲符，[爵] 乃形符，合爲「觴」字，爲酒器之通名。〔註15〕的確，從「爵」之器形正面看，上爲二柱，從側面看爲一柱，而甲骨、金文中此字亦如此，若爲三柱，則不通，且 [丁] 與下面明顯有分隔，故從這上面來看，後兩者都有一定的道理，但仍不能確認其字形。由此看來，即使其自銘爲「爵」，亦僅此一例，也無法提供更多的證據。

魯侯爵銘文

〔註11〕 見《續修四庫全書》「九○二·史部·金石類」，上海：上海古籍出版社，2006年影印光緒三十二年刻本，第 328 頁下。

〔註12〕 〔清〕孫詒讓：《古籀餘論》，見《續修四庫全書》「243·經部·小學類」，第 475 頁下。

〔註13〕 郭沫若：《兩周金文辭大系圖錄考釋》（三），《郭沫若全集·考古編》（第 7 卷），北京：科學出版社，2002 年，第 195 頁。

〔註14〕 中國社會科學院考古研究所編：《殷周金文集成釋文》（五），香港：香港中文大學出版社，2001 年，第 303 頁右下。

〔註15〕 文術發：《魯侯爵銘文考釋》，《中山大學研究生學刊》（社科版），1997 年 3 期，第 15～22 頁。

從器物自銘中不好判斷，現今稱作「爵」的三足酒器，傳世及新出的有尊〔註16〕、彝〔註17〕、尊彝〔註18〕、寶尊彝〔註19〕、旅彝〔註20〕等多種稱呼，這些均爲青銅容器的統稱，〔註21〕並不能否認這種酒器的定稱。可見，無論從該器自身的定名還是從其他稱「爵」的酒器中，都無法提供更多的證據來證明二者的對應。我們只好從字形上來判斷。

舟父戊爵銘文　　　　　　　過伯作彝爵銘文

當今學者對「爵」形器之定名，也多從「爵」一字形體演變中來，〔註22〕這是目前可採用的唯一途徑。以往學者對此的論述比較簡單，下面我們廣泛搜集已知的「爵」字，對其進行詳細的分析和論證。

首先，我們從《說文》中上溯。《說文》中的▨與雲夢秦簡中的▨、▨二字基本一致（見下文「爵之字形表」），《說文》篆字甚至比後二者更古。金文中，西周晚期「伯公父勺」中的▨與之前的相承關係亦很明顯，上部的形制、下部的「鬯」及右下部手持之形均很明顯。西周中期「縣妃簋」中的▨，上部

〔註16〕 舟父戊爵，《集成》9012。
〔註17〕 過伯作彝爵，《集成》8991。
〔註18〕 作父乙爵，《集成》9004。
〔註19〕 立爵，《集成》9031；剛爵，《集成》9033。
〔註20〕 〕〔只爵，《集成》9038。
〔註21〕 容庚、張維持：《殷周青銅器通論》，北京：文物出版社，1984年，第4頁。
〔註22〕 朱鳳瀚：《古代中國青銅器》，天津：南開大學出版社，1992年，第89頁。

與之前諸字很是一致，但下部無「凵」而有口，這點與《說文》形符 [圖] 的關係更近，此外，該字下部有二足，但少了手持之形。大體模樣基本一致，應是一字。和此字較爲類似的是刻於西周早期「史獸鼎」上的 [圖]，其上部與前面諸字基本一致，中部與 [圖] 的中下部很是類似，均有口、有二或三足，此外在下部還多了手持之形。另西周早期還有上文所述「魯侯爵」中之 [圖]，其中部的口及下部的二足與上二字基本類似，唯上部有二柱。由此我們從這些字的象形符可以看出，「爵」這一器物的特點是上有一個或二個柱，中有口，下至少有二足。由此我們可將以上幾字的演變簡單排列如下：

[圖] — [圖] — [圖] — [圖] — [圖] — [圖]、[圖]

以以上所述特徵爲標準，甲骨文中有不少這樣的字。如上一柱、下二足、中有口的有：[圖]（合 18570）、[圖]（合 18578）、[圖]（合 2863）、[圖]（合 3226正）、[圖]（合 30173）、[圖]（合 36537）、[圖]（合 37458）、[圖]（花東 441）；上二柱的有：[圖]（花東 349）；下三足的有：[圖]（合 6589 正）、[圖]（合 6589 正）、[圖]（合 1895）、[圖]（屯 2233）、[圖]（合 22056）、[圖]（合 22067）、[圖]（合22184）；此外也有加手持之形，如 [圖]（合 914 反）。這些與 [圖]、[圖]、[圖] 的相承關係很是明顯。

甲骨文的字形雖然簡練，但對器物特徵的刻畫極爲清楚，我們只需要對照各種酒器，就可以將其明白無誤的分辨出來，可見北宋呂大臨的定名完全正確。那麼，對照器物，現在我們可以明確看出，[圖] 的上部爲柱，且帶有柱帽；中部的口爲「流」；下部的足有所簡化。這些特徵在甲骨文體現的最爲明顯，金文中 [圖]、[圖] 也很是清楚。

殷商及西周早期的金文中還有一些比甲骨文更爲象形的「爵」字，如殷代「爵父癸卣蓋」[圖]（《集成》10.4988），西周早期的「爵父丁卣」[圖]（《集成》10.4942）、「爵父癸盉」[圖]（《集成》15.9362）、「爵祖丙尊」[圖]（《集成》11.5599），這些字形中上部「流、尾」及下部三足都非常明顯，且均有手持之形。而最爲象形的要數「爵丁父癸觥」[圖]（《集成》15.9285），「柱、流、

尾、足」俱全，幾乎是爵形器的圖畫。「爵」字在這些銘文中亦並沒有做器物的含義，似乎為一族名或禮儀稱呼。

綜上可知，爵字是由原有「爵」這種器物象形而來。那麼如何解釋《說文》稱「器象爵（雀）者，取其鳴節節足足也」呢？對此高鴻縉解釋道：「按爵古之飲酒杯也，腹小而口侈，口一端有流，另端有尾，兩旁有二柱，腹旁有鋬，其下有三足，頗高。甲金文均象器形。而並不類雀。雀者，字音也，雀之鳴節節足足，而飲酒貴有節知足，故其器取雀音。小篆於原字加鬯，加又為意符，則屬倚文畫物之象形字矣。倚文畫物者，即段氏所謂合體象形也。見後說文所載古文爵，今甲金文無覩，疑是戰國末年雀之象形文。」〔註23〕高氏論爵之形狀很是正確，但從字音方面來解釋卻是受到宋人影響，有些牽強附會。這點容庚先生早已指出：「這些解釋，都不過是基於雀、爵同音，所以取雀之形，飛而不溺，或取其鳴聲，知足節飲之意。這些都是後來儒家附會穿鑿之說，難以徵信。」〔註24〕

又張日升的說法很是恰當：「金文爵爵之爵字，象爵形，無柱，不從手，其流與尾誠與雀之首尾想像，古人作器，除花紋外更喜仿禽獸之形為器形，今傳世銅器亦不乏其例。爵取雀形為之，似無不可。至謂其鳴節節足足者，恐後儒傅會之言而已。其後爵之象形字抽象簡化，以柱及流為其特徵而變作若 ，篆書作 ，更從鬯者乃後增意符。」〔註25〕即爵之實物器形乃是仿雀之類的鳥類而製成，故《說文》稱其「象雀形」，但爵之一字卻是仿爵之實物而來，間接算是「象雀形」，至於「其鳴節節足足者」，當是後來附會出來的意思。中間的「鬯」當是後來所加的意符，表示爵中所盛之物。

綜上，對「爵」這一器物的認識，從器銘中我們很難判斷，而從字形的流變中我們卻可以看出「爵」的大概形狀特徵，由此尋找出相對應的器物來。自北宋以後，前人對此的認識基本無誤。爵器物之形狀最初乃是仿雀之類鳥類而製，其字形為仿器物而來，早期的文字中仍保留有「流、尾、柱、足」的基本特徵。

〔註23〕周法高主編：《金文詁林》（第七冊），香港：香港中文大學，1974年，第3351頁。

〔註24〕容庚、張維持：《殷周青銅器通論》，第43頁。

〔註25〕周法高主編：《金文詁林》（第七冊），第3352頁。

爵之字形表

時間		文字及出處	備註
殷商	甲骨文	賓組：合6589正，合6589正，合18570，合18578，合914反，合2863，合3226正，合14768，合1895 歷無名間：合30173 無名組：合31021，屯2233 黃組：合36537，合37458	1，上有柱，基本爲一柱（側面視圖），有一爲二柱。 2，下有足，或爲三足或爲二足。 3，流或尾在某些字形中很是突出。
殷商	甲骨文	午組：合22056，合22067，合22184 子組：合21926，花東349，花東441，	
殷商	金文	爵父癸卣蓋（集成10.4988）； 爵祖丁爵（集成14.8840）	
西周	早期	爵父癸尊（集成11.5675）； 爵父丁卣（集成10.4942）； 爵父癸盉（集成15.9362）； 爵丁父癸觚（集成15.9285）； 爵祖丙尊（集成11.5599）； 、魯侯爵（集成12.9096）； 史獸鼎（集成5.2778）	
	中期	縣妃簋（集成8.4269）	
	晚期	伯公父勺（集成16.9935）	伯公父作金爵

時間	文字及出處	備註
春秋		
戰國	（字形）A 雲夢・雜抄 38； （字形）A 雲夢・答問 113； （字形）鄭客問量（集成 16.10373）	
說文	（字形）	

第二節　爵之器物的流變

　　在清楚了此字與器物之間的對應關係之後，則有一疑問隨之而來：爲何後世之人不明爵之實物模樣呢？爲何前文提到的「伯公父勺」自銘爲爵呢？另外從考古方面來看，杜金鵬在《銅爵研究》中提到過類似的問題：「綜合幾十年來的考古材料知道，陶爵大約絕跡於殷周之際，而銅爵不見於西周以後。但東周以來的文獻典籍，卻常常說當時以爵飲酒，如《禮儀》在七、八個篇章中反覆說飲酒用爵，《禮記》、《左傳》等也屢言用爵飲酒，即使秦漢文獻中也不乏其例。那麼，東周秦漢的所謂『爵』是種什麼樣子的酒器呢？」〔註 26〕

　　上面所提到的問題早在建國以前，李濟先生就曾引述過國外學者高本漢的一個結論：「銅製的爵與方鼎、觚、尊、卣等一起，自公元前 947 年以後就與世長別，再沒有人用青銅原料製造它們了！而古經史及先秦諸子中提到的這些器物，大概都是指木製的與土製的而言。」〔註 27〕可見，高本漢認爲，西周中期以後「銅爵」在考古中的消失，是因爲以後人們用「木製」和「土製」代替了青銅，而「木」、「土」不易保存，因此西周以後的考古發掘中見不到爵這一實物。西嶋定生先生也提及爵在此後爲「木器、漆器、瓦器」的可能。〔註 28〕對此，李濟先生並不完全贊同，但並沒有提出其他更好的解釋。

〔註 26〕杜金鵬：《銅爵研究——中國古代酒器研究之三》，第 775 頁。

〔註 27〕李濟：《記小屯出土之青銅器》，《中國考古學報》第 3 冊，1948 年，第 81～82 頁。

〔註 28〕〔日〕西嶋定生：《中國古代帝國的形成與結構——二十等爵制研究》，第 428 頁。

後容庚先生也有同樣的疑問〔註29〕，但都限於材料未能得到很好的解決。

從爵這一器物在先秦時期的流變來看。「爵」之器物，在夏商時期極其盛行，早在二里頭文化的墓葬中就能看到不少陶爵、銅爵的存在。而殷商時期，貴族飲酒之風盛行，自早商到晚商的墓葬中，均屢屢出現「爵」的身影，無論是作爲飲器還是明器，其在隨葬品中佔有很重要的位置。這一時期也是「爵」這一器物出現數量最多、製作最爲精美的時候，是其發展的輝煌階段。〔註30〕

在這方面，周與商不同，周人從一開始並不重視類似爵這樣的酒器，目前先周文化發掘的墓葬中就不見爵的蹤影。〔註31〕到了西周早期，或許是受商人的影響，這一時期的墓葬中開始以爵爲隨葬品，如 1967 年載豐鎬遺址張家坡發掘的西周早期墓 M87，隨葬品有 2 銅爵。〔註32〕此後西周中、晚期的墓葬中，無論周王室所在地還是諸侯國地區，也斷斷續續有銅爵的發現，均不超過 2 個，〔註33〕和同時代墓葬中大量鼎、簋的發現相形見絀。由此我們可以說爵這一器物自西周中期以後就基本消亡了。且自商代後期，銅爵的形制就發生了很大的變化，容量和重量的增加使得其脫離了人們的日常生活，僅成爲祭祀典禮中的用具；而陶爵也逐漸明器化，形體小、質量差。西周末或兩周之際的銅爵亦與之類似，體小、壁薄，極其簡陋。〔註34〕這種商周之間的差別，楊錫璋等先生將稱之爲以斝、爵爲核心的「重酒組合」和以鼎、簋爲核心的「重食組合」。〔註35〕這種說法很是形象。

爵這一器物在周時的衰敗以及殷周隨葬器物的不同，其緣由，杜金鵬先生總結了三點，他認爲：一、這是西周初年成王、周公吸取商「酗酒」而亡的教訓，厲行禁酒造成的；二是周人鞏固政權，變革「殷禮」的需要，酗酒舊習首當其衝；三、周人原本即缺乏飲酒的風氣，這從先周文化缺乏酒器即可證明。〔註36〕楊錫璋先生並不同意禁酒的說法，他認爲：「史籍記載，西周

〔註29〕 容庚、張維持：《殷周青銅器通論》，第 43 頁。

〔註30〕 杜金鵬：《銅爵研究——中國古代酒器研究之三》，第 767～773 頁。

〔註31〕 中國社會科學院考古研究所編：《中國考古學·兩周卷》，北京：中國社會科學出版社，2004 年，第 37～38 頁。

〔註32〕 《中國考古學·兩周卷》，第 71 頁。

〔註33〕 《中國考古學·兩周卷》，第 68～75 頁。

〔註34〕 杜金鵬：《銅爵研究——中國古代酒器研究之三》，第 774 頁。

〔註35〕 楊錫璋、楊寶成：《殷墟青銅器禮器的分期與組合》，《殷墟青銅器》，北京：文物出版社，1985 年，第 96 頁。

〔註36〕 杜金鵬：《銅爵研究——中國古代酒器研究之三》，第 774 頁。

初年周公禁酒，估計其約束力不會太大，不能認爲鼎、簋組合替代觚、爵組合僅是禁酒之故，周初尚有爵、觶組合，爵、觶都是酒器，故這一現象用殷周禮制之異來解釋較爲妥當。」〔註37〕這一看法頗有道理，禁酒自然存在，但當是對「酗酒」而言，且不說禁酒令對貴族的約束程度，文獻中記載頗多的「周禮」均需要「酒」這一道具來實現，比如朝聘、鄉飲酒禮等等，完全禁酒是不可能的事情。此外，從考古發掘物來看，周人缺乏飲酒的風氣也有一定的道理。

　　殷周禮制的區別倒是可以解釋的通，此外還可能有禮制變革的因素存在。如楊錫璋先生所言，在隨葬禮器的組合中，周初尚有爵、觶組合存在，西周中期在一些墓葬中亦能見到，但中期以後即不見於出土的墓葬了。〔註38〕而這個時間段與西周中期禮制變革的時間是一致的。西周中期，社會發生了各方面的變革，這基本已成學者們的共識，這一時期，墓葬的禮儀等級開始固定，〔註39〕列鼎制度進一步確立並統一化，〔註40〕青銅禮器從紋飾到形體發生了轉變〔註41〕，甚至這一時期詩歌行文和內容也出現了禮儀化的趨勢〔註42〕，這些內容無一不昭示著穆王以後周代禮制系統化和制度化的趨勢。〔註43〕

　　「爵」這一器物在此時衰落並基本消亡，但「爵」這一名稱並未隨之消亡，東周時期的典籍中在記載一些儀禮活動時，常見到以爵飲酒的文字。如《左傳・莊公二十一年》載：「鄭伯之享王也，王以后之鞶鑒與之。虢公請器，

〔註37〕楊錫璋、楊寶成：《殷墟青銅器禮器的分期與組合》，第96頁。
〔註38〕《中國考古學・兩周卷》，第68～75頁。
〔註39〕許倬云：《西周史》（增訂本），第162～163頁。
〔註40〕郭寶鈞：《山彪鎮與琉璃閣》，北京：科學出版社，1959年，第43～59頁；北京大學歷史系考古研究室商周組：《商周考古》，文物出版社，1979年，第204～205頁；杜迺松：《從列鼎制度看克己復禮的反動性》，《考古》1974年第1期，第17～20頁；楊寬：《西周史》，上海人民出版社，2003年，第468～469頁。
〔註41〕〔美〕Jessica Rawson（傑西卡・羅森），「Statesmen or Barbarians? The Western Zhou as Seen through their Bronzes」Proceedings of the British Academy 75（1989），89～91. 轉引自〔美〕夏含夷：《從西周禮制改革看〈詩經・周頌〉的演變》，載於其《古史異觀》，上海古籍出版社，2005年，第337～338頁。
〔註42〕〔美〕夏含夷：《從西周禮制改革看〈詩經・周頌〉的演變》，第327～342頁。
〔註43〕如許倬雲先生提到的「西周中期開始的禮儀系統化，在春秋時代演變得更繁瑣，同時周東遷以後，王權失去了原有的威望，僭越的事也更常見。在西周的後半期，殆是封建禮儀走向系統化的階段。」見其《西周史》，第163頁。

王予之爵。鄭伯由是始惡於王」〔註44〕，這裡周王賜予虢公的明顯是作為器物的爵。《儀禮・燕禮》：「主人筵前獻賓。賓西階上拜，筵前受爵反位。主人賓右拜送爵。」〔註45〕此「爵」明顯亦為器物之稱。那麼此稱「爵」的器物此時為何種形狀呢？

隨著考古材料的不斷發掘，「伯公父勺」等器物的出現，給這一問題帶來了轉機。李零先生曾轉述李學勤先生的一個觀點：「爵自西周中期以後逐漸消失，但並非絕嗣無後，而是被『伯公父勺』式的器物所代替，『伯公父勺』的器名仍應釋『爵』，晚期文獻中的『爵』就是這種『爵』。戰國時期的這類器物，往往在前端裝飾一鳥，疑即『雀』。古代『雀』、『爵』常常互相通假，可能也與器名有關。」〔註46〕這個觀點很有啟發性，因為結合考古資料來看，除去宋元以後的仿製品，在年代比較明確的傳世銅爵和新出土的銅爵中，沒有一件是晚於西周的。而先秦文獻中在很多隆重的禮儀場合中經常使用的「爵」，自然不可能如高本漢說的那樣為「土製」和「木製」，只能是成了別種器物的名稱或僅作為酒禮器的統稱而存在。如上文所引《儀禮》之文，鄭玄注時稱爵即為「觚」。〔註47〕可見，「爵」可以為「勺」、「觚」的統稱。

又爵之後常見的飲酒器具是什麼樣的器物呢？杜金鵬在《銅爵研究》中有詳細的論述：「考古發現的東周以來的飲酒之具，與商代和西周銅爵皆不類。銅爵在西周中期走向衰亡時，即出現了新型酒器，如扶風出土的『伯㦰飲壺』，長安張家坡出土的觚狀銅杯等。東周飲酒之具主要是角杯和耳杯。角杯圖象屢見於戰國銅器，這種酒具在安陽西北崗殷墓、丹徒煙墩山西周墓中出土過實物。耳杯實物發現很多，銅耳杯廣泛見諸於山東、河南、湖北、山西、河北等地的東周墓中。漆耳杯在湖北、河南、四川等地的春秋墓中有較多發現。耳杯在秦漢時期仍很流行，有銅、漆、陶多種質料，各地有廣泛出土。其中陝西茂陵一號隨葬坑、長沙馬王堆漢墓、河北滿城漢墓均屬上層貴族墓

〔註44〕 《春秋左傳正義》，第 1774 頁。
〔註45〕 〔漢〕鄭玄注，〔唐〕賈公彥疏：《儀禮注疏》，〔清〕阮元校《十三經注疏》本，北京：中華書局，1980 年影印，第 1016 頁。
〔註46〕 李零：《讀楚系簡帛文字編》，《出土文獻研究》第五集，北京：科學出版社，1999 年，第 155 頁。
〔註47〕 鄭注：「賓既拜，前受觚，退復位」，又所引前文提到的相關酒器即為觚。見《儀禮注疏》，第 1016 頁下。又楊天宇先生亦注曰：「此處爵是飲酒器的泛稱，實為觚。」見其《儀禮譯注》，上海：上海古籍出版社，2004 年，第 144 頁注4。

葬，所有飲酒器亦爲杯、卮之類，足證當時不可能有與商周銅爵相類似的酒器。另外從漢代人對於爵的描述，也可看出其所指絕非商周銅爵之類器物。」〔註48〕即當時盛行的飲酒器具轉成了「杯」、「卮」之類的器物，因此，漢代人不明盛行於夏商的古老的「爵」之具體形狀是可想而知的了。

西漢長沙王后墓漁陽漆耳杯

由此可見「爵」這種典型的三足器物在西周中期以後就逐漸消失了，「爵」這一稱呼就成了一般飲酒器的泛稱，漢代人在描述先秦文獻中「爵」這一器物時，已並非商周時期的原貌。

第三節　作爲制度的「爵」之來源

在明瞭「爵」字對應之器物以及其流變後，另一個疑問隨之而來，爲何當時要用「爵」來表示秩次等級呢？或說，「爵」是如何從器物名變成了等級制度之名「爵制」呢？

前人對這一問題已有了不同的認識，我們先敘述如下：

清人朱駿聲《說文通訓定聲》「爵」字下提到：「爵，古音如醮，尊號之合音爲爵，故借爵字以當之，猶本言而已而曰耳，本言之焉而曰旃，本言菉蒢而曰茨，本言胡蘆而曰壺也。舊說古人行爵，有尊卑貴賤，故引申爲爵祿。按，凡禮器皆有次第，何獨取於爵？豈觚、觶、角、散亦得爲尊號耶？……或又曰與尊用酒尊字同意，按，尊與椑對，故得轉注，爵則有貴有賤，不得專爲貴義也。《白虎通‧考黜》『爵者，尊號也』，此爲雅訓。」〔註49〕

〔註48〕　杜金鵬：《銅爵研究——中國古代酒器研究之三》，第 776 頁。
〔註49〕　〔清〕朱駿聲：《說文通訓定聲》小部第七，六十四頁，武漢：武漢市古籍書店影印臨嘯閣本，1983 年，第 332 頁下。

俞樾在《兒笘錄》中亦就此問題有自己的看法：「樾謂，經傳爵字有二義。酒器一義也。爵祿又一義也。今許書訓爵爲禮器；而爵祿義不見。然則爵祿字當爲何字邪。或曰，古人行爵有尊卑貴賤，故引申爲爵祿字。然則觚觶角散無不可稱，何獨取於爵邪。今按爵下重文𤔲，即爵祿之爵也。其字從𠕋，《說文·𠕋部》：『𠕋，符命也，諸侯進受於王者也。象其札，一長一短，中有二編之形。』古人受爵必有𠕋，以書所受之王命，故其字從𠕋。其上作内者，從爵省聲。内即爵上之㕚也。古書皆假爵爲𤔲。故挹爲一字。許君不能是正，誤以𤔲爲爵之古文。而爵祿之爵，遂無本字矣，今宜刪爵下重文，而隸𤔲字於𠕋部。」〔註50〕

我們從其中可以概括出四種觀點：其一，爲朱駿聲所引用，爵與「酒尊」的「尊」同義，而「尊」與「椑」相對，從而轉注而來；其二，朱駿聲在駁斥了前人觀點後，提出「爵」乃「尊號」二字合音而來；其三，二人均引用的一個觀點，「古人行爵有尊卑貴賤，故引申爲爵祿字」；其四，俞樾認爲，「爵」一字爲二形，傳統的爲酒器之形，但作爲「爵祿」的「爵」字，當爲說文後所引用之古文「𤔲」字，乃與受爵冊命時的「簡冊」有關。

就以上提到的四種意見來看，前兩種均是從音韻學的角度出發，無論稱「爵」乃「尊號」二字合音還是由「尊」轉注而來，前提是「爵」爲「尊貴」之稱，但朱駿聲又稱「爵則有貴有賤，不得專爲貴義也」，論述前後有矛盾之處。單從古音發展方面來看，二者有一定的合理之處。至於二人均引用的觀點，「古人行爵有尊卑貴賤」，在爵位普及的秦及以後社會中，是有一定道理的。如漢初當時的普通民眾很多擁有低等的爵稱，但其身份地位相對於那些擁有高等級「關內侯」等爵位的人而言，自然是「卑下」、「低賤」的。但是，在周代爵制開始出現的時候，爵位是相當尊崇的，無論是高等級的「公」、「侯」還是低等的「士」，均是貴族的專稱，在這些爵稱中間，雖然有地位高低之別，但其身份並無貴賤之分。晁福林先生曾提到「西周時期，爵只行於貴族階層，距離其下降到普通民眾還有相當長的路程。所以在開始的時候，爵就是尊號，就是各級貴族所特有的尊號。」〔註51〕又《周禮·大宰》：「爵以馭其貴」〔註

〔註50〕〔清〕俞樾：《兒笘錄》第二，第一樓叢書第六，1899 年刻本。
〔註51〕晁福林：《先秦時期爵制的起源與發展》，第 74 頁。
〔註52〕《周禮注疏》，第 646 頁。

52），《白虎通・考黜》中稱：「爵者，尊號也」〔註53〕，即道出了其中的道理。但是其從「古人行爵」這個角度來論述，還是很有啓發性的。

　　對於第四種「爵」字與「冊命」相關，西嶋定生先生引用徐鍇、王筠、徐灝諸家的觀點後，稱：「通觀這些解釋，各人對這個古文爵字，雖然有單數複數的區別，但都是解釋爲雀的形象，而且有種種字形，但是其中都包含有無論如何不可能解作從冊字的意思。而且退一步說，即便這個古字爵字如俞樾所說是從冊字，是錫命的策書，而稱策書爲爵，管見所及是沒有的。」〔註54〕因此，他認爲對上述俞樾的解釋，是很難成立的。

　　而晁福林先生儘管以爲「爵制」濫觴於周代的冊命制度，但在這個問題上，他提到兩方面的原因：一是從古人飲宴時「序爵」的慣例而來。二是在古代禮儀中，不像其他酒器有許多限制，爵爲貴族常用器物，是普通貴族皆可使用者。〔註55〕此外，西嶋定生先生在肯定「爵」這一器物的重要性後，對此有一個推論：「爵是行禮的酒器；修爵即用爵巡飲，則是飲酒儀禮的施行；那時，坐席的序列即成爲爵的巡行的序列，亦即爵列、爵次；而其各個儀禮行爲皆伴有賜爵或拜爵；所以，不久之後，由飲酒儀禮而制度化了的這種秩序本身就成爲爵列、爵次；而在該秩序內加以定位的這種行動，就是賜爵或拜爵；而把該秩序總稱起來，叫做爵。」〔註56〕儘管只是推斷，但我們仍然可以認爲，這應當是比較符合當時情形的。

　　我們認可兩位先生的意見，並適當做些補充。認爲之所以用「爵」來表示等級秩序的名稱，正是出於兩方面的因素，一是「爵」這一器物自身在貴族中所具有的重要地位，擁有「爵」數量的多寡也是衡量貴族等級的一個標準；二是「爵」作爲行禮的酒器來講，無論是這些學者提到的「行爵」、「序爵」還是「修爵」，均指的是在與飲酒相關的燕禮、聘禮、祭祀等重大場合中，用「爵」巡行或飲或奠酒的先後次序，而正是這個先後的次序，就昭示了相關的身份等級。下面我們做一詳細補充論述：

〔註53〕〔清〕陳立：《白虎通疏證》卷七《考黜》，第313頁。

〔註54〕〔日〕西嶋定生：《中國古代帝國的形成與結構——二十等爵制研究》，第435頁。

〔註55〕晁福林：《先秦時期爵制的起源與發展》，第73～75頁。

〔註56〕〔日〕西嶋定生：《中國古代帝國的形成與結構——二十等爵制研究》，第429頁。

　　第一，爵這一器物的重要地位，要從其在考古中的地位說起。早在二里頭文化的墓葬中就能見到隨葬的陶爵、銅爵。在二里頭正常埋葬的大中型和一部份小型墓中，隨葬的陶器，以酒器爲最多，核心是爵，基本的組合是爵、斝或爵、盉，有時加配觚，有的墓中還有壺、杯、尊等。在這些隨葬器物群中，最引人注目的是青銅禮器的出現。銅禮器與其他質料禮器搭配成組，主要是銅爵（或加銅斝）與陶盉、漆觚的組合，銅爵與陶爵、陶盉組合也常見。〔註57〕可見無論是陶爵還是銅爵，在很早以前其地位也很是突出。這點不難想像，在早期聚落或社會中，由於生產的落後，糧食的產量自然低下，那麼以穀物爲主要原料的酒則很是珍貴，或作爲貴族的特權階層享用，或在祭祀這樣的重大場合以供神靈或祖先享用。那麼作爲飲酒器具〔註58〕的「爵」的地位就變得重要起來。初期普通人墓葬中或有一二陶爵，應是作爲祭祀使用。而或長時間的演變後，就成爲貴族表示身份等級的象徵。

　　早商時期的墓葬，已具有明顯的等級區別。〔註59〕隨葬青銅器的墓葬還爲數甚少。從現有的材料來看，此時的青銅容器組合形式有多種，其中有單件爵，單件斝，爵、斝，爵、盉，爵、斝、鼎，爵、斝、鼎各三、四件等等。從中可以看出，當時銅爵出現頻率最高，是最主要的青銅隨葬品。〔註60〕而同時以陶器爲主要隨葬品的墓葬中，陶器的組合方式開始和隨葬銅器的墓葬產生了區別，鬲、盆、豆的數量最多，其次爲斝、簋、爵，顯然爲「重食」的組合，和高級墓中「重酒」的組合相區別。銅器與陶器種類的不同，反映了當時社會中各階層生活重心的不同。在平民階層，人們生活的中心爲食；而在上層社會中，生活的中心則是飲。〔註61〕其實從另一方面來說，其中出現頻率最高的「爵」，尤其是青銅爵，已成爲身份的象徵。

　　中商時期，隨葬青銅器的墓隨時間推移而逐漸增多，早商時期體現的等級化特徵進一步突出，銅觚、銅爵似已開始出現配對（數量對應）關係，即用於隨葬的銅觚和銅爵往往數目相等，即使二者數目不等，常用其他質料的

〔註57〕中國社會科學院考古研究所編：《中國考古學‧夏商卷》，北京：中國社會科學出版社，2003年，第103、107頁。

〔註58〕杜金鵬雖然認爲爵的功用是亦飲亦溫，但他也提到早期的爵主要還是作爲飲酒器使用的。出土的配套酒器中，沒有比爵更適合做飲器。見《銅爵研究》，第775頁。

〔註59〕《中國考古學‧夏商卷》，第242頁。

〔註60〕《中國考古學‧夏商卷》，第241頁。

〔註61〕《中國考古學‧夏商卷》，第242頁。

同類器物比如漆器、陶器甚至象牙器作補充。〔註62〕到了晚商時期，銅觚和銅爵一直是隨葬品組合的核心，配套觚爵的多寡與使用其他銅器的多寡相聯繫。而在常見的隨葬陶器中，也以觚、爵最常見，是組合的核心。〔註63〕可見，即使隨著時間的推移，在隨葬禮器的組合中，雖然有些器物的地位上升，比如銅觚，但銅爵的地位絲毫沒受到任何影響，一直處於這些組合的核心位置。

至於「爵」在周代的地位，從上文的論述可知，流尾三足二柱狀的「爵」這一器物在西周早期尚保留商代傳統而存在，但自西周中期以後就逐漸消亡並轉變爲酒器之統稱。而這一時期，西周禮儀制度的完備和系統化，似乎昭示著周代等級制度（或曰「爵制」）的系統化和最終定型。那麼原有昭示其等級的外在器物「爵」的地位就沒那麼重要了。但通過以上的論述，我們可以很清楚的看到，這一器物在轉變爲制度之前，其本身地位是相當的重要。

「禮，經國家，定社稷，序人民」〔註64〕，「禮以體政，政以正民」〔註65〕，禮以「明貴賤，辨等列」〔註66〕。商周時代是一個禮儀等級社會，「禮」在社會中是規範貴族之間等級秩序的工具，「刑」是規範庶人以下社會秩序的工具。貴族間的等級秩序「禮」，行於日常的政治、社會日常生活，也蘊含在各種相關的器物中。這些所謂的禮器是進行政治和宗教性活動時所使用的，它本身既是貴族身份的證明，又是區別貴族內部等級的標誌物。目前來看，商周時代墓葬中彝器的種類和數量即昭示著相關等級秩序，侯外盧先生稱：「『禮者別貴賤序尊卑者也』。這一種制度，藏在尊爵彝器的神物之中，這種宗廟社稷的重器代替了古代法律，形成了統治者利用階級分化而實行專政的制度」，故「在器謂之『尊』、『爵』，在人謂之親、貴。」〔註67〕即道出了彝器和禮制的關係，也即孔子所謂的「器以藏禮」〔註68〕。

從上文的論述我們可以看出，爵不僅是商周常見的禮器，而且從一開始禮形成的初期，即佔據相當重要的地位，其地位一致延伸到周代禮制的大成

〔註62〕 《中國考古學·夏商卷》，第279頁。
〔註63〕 《中國考古學·夏商卷》，第334頁。
〔註64〕 《春秋左傳正義》，卷四《隱公十一年》，第1736頁。
〔註65〕 《春秋左傳正義》，卷五《桓公二年》，第1734頁。
〔註66〕 《春秋左傳正義》，卷三《隱公五年》，第1727頁。
〔註67〕 侯外盧等：《中國思想通史》第1卷，北京：人民出版社，1957年，第78頁。
〔註68〕 《春秋左傳正義》，卷二十五《成公二年》，第1894頁。

時期。關於爵在青銅禮器中的作用和地位，《博古圖》卷十四有精闢歸納：「蓋爵於飲器爲特小，然主飲必自爵始，故曰在禮實大。爵於彝器是爲至微，然而禮天地、交鬼神、和賓客以及冠、昏、喪、祭、朝聘、鄉射，無所不用，則其爲設施也至廣矣。」〔註69〕其主要提到兩點：一是「主飲必自爵始」，爵在飲酒這一活動的順序中，自它開始，居首位，在講究先後順序的中國，這點很是重要，故「在禮實大」；二是用處最爲廣泛，無論在祭祀天地、鬼神的重大場合，還是日常活動的「和賓客」及「冠、昏、喪、祭、朝聘、鄉射」等禮儀活動中，均得以使用，「無所不用」。這兩點即決定了爵的重要作用。

第二，「爵」在「行爵」中自然要遵循一定的等級次序。而「行爵」多在一些與重大禮儀有關的場合。古時無論是夏人、商人還是周人，都遵循一些傳統的禮儀，對「禮」相當重視，孔子說過：「夏禮吾能言之，杞不足徵也。殷禮吾能言之，宋不足徵也。文獻不足故也。足，則吾能征之矣」，〔註70〕是夏和商均有「禮」的證明。另外《左傳》還有其他一些古籍中也常提到夏禮和殷禮。由於資料的匱乏，最早的夏禮和殷禮我們尚不清楚，目前也並沒有早期行爵的記錄，我們只能從後世相關的記載來一看端倪。記載古時禮儀的文獻有《儀禮》和《禮記》，其中儘管有一些後人理想的成分，但大概還能從中看出彼時一些禮儀的影子。在這些名目眾多的「禮」之中，有西嶋定生先生特意提到的「鄉飲酒禮」，也有《儀禮》中記載的其他一些禮儀。如《禮記·祭統》載國君在舉行備有九獻之禮的宗廟大祭時，依照獻酒次序，「尸飲五，君洗玉爵獻卿；尸飲七，以瑤爵獻大夫；尸飲九，以散爵獻士及群有司。皆以齒，明尊卑之等也。」〔註71〕第五次獻卿，第七次獻大夫，第九次獻士及其他，次序井然；且所用酒爵的貴重程度也自高到低，正如文中所言：「明尊卑之等也」。又如《儀禮·燕禮》載燕禮中一次行爵的情況：「受賜爵者興，授執散爵。執散爵者乃酌行之。」〔註72〕「酌行之」，即依次而酬，楊天宇注曰：「案受賜者如果是賓，執散爵者就先將此觶授給諸公或卿；受賜者如果是諸公、或卿、或大夫，執爵者就先

〔註69〕 〔宋〕王黼：《重修宣和博古圖》卷十四《總説》，第 554 頁。

〔註70〕 〔魏〕何晏注、〔宋〕邢昺疏：《論語注疏》卷三《八佾》，〔清〕阮元校刻《十三經注疏》，北京：中華書局影印，1980 年，第 2466 頁。

〔註71〕 《禮記正義》，卷四十九《祭統》，第 1605 頁。

〔註72〕 《儀禮注疏》卷十五《燕禮》，第 1023 頁。

將此觶授給賓；其餘的人則依次受酬。」〔註73〕而《燕禮》全文所載，君四舉爵旅酬，依次爲賓、卿、大夫、士，可見在後世的禮儀活動中，「行爵」的次序是以其爵位的高低爲先後次序。

除此之外，我們可以想像得到，「行爵」的次序還體現在其他一些重大的活動中，其中包括一些外交場合，如眾多諸侯（部落首領）定期朝拜天子（部落聯盟的盟主）的活動，多個諸侯（部落）之間會定期或不定期舉行的會盟；還包括對祖先和神靈定期的重大祭祀活動，其中高規格的由天子召集諸侯等高級貴族而舉行，稍低的爲諸侯召集治下貴族所舉行。在這些朝拜和祭祀的過程中，飲酒（或奠酒）是其中最主要的活動和手段，那麼，「爵」也成了最主要的器具。而在這些過程中，孰先孰後，座位的次序、行爵的先後等等當然都依據一定的次序。在民間是按照年齡和輩分的高低（齒位）；而在統治階層，當按照各級貴族的地位高低來決定。當然，在血緣關係至上的當時，齒位的順序有時是和地位高低相重合的。那麼，一些已經有固定尊號的諸侯和大臣，其固有的「公侯伯子男」或「卿大夫士」等「尊號」，隨著相應場合的增多，就會逐漸形成固定的排列次序。而由於這種等級序列在飲酒行爵的時候體現的最爲清晰，統治者隨即在以此爲基礎制定並完善等級制度時，就稱之爲「爵制」。

可見，「爵」由器物到制度的演變源自其自身的重要性，以及在相關重大禮儀場合中行爵的順序。因此我們可以這樣認爲，後世出現的爵稱，如「公、侯、伯、子、男」等，他們在等級秩序中的固定源於一些重大場合的活動。在這些「飲酒儀禮」的場合，或是祭祀、典禮時「奠酒」等各種公開的貴族場合，其「行爵」時肯定有一定的次序。這個次序，在初期或是按照年齡大小或輩分的高低，但等級社會出現後，肯定會按照各自的等級地位，那麼長此以往，這種每次「行爵」時的等級就固定下來，延伸到政治生活或日常的生活中去，就形成了我們所說的「爵制」。

小　結

綜上所述，「流尾三足二柱」狀的「爵」這一器物，出現於夏，盛行於商，最後在西周中後期逐漸消亡，最後「爵」就成爲東周以後酒器的統稱。故而，

〔註73〕楊天宇：《儀禮注疏》，第 162 頁注 5。

這一器物的原始形狀一直不爲後人所知，隨著金石學的發展，宋人開始瞭解「爵」字與相關器物的對應關係，並爲後世學術界所沿用。我們從「爵」之字形演變中，確認了這一認識，駁斥了一些學者對此的歧見，並簡單敘述了其對應器物在先秦時期的發展流變。

「爵」之原始器物在夏代早已出現，作爲在飲酒、祭祀等場合中的重要器具，死後又作爲主人重要的冥器隨葬。器形初當是仿鳥（雀）的形狀而來。最早爲陶器，後隨著生產的發展和青銅冶煉的出現，在一些高級墓葬中出現了青銅爵。商人的飲酒之風更盛，爵的地位自然就隨之提高。早期在貴族之間進行一些盛大禮儀活動（燕禮、聘禮、祭天地神靈、祭拜祖先）的過程中，由於其中存在身份等級的差別，這種差別主要外在表現於行爵先後次序中，而隨著次數的增多或時日的推進，統治者就將這種等級差別固定下來，並借鑒日常的次序，而定名爲「爵制」。這或許就是「爵」從器物到制度轉變的由來。

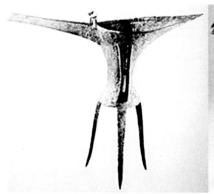  

夏代束腰長流銅爵　　商代晚期亞其爵　西周早期康侯青銅爵

第二章　爵制的草創——商代爵制

　　我們在上章內容瞭解到「爵制」的形成與「爵」這一器物的地位和作用息息相關，那麼作爲等級制度的「爵制」是什麼時候形成的呢？由於材料所限，夏代的歷史我們瞭解有限，商代的資料雖然亦不多，但繼之而起的周代保留了不少關於商代的認識。

　　周初文獻中對商代的諸侯稱號曾有過一番描述：

　　《尙書‧酒誥》：「自成湯咸至於帝乙，……越在外服，侯、甸、男、衛、邦伯；越在內服，百僚、庶尹、惟亞、惟服、宗工、越百姓里居，罔敢湎於酒。」〔註1〕

　　《尙書‧召誥》：「越七日甲子，周公乃朝用書，命庶殷侯、甸、男、邦伯。」〔註2〕

　　《尙書‧君奭》：「天惟純祐命則，商實百姓、王人，罔不秉德明恤。小臣屛侯甸，矧咸奔走。」〔註3〕

　　《大盂鼎》：「我聞殷墜命，惟殷邊侯甸與殷正百辟，率肆於酒。」〔註4〕

　　這些都是周人口中商人的政治統治結構，當爲可信。從上面我們可以看出，商的政治統治結構分爲內服和外服兩類，其中內服即「殷正百辟」，爲「百

〔註1〕　〔清〕孫星衍：《尙書今古文注疏》，北京：中華書局，2004年，第378～380頁。從傳世《史頌簋》及出土《令彝》銘文可知，此「里居」爲「里君」之誤。可參見顧頡剛、劉起釪《尙書校釋譯論》，北京：中華書局，2005年，第1407頁注⑨。故下文行文有「里居」者逕自更爲「里君」。引文不變。

〔註2〕　〔清〕孫星衍：《尙書今古文注疏》，第394頁。

〔註3〕　〔清〕孫星衍：《尙書今古文注疏》，第450頁。

〔註4〕　中國社會科學院考古研究所編：《殷周金文集成釋文》（二），香港：香港中文大學中國文化研究所，2001年，第411頁。

僚」、「庶尹」、「惟亞」、「惟服」、「宗工」等各類官員及「百姓」、「里君」等宗室貴族；外服即「殷邊侯甸」，則爲各種尊號爲「侯」、「甸」、「男」、「衛」等諸侯邦伯〔註5〕。而文獻中的這些並不是全部的尊號，有時會有所省略，如《召誥》即省爲「侯、甸、男」，《君奭》和《大盂鼎》則簡稱爲「侯、甸」。

商代的國家行政體系分內外服兩種系統，這在學術界已經達成共識。而關於「外服」的統治系統，卻一直爭論不休，其中商代有無封建制度存在、有無與之相關的爵制系統、爵稱到底有幾種等也成了相關的焦點問題。如上文所述，爵制是一個系統性的問題，爵制的存在與否涉及到一系列的問題，其至少包涵「固定的尊稱」、「相關尊稱之間有一定的等級劃分」兩方面的內容。而在有限的商代材料中，能否確認爵制的存在是一個很艱難的事情，但爲了行文方便，如在引言中所述，我們姑且將這些和後世有關的尊稱以及對各諸侯固定的尊稱都稱之爲「爵稱」。

下面我們先就諸位學者對商代爵制的研究作一綜述；然後以前人研究爲基礎，對各種「爵稱」的具體情況逐一加以分述，並依據相關的材料表達自己的見解；最後對商代爵制的基本情況做一總結，並就爵制相關的問題，如「爵稱的等級」、「爵稱的來源」、「帶爵稱的諸侯與商王室的關係」等作簡單的涉獵。

第一節　商代爵制研究的諸家觀點

商代有無爵稱存在？哪些固定的稱呼屬於爵稱？學術界關於這些問題的觀點大概可以分爲三大類。

一類是贊同商代存在著若干的爵稱。代表人物有董作賓〔註6〕、胡厚宣〔註7〕、丁山〔註8〕、島邦男〔註9〕、張秉權〔註10〕、楊升南〔註11〕、齊文心〔註

〔註5〕 有學者對此有不同意見，如沈長雲先生稱：「疑『衛』非商周時期諸侯的稱謂，所謂『侯、甸、男衛邦伯』應讀爲侯、甸、男三種負有藩衛職責的諸侯。」見其《先秦史》，北京：人民出版社，2006 年，第 50 頁注 1。

〔註6〕 董作賓：《五等爵在殷商》，原載《中央研究院歷史語言研究所集刊》第六本，上海：商務印書館，1936 年，第 413～430 頁。又載《董作賓學術論著》，臺北：世界書局，1980 年，第 717～734 頁。

〔註7〕 胡厚宣：《殷代封建制度考》，第 19～81 頁。

〔註8〕 丁山：《甲骨文所見氏族及其制度》，北京：中華書局，1988 年，第 111～114 頁。

12）、李雪山〔註13〕等諸位先生。他們均認爲「侯」、「伯」爲商代的爵稱，但對其他的「子、男、田（甸）、亞、婦、衛」諸稱呼有不同的意見。常見的諸家觀點具體可見下表。

商代爵稱的諸家意見表

爵稱／學者	侯	伯	子	男（任）	田（甸）	帚（婦）	衛	亞	王
董作賓	是	是	是	是					
胡厚宣	是	是	是	是	是	是			
丁山	是	是		是	是			是	
島邦男	是	是	是			是			
張秉權	是	是	是			是			
楊升南	是	是	是	是	是		是		
齊文心	是	是							是
李雪山	是	是	是	是	是	是		是	

第二類是否定商代存在爵制，否認常見的「侯、伯」等稱號爲爵稱。如姚孝遂〔註14〕先生不僅否定商代存在著爵制，而且也認爲在周代也不存在。林澐〔註15〕先生雖然肯定周代存在「侯、甸、男」三級爵制，但卻認爲在商代這些僅爲「方國首領」的稱呼。趙誠〔註16〕、王貴民〔註17〕和彭邦炯〔註18〕

〔註 9〕 〔日〕島邦男：《殷墟卜辭研究》，濮茅左、顧偉良譯，上海：上海古籍出版社，2006 年。
〔註10〕 張秉權：《甲骨文與甲骨學》，臺北：國立編譯館，1988 年，第 424～439 頁。
〔註11〕 楊升南：《卜辭中所見諸侯對商王室的臣屬關係》，胡厚宣主編《甲骨文與殷商史》，上海：上海古籍出版社，1983 年，第 128～172 頁；王宇信、楊升南：《甲骨學一百年》，北京：社會科學文獻出版社，1999 年。
〔註12〕 齊文心：《關於商代稱王的封國君主的探討》，《歷史研究》1985 年第 2 期，第 63～78 頁。
〔註13〕 李雪山：《商代分封制度研究》，北京：中國社會科學出版社，2004 年。
〔註14〕 于省吾主編，姚孝遂按語編輯：《甲骨文字詁林》，第 2132 頁。
〔註15〕 林澐：《甲骨文中的商代方國聯盟》，《古文字研究》（六），北京：中華書局，1981 年，第 67～92 頁。
〔註16〕 趙誠主編：《甲骨文簡明詞典——卜辭分類讀本》，北京：中華書局，1988 年。
〔註17〕 王貴民：《商朝官制及其歷史特點》，《歷史研究》，1986 年第 4 期，第 107～119 頁；王貴民：《商周制度考信》，臺北：明文書局，1989 年。

等諸位先生則認爲「侯、伯、甸、男、衛」等諸類稱呼均爲職官的名稱。徐中舒〔註19〕、吳澤〔註20〕先生認爲「侯、甸、男、衛」爲四種「指定服役制」。

第三類並沒有明確稱爵制或爵稱的有無，僅以「諸侯」或「服」籠統稱之。如陳夢家先生認爲「方伯即卜辭多邦方或多方的君長方白或邦白，衛在卜辭中爲邊地的一種官，男則卜辭所未見。卜辭的侯田似是一個名詞，不能拆爲侯與田。……侯田乃指多田，而多田實即多侯，即周代的諸侯。」〔註21〕王冠英〔註22〕先生雖然否定「侯、甸、男」爲官稱，但僅認爲其爲諸侯，並未涉及爵稱的有無。黃中業〔註23〕先生稱商代出現的「侯、伯、子」等爲「服國」。此外大量的教材之類著作均如此模糊處理。

由於目前所知史料的缺乏，各家對於商代爵制的觀點是建立在對商代社會認識的基礎之上的。如早期徐中舒、吳澤、林澐等先生認爲商代是方國聯盟（或部落聯盟）的性質，故而他們認爲這些稱呼爲商王朝定期服役的部族或方國首領的尊稱；王貴民、彭邦炯等先生則從帶這些稱號的諸侯與商王室的關係入手，從卜辭材料中看到其與後世地方與中央的關係類似，故稱這些稱號爲地方首領的「官職稱謂」。而認爲商代存在爵制的學者基本均贊同胡厚宣先生的觀點，認爲商代晚期即存在一定的分封制度，這些爵號中的一部份爲商王所分封而來的。

綜上所述，儘管對商代爵制的具體內容認識不一，但大多數學者還是贊同商代存在「侯、伯」等爵制的，這就需要我們對諸家提到的這些相關的「爵稱」分別加以論述辨正。

第二節　商代「爵稱」的具體論述

這些固定的稱呼是否爲爵稱？在承認商代存在爵制的學者中也存在各種分歧，下面就這些「爵稱」分別加以論述辨別。

〔註18〕胡慶鈞主編：《早期奴隸制社會比較研究》，北京：中國社會科學出版社，1996年，第104～108頁：「商王國的奴隸主統治階級與奴隸」一節。

〔註19〕徐中舒：《先秦史論稿》，成都：巴蜀書社，1992年，第73～76頁；徐中舒、唐嘉弘：《論殷周的外服制──關於中國奴隸制和封建制分期的問題》，《先秦史論文集》（人文雜誌增刊），1982年，第53～57頁。

〔註20〕吳澤：《中國歷史大系·古代史》，上海：華東師範大學出版社，2002年。

〔註21〕陳夢家：《殷虛卜辭綜述》，北京：科學出版社，1956年。

〔註22〕王冠英：《殷周的外服及其演變》，《歷史研究》，1984第5期，第80～99頁。

〔註23〕黃中業：《商代分封說質疑》，《學術月刊》，1986年第5期，第76～79頁。

一、公

　　具體來看，商代是否有「公」這一爵稱，因爲材料的原因，我們並不能確定。從傳世文獻上來看，商代已經有了這一稱呼，如《史記·殷本紀》載，商紂王時以周文王、九侯、鄂侯爲三公〔註24〕。「三公」看來似乎是後世的稱呼，自甲骨文材料被用來證商史以來，現代學者對此多持反對意見。如胡厚宣先生即認爲「知殷代之公字，皆用爲先祖之義，尙絕無用爲封爵之稱者。」〔註25〕甲骨文中儘管有「三公」、「多公」的記載：

　　　　□巳卜，三公父下歲惟羊。（《合集》27494）

　　　　辛亥，貞壬子侑多公歲。（《合集》33692）

但從卜辭內容來看，這些「公」都是被祭祀的對象，並不一定如古籍所載的「三公」之意，應當爲對商先王的尊稱。這樣的例子還有很多：

27494

　　　　其於小乙公侑王受祐。（《合集》27354）

　　　　辛丑卜，公枲惟今日酒，王受祐，大吉。（《合集》27416）

這兩條都是商王占卜希望得到「公」的護祐，顯然「小乙公」即「小乙」，而沒有明確所指的「公」或許泛指商王的祖先。此外，與「公」相關的還有很多作爲具體地點的稱呼，如「公囪」：

　　　　於公囪其祝於危方奠。（《合集》27999）

即在「公囪」一地舉行「祝」祭。在帝乙帝辛卜辭中，常見的作爲地名的是「公宮」〔註26〕：

　　　　癸巳卜，貞：在獄〔天〕邑商公宮，衣……兹〔夕〕亡吠寧。（《合集》36540）

　　　　辛酉卜，貞：在獄天邑商公宮，衣兹夕無吠寧。（《合集》36541）

由此二卜辭我們可以看出，「公宮」明顯是一建築名稱，當年董作賓先生利用甲骨文考證商代爵制的時候，已經注意到它的存在，他認爲「公宮」「乃

〔註24〕〔漢〕司馬遷：《史記》，北京：中華書局，1959 年，第 106 頁。
〔註25〕胡厚宣：《殷代封建制度考·五等爵之來源》，第 74 頁。
〔註26〕目前卜辭中有「公宮」記載的，除了下文所引的《合集》36540、36541 外，尚有 36542、36543、36545、36547 以及《英藏》2529 等。

是時王田遊在外，每月衣祭先公先王之所，略如後世帝王之行宮。」〔註27〕
李雪山先生同意這個觀點〔註28〕。胡厚宣先生則認爲「公」爲對商代先祖
的稱呼，「公宮者猶言先祖之廟也」〔註29〕，沈建華先生也持這個意見，所
論最爲詳細，她認爲『「公宮」是王室宮廷供奉祭祀先公先祖的太廟。「公」
是對死去先祖的謚稱，……「宮」指王室宗廟」〔註30〕。除此之外，也有
學者認爲這「是在天邑商內建有公宮，這公宮是公所居或辦事之所。」〔註
31〕這種說法也有一定道理，李峰先生在對西周官僚制度的研究中就發現，
在周代已有官員在固定場所辦公的情況，這種固定場所，也往往稱作「宮」，
如麥宮、師司馬宮、溓宮等等，〔註32〕這種情況或許即是商代這種「公宮」
的延續。

除了上文提到的用法外，卜辭中尚有一些是可以看做人名或職官名稱
的。如：

> 王令大公……（《合集》20243）
>
> ……卜王其延公史……（《合集》30770）
>
> 其公令何。（《懷特》1465）

這裡「公史」或許爲職官的名稱，而其他兩例中的「公」顯然非先王等祭祀
中的人，而是現實中存在的，或如同對先王的稱呼一樣，作爲地位尊崇的人
的尊稱。此外，傳世殷代青銅銘文中也有一例稱「公」的，即現藏於北京師
範大學的「䖵公父丁卣」（《集成》10.5074）中的「䖵公」，此公明顯不屬於任
何商代先公稱號，應當屬於尊稱。

由此來看，在商代，「公」並不一定全是對先王先祖的尊稱，儘管沒有更
多的材料來證實「公」爲爵稱，但我們也不排除這種可能的存在。

〔註27〕董作賓：《五等爵在殷商》，第886頁。

〔註28〕李雪山：《商代分封制度研究》，第40頁。

〔註29〕胡厚宣：《殷代封建制度考》，第74頁。

〔註30〕沈建華：《卜辭中的建築——公宮與館》，載於《初學集——沈建華甲骨學論
文選》，北京：文物出版社，2008年，第189～195頁。

〔註31〕王宇信、楊升南：《甲骨學一百年》，第455頁。

〔註32〕李峰：《西周的政體：中國早期的官僚制度和國家》，北京：三聯書店，2010
年，第118～122頁。

二、侯

　　認爲商代存在爵制的學者均認爲「侯、伯」爲爵稱。《爾雅·釋詁》:「天、帝、皇、王、后、辟、公、侯,君也。」〔註33〕是認爲「侯」和「王」、「皇」、「公」等一樣乃君主的一種稱呼。《說文·矢部》中「侯」作「𥎛」形爲「𥎚」:「春饗所射侯也。從人,從廠,象張布;矢在其下。」〔註34〕在甲骨文中,「侯」多爲𥎛(《合集》13328)或𥎚(《合集》13329)形;殷代金文中作「𥎛」(《集成》5.2638)或「𥎚」(《集成》6.3504)。字形與《說文》所登錄的古文「𥎚」基本類似。《甲骨文字典》釋爲:「從矢從廠,廠象射侯之形,矢集其下,則廠爲射侯自顯。」〔註35〕與《說文》所說基本類似。可見,「侯」在早期當與武力有關。

13890

　　那麼,如何確定「侯」在商代爲爵稱呢?李雪山將卜辭中出現侯的情況分爲以下幾種:一,「某侯」「侯某」這一固定格式或有規律的排列方式有二十幾個。二,單稱「侯」的情況。三,「二侯」與「多侯」的記載,表示侯乃固定的格式。四,侯向商王進貢的記錄。〔註36〕在這四點證據中,最確定的乃是「某侯」和「侯某」的固定格式。典型的或說最完整的由三部份組成,

〔註33〕〔晉〕郭璞注,〔宋〕邢昺疏:《爾雅注疏》卷一,《十三經注疏》本,北京:中華書局,1980年影印,第2568頁。
〔註34〕〔漢〕許慎:《說文解字》,第110頁上。
〔註35〕徐中舒主編:《甲骨文字典》,成都:四川辭書出版社,1988年,第583頁。
〔註36〕李雪山:《商代分封制度研究》,第36～38頁。

如「⬛矦虎」（倉侯虎）〔註37〕（《合集》3286），第一部份「倉」爲邦族或地域之名，第二部份「侯」當是該邦族或地域的領袖之義，第三部份「虎」爲該「侯」之私名，而也可簡稱爲「倉侯」或「侯虎」。〔註38〕與此相同的還有「攸侯喜」（《合集》36484）、杞侯炽（《合集》13890）、先侯專（《合集》6834）等等。其爲何不爲「官名」，我們可以認爲「侯」初期或爲官名，但是經研究發現，這些「某侯」「侯某」之「某」並不爲私名，而是氏族名或地名〔註39〕。即使一官名初期與地名相連，但經過若干代的傳承積澱後，這個「官名」經過長時間的繼承，就失去了「官職」的含義，而轉化爲單純的尊稱。「侯」處於畿外，更是加快了這一進程。《甲骨學一百年》中統計已刊布的甲骨文資料，稱「侯某」的有 18 位，稱「某侯」的有 31 位〔註40〕。最後認定侯乃商代的爵稱之一。傳世金文中也有兩例侯稱，「眔侯」〔註41〕及「靳侯」〔註42〕。李雪山先生詳細論述了攸侯、杞侯、除侯等 15 位侯國的基本情況，很是詳細清楚，可爲定論。〔註43〕侯爲商代爵名當無可爭議。

但是，侯並不是一開始就爲諸侯之爵稱的，其必然是經歷了一個漫長的過程。這個過程在商代爵制的形成中很是典型。如上文所述，「侯」初義當與武力有關。而從語言上看，「侯」又與「候」通。候，《說文·人部》：「候，伺望也。從人，矦聲。」〔註44〕爲形聲字，又其字形爲一人拿弓箭狀，頗象斥候伺望之意。東漢鄭玄在注《周禮·夏官·職方氏》「其外方五百里曰侯服」時即作此觀點：「言侯者，候之。言侯爲王斥候。」〔註45〕西晉孔晁注《逸周

〔註37〕 「倉」，王國維釋作「庸」，郭沫若釋作「匡」，丁山釋爲「蒙」，李孝定釋爲「倉」，李雪山同意李孝定的觀點，今從之。參李雪山《商代分封制度研究》，第 117 頁。

〔註38〕 趙誠編著：《甲骨文簡明詞典——卜辭分類讀本》，第 57 頁。儘管趙誠先生並不同意「侯、伯」爲爵稱，而認爲其乃官名，但其對這一稱謂的分析很是恰當，值得我們借鑒。

〔註39〕 〔日〕島邦男：《殷墟卜辭研究》，第 823 頁。

〔註40〕 王宇信、楊升南：《甲骨學一百年》，第 463 頁。

〔註41〕 《集成》載殷代的共有四器，即 10.5377 孝卣，12.6464 亞眔匕辛觶，15.9439 亞眔侯父乙盉，16.10559 其侯亞眔父己器。關於「眔侯」及「眔國」在商周時期的詳細情況，可見金岳《斐方鼎考釋——兼論殷周眔國》，載於蘇秉琦主編《考古學文化論集》（四），北京：文物出版社，1997 年，第 251～265 頁。

〔註42〕 《集成》17.10770 靳戈。

〔註43〕 李雪山：《商代分封制度研究》，第 113～135 頁。

〔註44〕 〔漢〕許慎：《說文解字》，第 165 頁上。

〔註45〕 《周禮注疏》卷三十三《夏官·職方》鄭玄注，《十三經注疏》本，第 863 頁。

書》時即繼承了這種看法:「侯,爲王者斥候也。」〔註46〕這種觀點,將「侯」之本義與諸侯與王的關系聯繫起來,後世學者在解釋「侯爵」或「侯服」的起源時基本都持此意見,〔註47〕認爲諸侯之「侯」字是由斥候之「候」分化而來的,侯的前身應該是在邊境等地「爲王斥候」的軍事方面的官員,最後由戍邊的斥候引申爲諸侯之尊稱。商代這些「侯國」所處的地區多爲商的四域,和商以外的邦國靠近,從這方面也可以看出「侯」的最初之義。〔註48〕

　　由此,我們可以如此判斷:首先,商王派遣一些氏族或部落到王畿之外從事斥候戍邊的職責,同時根據他們的任務任命這些氏族首領爲「侯」這一官名或職事名。在當時的發展條件下,這些氏族自然在當地就開始長時間的紮根生存下來,一邊從事著自己的戍邊之責。隨後,好多年過去了,這些氏族相當多的一部份即在當地定居下來,其中一些部族發展壯大起來,一些或許再次遷徙或許被周邊方國滅掉。隨著商王畿周邊地理和方國勢力的演變,這個「侯」的職責也在逐漸淡化,這些存留並發展起來的氏族,其當初被任命「某侯」的稱號就逐漸成了這些氏族首領的尊稱。後來,商王也開始將此尊稱授予一些歸附的方國,如「犬侯」〔註49〕、「周侯」〔註50〕等等。這便是

〔註46〕 黃懷信、張懋鎔、田旭東:《逸周書匯校集注》(修訂本),上海:上海古籍出版社,2007年,第1059頁。

〔註47〕 如胡厚宣先生認爲「二者(侯與伯)皆以武力名,觀前引之侯白多任征伐之事者可證。」(《殷代封建制度考》第71頁);陳槃先生基本認爲「諸侯」之「侯」並非源於「射侯」之「侯」,「諸侯」之義先於「射侯」之義的結論(《「侯」與「射侯」》,《中央研究院歷史語言研究所集刊》第22本,1950年);孟世凱「此侯之意爲伺候,斥候爲偵察,故侯是王在外地的耳目。」(《商史與商代文明》第186頁);裘錫圭先生贊同勞幹先生的意見「諸侯之事,最先本爲斥候,封建諸侯由斥候者變爲封國……」,(《甲骨卜辭中所見的「田」、「牧」、「衛」等職官的研究》,第357頁)。另島邦男先生有不同意見,他從卜辭中「侯甸」連稱的現象認爲「侯以方國治田爲主」,和侯的原義相差太遠(《殷墟卜辭研究》,第819頁)。

〔註48〕 島邦男:《殷墟卜辭研究》,第841頁;趙誠:《甲骨文簡明詞典》,第57頁;李雪山:《商代分封制度研究》,第113～136頁。

〔註49〕 「犬」初爲方國,武丁時常見伐犬之卜辭,被商征服後封爲「犬侯」,參胡厚宣《殷代封建制度考》,第55～56頁。

〔註50〕 周人與商人的衝突從商初到商末均有記錄,周在商的卜辭中曾稱「周方」,如「丙辰卜,賓貞:王惟周方征」(《合集》6657正),後則被商授予「周侯」的稱號「令周侯,今生月亡禍。」(《合集》20074)此外還有「先侯」等,詳參胡厚宣《殷代封建制度考》第57～58頁、李雪山《商代分封制度研究》第120～122頁。

「侯」這一爵稱的由來。裘錫圭先生稱：「雖然在商代後期，侯已經具有諸侯的性質，但從商王可以把田、牧等職官派駐在侯的封域之內的情況來看，商王對侯的控制顯然仍是比較嚴格的，侯對王國所負的保衛之責大概也還是比較明確的。」〔註51〕可見，在商代後期，「侯」仍看出之前其職責的影子。

三、白（伯）

「伯」（白），甲骨文中其字形爲「」（《合集》18622），《說文·白部》：「白，西方色也。陰用事，物色白。」〔註52〕稱其爲顏色的說法當不是本意。而從字形上來看，《甲骨文字典》載「郭沫若《金文叢考》謂象拇指之形。拇爲將指，在手足俱居首位，故白引申爲伯仲之伯，又引申爲王伯之伯，其用爲白色字者，乃假借也。」〔註53〕而趙誠則認爲：「白，似象正面人頭之形，引申之有尊長之義，故卜辭多用爲伯長之伯。用爲黑白之白乃借音字。」〔註54〕無論其爲「拇指之形」還是「象正面人頭之形」，其初始當爲排行較高的人的稱呼，後來或這些人受封而爲方國名，或被用來借指方國首領的稱呼。

7411

李雪山先生認爲卜辭中的「白（伯）」，除用作邑名、地名與國族名外，多數場合下用爲爵稱，並列舉了五條理由，很有代表性，摘錄如下：一、卜辭中多見「某伯」、「伯某」的記載，這種規律性的稱呼，應是爵稱。二、一些方國被征服後被授予了伯爵，在卜辭稱爲「某方伯」。三、卜辭有「二方伯」

〔註51〕 裘錫圭：《甲骨卜辭中所見的「田」、「牧」、「衛」等職官的研究》，第357頁。
〔註52〕 〔漢〕許慎：《說文解字》，第160頁下。
〔註53〕 徐中舒主編：《甲骨文字典》，第869頁。
〔註54〕 趙誠編著：《甲骨文簡明詞典——卜辭分類讀本》，第57頁。

的內容。四、卜辭中還有「多伯」這一詞彙。「多伯」明顯是多個伯的意思。五、伯國都要向商王進貢並爲王戍邊。〔註55〕「伯」在卜辭中的使用規律，和「侯」基本一致，如亦有同樣的「某伯某」的稱呼，如「宋伯歪」（《合集》20075）、「昜伯焱」（《合集》3380、6460 正、7411）等。王宇信、楊升南等人在《甲骨學一百年》亦贊同「伯」爲爵稱的說法，並統計出「伯某」有 12 位，「某伯」有 33 位。但並不認爲「某方伯」爲被征服後授予伯爵，而是敵或友方國首領的稱呼。〔註56〕這種說法更有道理，畢竟單純從卜辭中僅能看出這些方國與商之間的關係是否友善，但並不能說明其爲商王所分封的伯爵。李雪山先生詳細論述了 11 位爵號爲伯的方國，〔註57〕可知「伯」確爲商代的爵稱之一。

　　至於「伯」這一爵稱的來源，當從被征服的方國首領稱呼「方伯」轉化而來，因此，這些「伯」對商的忠誠度始終不高，常能在卜辭中見到其降而復叛的記載。如「薛伯」：

　　　　　貞：共人呼伐薛。（《合集》248 正）

後被封爲伯爵，但不久又遭到征伐：

　　　　　貞：旨弗其伐薛伯……（《合集》6827 正）

此外還有「沚伯**啟**」〔註58〕、兒伯、歸伯、伯木、宋伯、伯窝〔註59〕等等。後來隨著「伯」這一稱呼的普遍，商王可能會封一些臣下或親族爲「伯爵」，並將其置於王畿四周，作爲商的屏藩。無論是由方國轉化而來，還是後來商王分封而來的諸「伯」，其最初的用意定與防衛有關，島邦男先生稱「『伯』以方國防衛爲主」〔註60〕是正確的。

四、子

　　「子」的含義在甲骨文中比較複雜，有王子、大臣或諸侯等貴族之子、子姓商族和爵稱等多種含義，一般學者將其歸入商王室的親屬稱謂中。但基

〔註55〕李雪山：《商代分封制度研究》，第38～40頁。

〔註56〕王宇信、楊升南：《甲骨學一百年》，第464頁。

〔註57〕李雪山：《商代分封制度研究》，第136～148頁。

〔註58〕胡厚宣：《殷代封建制度考》，第31～39頁；李雪山：《商代分封制度研究》，第139～141頁。

〔註59〕詳見李雪山：《商代分封制度研究》，第136～147頁。

〔註60〕〔日〕島邦男：《殷墟卜辭研究》，第819頁。

本正面論及商代爵制的學者，如上表所列，都承認某些與子有關的如「某子」、「子某」等稱呼，都可屬於爵稱。李雪山先生認爲，「子某」中的「子」定爲爵稱〔註61〕，他列舉了9條證據，我們綜合如下：一、卜辭有「子子」和「爵子某」的內容，當爲授予子爵之意。二、甲骨文有臣「子某」於某地的記載。當是分封於某地之意。三、「子」有外出巡察的內容。四、有類似「多侯」、「多伯」的「多子」，「子某」的用法和「侯某」、「伯某」的用法一致。五、「子某」常常參與祭祀。六、卜辭中有「子某」進貢的記載。七、有「子某」之「某」均指族國名，往往又是分封之地。他亦曾具體論述了「子畫」、「子漁」等以「子」爲爵號的諸侯7位，〔註62〕可見，我們不可否認有很多「子某」爲「子爵」諸侯的事實。但他單純認爲所有「子某」都爲爵稱並不妥當，當有一部份是商王之子。董作賓先生早在《五等爵在殷商》即已引用相關卜辭進行論述，認爲「子某」別爲王子之稱，如：

《合集》3006：「貞，御子央於父乙。」

13727

此「子央」明顯爲王子的稱謂，董作賓先生認爲其爲商王武丁之子，很是確切〔註63〕。但董作賓先生將「子某」全作王子來看待也有不妥之處。楊升南先生在《甲骨學一百年》中認爲，可從同一人既稱「子某」又稱「某子」的稱謂結構變化上，得到部份印證。其統計「子某」者 124 位，「某子」者 31

〔註61〕李雪山：《卜辭「子某」之「子」爲爵稱說》，《董作賓與甲骨學研究續編》，李雪山主編，北京：中國社會科學出版社，2007 年，第 41～49 頁。
〔註62〕李雪山：《商代分封制度研究》，第 162～174 頁。
〔註63〕董作賓：《五等爵在殷商》，第 894～900 頁。

位，「某子某」者 5 位。〔註64〕這種說法可以借鑒。尤其如前面所述的「某侯某」、「某伯某」一致的 5 位「某子某」的稱謂可以看出，此時「子」明顯爲爵稱。董作賓先生早已指出這點。〔註65〕如「■子■」（《合集》13727）即名爲「■」的「■子」。甲骨文中可見到「子■」（《合集》3226），亦可見到「■子」（合補 4231 反）。殷代金文中也有 5 例稱子者，即「宜子」〔註66〕、「北子」〔註67〕、「唐子」〔註68〕、「女（汝）子」〔註69〕、「仲子」〔註70〕等，其中也有如上所述的結構「仲子異」、「仲子辛」〔註71〕。

我們目前雖不能認定商代卜辭中的「某子」全爲爵稱，但可以認爲既有「子某」又有「某子」稱呼的當爲「子爵」諸侯無疑。也可以隨之推斷，「子」這一爵稱正是從「子某」這些商王之子或與商王同姓的子姓商族人演變而來的。〔註72〕初期受封時，仍帶著自身「王子」或「子姓」的稱呼，後隨著時間的發展，這一稱呼就逐漸成了爵號的尊稱。這點與島邦男〔註73〕、楊升南〔註74〕等諸位先生的觀點是一致的。

因爲「子」的身份爲血緣最接近商王的一個階層，其身份也肯定更爲突出，在商王朝所分擔的任務也更爲重要。目前，在卜辭中，與「子」有關的「子某」及「某子」的數量也最多。沈建華先生對花東卜辭的研究中發現：「花東卜辭

〔註64〕 王宇信、楊升南：《甲骨學一百年》，第 451～452 頁。
〔註65〕 董作賓：《五等爵在殷商》，第 900 頁。
〔註66〕 《集成》5.2694 戌■鼎。
〔註67〕 《集成》10.5165 北子■父辛卣。
〔註68〕 《集成》14.8834～36 唐子且乙爵。
〔註69〕 《集成》12.7220 女子匕丁觚。
〔註70〕 《集成》15.9415 亞■盃，15.9298 仲子觥。
〔註71〕 《集成》15.9298 仲子觥「仲子異引作文父丁尊彝」《集成釋文》（五），第 339 頁；15.9415 亞■盃，「亞■作仲子辛彝」《集成釋文》（五），第 362 頁。
〔註72〕 林澐：《從武丁時代的幾種「子卜辭」試論商代的家族形態》，《古文字研究》第一輯，北京：中華書局，1979年；裘錫圭：《關於商代的宗族組織與貴族和平民兩個階級的初步研究》，《文史》第十七輯，北京：中華書局，1983年；朱鳳瀚：《商周家族形態研究》（增訂本），天津：天津古籍出版社，2004年。
〔註73〕 島邦男：「（子）是與殷同氏姓的一族，他被封於多方，是後世的子爵之爵名的淵源。」《殷墟卜辭研究》，第 881 頁。
〔註74〕 楊升南：「那些既稱『子某』而又稱侯、伯，或由『子某』而變爲稱『某子』者，當確係商王之子。都是商王之子或子姓的商族人受封。」《卜辭中所見諸侯對商王室的臣屬關係》，胡厚宣主編《甲骨文與殷商史》，上海：上海古籍出版社，1983年，第 130 頁。

所反映的占卜主體『子』，王室不僅賦予『子』擁有自己的獨立的山林和邑地，以及共同尊奉的祖先宗廟，而且對於其族屬成員的生產資料物質仍有佔有和支配權力，深刻反映了商代宗族層層結構組織下有條不紊的嚴密制度。」〔註75〕這僅僅是專門負責「馬政」的一個「子」，由此可見其地位的重要。

五、男（任）

　　「男」，《說文·男部》：「男，丈夫也。從田從力，言男用力於田也。」〔註76〕「力」爲會意，不確。甲骨文中的字形爲「」（《合集》28807）、「」（《合集》28808）、「」（《合集》28809），從田從「」，徐中舒先生稱：「象原始耒形，以耒於田中從事農耕之意。農耕乃男子之事，故以爲男子之稱。」〔註77〕是非常確切的。「男」在甲骨文中的材料最少，目前所見僅有九片〔註78〕，雖早爲董作賓、胡厚宣兩位先生肯定爲爵稱〔註79〕，但陳夢家、島邦男〔註80〕、張秉權和裘錫圭〔註81〕等先生認爲僅有的材料證據不足。後楊升南、李雪山等先生著文對此詳細辨析，其中楊升南先生《甲骨文中的「男」爲爵稱說》〔註82〕以卜辭材料爲基礎，又證

28809

以商代銅器銘文，及周初《召誥》、《酒誥》等文獻資料，從材料到論證均十分詳細，由此我們可以確認「男」爲商代爵稱之一。

〔註75〕沈建華：《從花園莊東地卜辭看「子」的身份》，原載《中國歷史文物》2007年1期，後收入《初學集——沈建華甲骨學論文選》，第171～179頁。
〔註76〕〔漢〕許慎：《說文解字》，第291頁下。
〔註77〕徐中舒主編：《甲骨文字典》，第1477頁。
〔註78〕《甲骨學一百年》中引用7片，李雪山《商代分封制度研究》引用爲8片，除去重複的，一共爲9片，依次爲：《合集》3451、3452、3453、3454、3455、3456、3457、21954及《殷契摭疑續編》129。
〔註79〕董作賓：《五等爵在殷商》，第901～902頁；胡厚宣：《殷代封建制度考》，第72頁。
〔註80〕〔日〕島邦男：《殷墟卜辭研究》，第818頁。
〔註81〕裘錫圭：《甲骨卜辭中所見的「田」、「牧」、「衛」等職官的研究》，《古代文史研究新探》，南京：江蘇古籍出版社，1992年，第343～365頁。
〔註82〕楊升南：《甲骨文的「男」爲爵稱說》，《紀念殷墟甲骨文發現一百週年國際學術研討會論文集》，北京：社會科學文獻出版社，2003年，第433～438頁。

在古文獻中和甲骨文中「男」與「任」可互用，男、任在上古文獻中通假，二者上古音近而通。《尚書‧禹貢》「二百里男邦」〔註83〕，《史記‧夏本紀》引用爲「二百里任國」〔註84〕；《尚書‧酒誥》有：「越在外服：侯甸男衛邦伯」〔註85〕，《白虎通‧爵》引作：「侯甸任衛作國伯」〔註86〕。卜辭中也有這樣的例子，如「……貞……雀男……受……」（《合集》3452）同時也作「……雀任……受……」（《合集》19033）。從這方面來講，甲骨文中關於「任」的材料可以補「男」之不足。卜辭中有不少「某任」的記載，《甲骨學一百年》收錄相關的稱呼 15 位，〔註87〕這些「任」和「男」在卜辭中的用法和「侯、伯」基本一致。丁山先生儘管反對「男」爲商代爵稱，但卻承認「任」這一爵稱的存在。〔註88〕「男」、「任」實爲一稱，當爲商代爵稱。

至於其來源，基本有兩種觀點，一是從字形出發，認爲「男」與「田」有關。董作賓先生稱：「男爲力田之會意字，力即犁，犁田者從事農田耕作之義。……武丁對於自己的許多位女兒，不過每人賞給一串錢（一朋貝），可是對於自己的許多子、孫，卻賞賜他們每人都有田地。有田地必須耕作，耕作就是力田，所以他們的爵位也就叫作男。」〔註89〕胡厚宣先生不認爲男從力，而認爲「男，丈夫也，從耒在田間，示耕作之義。」〔註90〕即「男」當源自被任命從事耕作的氏族。

另一種觀點則從與「男」相通的「任」出發。西晉孔晁注《逸周書‧職方氏》「又其外方五百里曰男服」時謂：「男，任也。任王事。」〔註91〕《尚書‧禹貢》僞孔傳與之相同。〔註92〕裘錫圭先生由此認爲「任不像商王派駐在某一地方的職官，也不會是侯、伯一類諸侯。……也許任本是侯、伯等所委派的，率領人專門爲王朝服役的一種職官。『而任』是『而伯』委派的任，

〔註83〕〔清〕孫星衍：《尚書今古文注疏》，第 204 頁。
〔註84〕《史記》卷二《夏本紀》，第 75 頁。
〔註85〕〔清〕孫星衍：《尚書今古文注疏》，第 379 頁。
〔註86〕〔清〕陳立：《白虎通疏證》，第 12 頁。
〔註87〕王宇信、楊升南：《甲骨學一百年》，第 466 頁。
〔註88〕丁山：《甲骨文所見氏族及其制度》，第 45 頁。
〔註89〕董作賓：《王孫舌考》，《董作賓學術論著》第 1077～1085 頁，原載香港大學《東方文化》三卷第一期，第 1～14 頁。
〔註90〕胡厚宣：《殷代封建制度考》，第 71 頁。
〔註91〕黃懷信等：《逸周書匯校集注》卷八《職方氏》，第 1059 頁。
〔註92〕〔唐〕孔穎達：《尚書正義》，《十三經注疏》本，第 153 頁。

『侯任』則是某個侯所委派的任。後來他們之中大概也有一部份人演變成爲諸侯，所以『任』（男）也變成了一種諸侯的稱號」〔註93〕。這種說法也頗有道理，由此可見，男（任）的起源或爲二元，既有一部份稱「男」者爲商王所分封在王畿附近從事耕田這一職事的氏族，也有一部份爲地方方國委派爲王朝服役的小氏族，後來在長期定居中，「男（任）」就成了其中一部份氏族首領的固定稱號，最後這個固定稱號也就轉變爲爵稱。

六、田（甸）

「甸」爲周初所載商代的諸侯稱號之一，西周文獻中的「甸」，甲金文都作「田」。「田」，甲骨文基本均作「田」（《合集》28576），象田地之形。《說文·田部》：「陳也。樹穀曰田。象四口。十，阡陌之制也。」〔註94〕即作「田地」解。卜辭早期有些「在某田某」的記載，後期才見有「侯田」、「多田」、「多田與多伯」，亦有稱「某田」者。「多田」一詞出現於康丁時期，並有用「多田」出征的記錄，如「……以多田伐，又封乃……」（《合集》27893），由此可見商王建立稱爲「田」的諸侯，當不會晚於康丁時期。侯、伯、男（任）在武丁卜辭中已常見，「田」的形成比他們晚。〔註95〕或許因爲材料原因，董作賓先生對此置而未論；陳夢家、島邦男兩位先生則從卜辭和文獻中「侯甸」連稱而認爲其乃一詞，可省稱爲「侯」，並從「前無冠人名例」認爲「田」非爵稱〔註96〕。而胡厚宣〔註97〕、丁山〔註98〕、楊升南〔註99〕、裘錫圭〔註100〕、李雪山〔註101〕等諸位先生不同程度上承認其爲爵稱。此「侯田（甸）」一詞，從文初所引文獻中我們可知，乃殷代外服諸侯的省稱。又卜辭中有「多田」與「多伯」並列的稱呼：

> 丁卯王卜貞：今㞢巫九备，余其從多田〔於〕多伯征盂方伯炎……
> 在十一月，遘大丁翌。（《合集》36511）

〔註93〕 裘錫圭：《甲骨卜辭中所見的「田」、「牧」、「衛」等職官的研究》，第360頁。
〔註94〕 〔漢〕許慎：《說文解字》，第290頁下。
〔註95〕 王宇信、楊升南：《甲骨學一百年》，第467頁。
〔註96〕 陳夢家：《殷虛卜辭綜述》，第328頁；島邦男：《殷墟卜辭研究》，第818頁。
〔註97〕 胡厚宣：《殷代封建制度考》，第71～72頁。
〔註98〕 丁山：《甲骨文所見氏族及其制度》，第54頁。
〔註99〕 王宇信、楊升南：《甲骨學一百年》，第467頁。
〔註100〕 裘錫圭：《甲骨卜辭中所見的「田」、「牧」、「衛」等職官的研究》，第351頁。
〔註101〕 李雪山：《商代分封制度研究》，第45～47頁。

結合卜辭和文獻的記載，我們認為「田」（甸）為爵稱是可信的。

至於其來源，《逸周書‧職方氏》孔晁注：「甸，田也。治田又入穀也」〔註102〕，《禮記‧王制》鄭玄注「千里之內曰甸」謂：「服治田，出谷稅」〔註103〕。後學者們大多繼承此觀點，承認其與農事有關。胡厚宣先生即由此認為「男」與「田」相同：「然男與田意義相同，疑當為一字之演變，武乙、文丁時作男，帝乙、帝辛時，則男亦作田。其實一也。侯與白，其義皆以武力勝人，故亦相通。」〔註104〕故他認為卜辭中稱多田多白，實際上就包括了男、侯在內；稱侯田，實際中包括了白和男在內。故裘錫圭先生認為其從初期為「被商王派駐在商都以外某地從事農墾的職官」到「商代晚期田應該已經大量發展成為諸侯」〔註105〕是可信的。此外，徐中舒先生認為「田，象田獵戰陣之形。……甲骨文田字從囗從十井豐等，囗象其防，十井豐等表示防內畫分之狩獵區域。故封疆之起在田獵之世。……後世不知農田阡陌之形本田獵戰陣之制，……」〔註106〕，他認為「田」早期為田獵戰陣之形，後才發展為「農田阡陌之形」，乃是從更早的部族發展形態來考慮，也有一定道理，那麼這樣「田」也與武力掛上了關係，可備一說。

七、帚（婦）

「婦」，在甲骨文中由「帚」假借而來，「帚」常為「象形字」（《合集》18400）或「象形字」（《合集》18364）形。《說文‧巾部》：「糞也。從又，持巾埽冂內。」〔註107〕「帚」的研究情況比較複雜。在身份認定方面，幾位認為其為爵稱的先生中就分出不同的觀點。郭沫若等先生認為其為商王故去的配偶〔註108〕；胡厚宣先生認為「婦」為爵稱，且為武丁之妃〔註109〕；李雪山先生則認為乃方國之女子受封者〔註110〕。與以上觀點迥異的是，島邦男先生不

〔註102〕黃懷信等：《逸周書匯校集注》卷八《職方氏》，第1059頁。

〔註103〕《禮記注疏》卷十一《王制》，第1325頁。

〔註104〕胡厚宣：《殷代封建制度考》，第72頁。

〔註105〕裘錫圭：《甲骨卜辭中所見的「田」、「牧」、「衛」等職官的研究》，第351頁。

〔註106〕徐中舒主編：《甲骨文字典》，第1466頁。

〔註107〕〔漢〕許慎：《說文解字》，第159頁下。

〔註108〕郭沫若：《卜辭通纂》，北京：科學出版社，1983年，第435片考釋。

〔註109〕胡厚宣：《殷代封建制度考》，第24、71頁。

〔註110〕李雪山：《商代分封制度研究》，第53～57頁。

認為「帚」乃女子，他反對國內學者將其釋為「婦」，而認為乃「服」的假借，與「侯、伯、子」一樣為殷的爵名，實為被配置於四方為王親自任命的直屬之臣〔註111〕。「帚」為女性當無可置疑，拋開大家對相關卜辭內容的爭議，單從與之相關的人名中多帶「女」偏旁就可想而知。〔註112〕至於否認其為爵稱的諸家觀點基本都將其歸為王之親屬一類，如張政烺先生就認為婦某為世婦〔註113〕。

　　產生諸多差異的原因，恐怕與甲骨文中與「婦」相連的多項特權有關。單從甲骨體現的材料來看，「無論是國王或王子的配偶，她們與王室的關係，總是十分密切的。」〔註114〕「帚某」之「某」有做地名或有封疆之意，「帚某」常從事征伐、向王納貢、參與祭祀等事，這些均與「侯、伯」等爵稱類似，且在某些祭祀方面比「侯、伯」地位尤過之。〔註115〕因此，比照「侯、伯」的話，將某些「帚」視為爵稱也是可以的。如此來看，「諸婦」是商代特有的一個階層，西周以後從未見有那樣多的婦女參與國家的各方面工作，周代爵制中也見不到「帚」的影子，這也是商與後世社會所不同的地方之一。

〔註111〕〔日〕島邦男：《殷墟卜辭研究》，第 819、902 頁。

〔註112〕卜辭中有關的婦名可參見《甲骨學一百年》，第 448～449 頁。將之與「侯、伯、子」等比較即可得知。

〔註113〕張政烺：《帚好略說》，《考古》，1983 年第 6 期。

〔註114〕張秉權：《甲骨文與甲骨學》，第 430 頁。

〔註115〕王宇信、楊升南：《甲骨學一百年》，第 447～451 頁，又與「婦」有關的論文還有：嚴志斌《商代金文的婦名問題》，《古文字研究》（第二十六輯），北京：中華書局，2006 年，第 141～146 頁；徐義華《甲骨刻辭諸婦考》，載於《殷商文明暨紀念三星堆遺址發現七十週年國際學術研討會論文集》，北京：社會科學文獻出版社，2003 年，第 292～293 頁，及其同名碩士畢業論文；齊文心《「婦」字本義試探》，《紀念殷墟甲骨文發現一百週年國際學術研討會論文集》，第 150 頁；陳絜《關於商代婦名研究中的兩個問題》，《2004 年安陽殷商文明國際學術研討會論文集》，北京：社會科學文獻出版社，2004 年，第 244 頁；趙誠《諸帚探索》，《古文字研究》（第十二輯），中華書局，1985 年。

八、衛

「衛」，即「衛」，《說文・彳部》：「宿衛也，從韋、帀，從行，行列衛也。」〔註116〕即護衛之意。甲骨文作「」（《合集》04372），象眾人合圍之形；又作「」（《合集》04380）、「」（《合集》04402），象眾人將一人保衛在中間之形，在甲骨文中多有保衛、守衛之意。卜辭中很少見到與之相關的人名或地名，這點與「田、男」類似，因此陳夢家〔註117〕、島邦男〔註118〕、王貴民〔註119〕等多數學者都將之當做職官看待，這也應是「衛」早期的真實意義。但如同「男」一樣，在商代後期其由職官逐漸發展為諸侯的名稱。卜辭中也出現了「某衛」的記載。如：

《合集》32999

> 貞㑇於穆衛。（《合集》7563）
>
> 貞勿令衛。（《合集》7568）
>
> 己酉令衛從。（《合集》32999）

「衛」前面的字當是地名或人名，這些「某衛」明顯和「某侯、某伯」結構一樣，屬於對方國君主的稱呼。如前所引，周初文獻中仍有關於「衛」的記載，《國語・周語》載「先王之制：邦內甸服，邦外侯服，侯衛賓服」。〔註120〕是以「侯」、「衛」並列。《尚書・康誥》載周初之事：「侯甸男邦采衛。」〔註121〕是「衛」與「侯」、「甸」、「男」並列。後世雖然不見，但至少我們可以認為其在商代晚期到周代早期仍作為爵稱存在著。裘錫圭先生的看法最為確切，他認為其應是被商王派駐在商都以外某地保衛商王國的武官，「為王捍衛」，後因世官制度而後來演變成一種諸侯的名稱〔註122〕。

〔註116〕〔漢〕許慎：《說文解字》，第44頁上。

〔註117〕陳夢家：《殷虛卜辭綜述》，北京：科學出版社，1956年，第328頁。

〔註118〕〔日〕島邦男：《殷墟卜辭研究》，第818頁：衛是官名……但性質與侯、伯不同，在卜辭中無如侯、伯與人名並稱例，故不能看作與侯、伯等同的爵名。

〔註119〕王貴民：《「衛服」的起源和古代社會的守衛制度》，《中華文史論叢》1982年第3輯，上海：上海古籍出版社，1982年，第51～64頁。

〔註120〕〔清〕徐元誥：《國語集解》，第6頁。

〔註121〕〔清〕孫星衍：《尚書今古文注疏》，第357頁。

〔註122〕裘錫圭：《甲骨卜辭中所見的「田」、「牧」、「衛」等職官的研究》，第356頁。

九、亞

「亞」，卜辭作「」（《合集》29658）或
「」（《合集》29693），徐中舒先生將字
所象之形與殷墟陵墓呈現的形參照，認爲「甲
骨文中的『亞』象古代聚族而居之大型建築平面
圖形。殷代的城墉、廟堂、世室、墓葬均沿用此
形，即《周禮‧考工記》所謂之殷人四阿重屋。
阿、亞古音同，故通用。殷代亞形建築多曲隅，
而《說文‧宮部‧阿》：『一曰曲宮也。』段注：『引
申之凡曲處皆得稱阿。』典籍亦每訓阿爲曲隅，
阿曲引申之義又有昵近、朋比、同儕之義，蓋亞

《合集》32992

形建築既便於合族共處，又使各戶皆得獨立，故同代兄弟並列同儕而復可敘
以位次。《說文》：『亞，醜也。象人局背之形。賈侍中說以爲次弟也。』按後
世誤以亞訓醜惡之醜，段注亦據象人局背之形謂象醜惡之狀，並稱亞與惡音
義皆同，訓醜惡爲亞之本義。然醜字在典籍中多訓爲醜類之醜，段玉裁謂『醜
即疇之假借字，疇者，今俗之儔類字也。』而賈說又以亞爲次弟之義，故亞
訓儔，訓次弟，皆與其初義近。又《詩‧節南山》『瑣瑣姻亞』，《傳》謂：『兩
婿相謂曰亞。』古代族外婚，兩婿乃外族之同儕，故亦互稱曰亞。」〔註123〕
徐中舒先生對「亞」的解釋很是詳盡，從亞的字形到其初義，到《說文》及
古文獻中的意思，均十分妥帖。可謂定論。亞爲殷人聚族而居房屋建築的形
狀，從形狀看，多曲隅，這和周代典籍如《考工記》對其記載是一致的。因
合族共處，同代兄弟可以並列同儕又可以敘以位次。故引申爲「儔」，「儔」
與「疇」爲一字，假借爲「丑」，這就是《說文》之所以將其釋爲「丑」的緣
故。由此他對亞的釋義有三：一，亞、多亞、多馬亞等皆爲時王之同族兄弟
集團；二，與王族聯姻之族，其族名或稱號前皆冠以亞字。三，表先祖、宮
室之位次。

　　徐中舒先生的觀點在卜辭中都有體現。在對於「亞」和人名聯繫起來的
卜辭的解釋中，陳夢家〔註124〕、姚孝遂〔註125〕、楊升南〔註126〕等先生認爲

〔註123〕徐中舒主編：《甲骨文字典》，第1523頁。
〔註124〕陳夢家：《殷墟卜辭綜述》，第508～511頁。
〔註125〕于省吾主編：《甲骨文字詁林》，第2905頁。

乃官名；唐蘭〔註127〕、丁山〔註128〕、李孝定〔註129〕、李雪山〔註130〕等諸位先生認爲乃爵稱；彭邦炯先生則介於二者之間，認爲爲官稱或爵稱〔註131〕。在認爲其爲爵稱的學者中李雪山先生的論證最爲詳細，摘引如下：一，卜辭中有亞與田、任並列的記載。如「……以多田、亞、任……」（《合集》32992反）二，有一條卜辭「惟亞臣其辟」（《合集》27937）說明了亞作爲臣子對商王的尊順。三，卜辭中的亞雀、亞族、亞其、亞新等，類似於「侯某」、「伯某」、「子某」的用法。四，卜辭中「多亞」的相關記錄。

　　李雪山先生的這幾條證據並不能令人十分信服。關鍵的一點是在周代與「亞」有關的文獻記載中，「亞」仍是作爲官職存在。如「王曰：『嗟！我友邦冢君，御事：司徒、司馬、司空，亞旅、師氏，千夫長、百夫長……」（《尚書·牧誓》），此「亞旅」之「亞」，孫星衍引《釋言》謂「次也」，〔註132〕和上文徐中舒先生解釋的初義相合，「亞旅」在這裡明顯是僅次於三司之下具體負責軍事的官職〔註133〕。「越在外服，侯、甸、男、衛、邦伯；越在內服，百僚、庶尹、惟亞、惟服、宗工，越百姓里居；罔敢湎於酒。」（《尚書·酒誥》）聯繫上下文，「尹，正也；亞，次也」，此「惟亞」，孫星衍釋爲「正官之倅」〔註134〕，即官員的副手，是很正確的。此外，若「亞」作爲官職講，上文所述，「田、任」在成爲爵號之前亦爲官稱，那麼「田、亞、任」並列即不能說明「亞」亦爲爵稱。「多亞」也可當「多個亞官」來講。而亞爲臣子的卜辭亦可說通。至於與「侯某」等一致的用法，我們可以看到「亞雀」（《合集》5679）的「雀」曾爲男爵，〔註135〕；「亞𠦪」（《合集》32272）

〔註126〕王宇信、楊升南：《甲骨學一百年》，第459頁。

〔註127〕唐蘭：《武英殿彝器考釋》，北京：中華書局，1988年。

〔註128〕丁山先生認爲，商代亞官實是商王國裏「邦畿千里」之內「甸、亞、任」三服之一的諸侯。見其《說多田亞任》，載於其《甲骨文所見氏族及其制度》，北京：科學出版社，1956年，第44頁。

〔註129〕李孝定：《甲骨文字集釋》，中央研究院歷史語言研究所專刊之五十，1965年，第4172頁。

〔註130〕李雪山：《商代分封制度研究》，第50～53頁。

〔註131〕彭邦炯：《從商的竹國論及商代北疆諸氏》，載於王宇信主編《甲骨文與殷商史》（第三輯），上海：上海古籍出版社，1991年，第385頁。

〔註132〕〔清〕孫星衍：《尚書今古文注疏》，第284頁。

〔註133〕劉起釪：《尚書校釋譯論》，北京：中華書局，2005年，第1097頁。

〔註134〕〔清〕孫星衍：《尚書今古文注疏》，第380頁。

〔註135〕《合集》3452「貞……雀男……受……」，另《合集》19033「雀任」。

的「」曾爲子爵〔註136〕。這或許是曾任「亞」官的部族後有了爵號的緣故。李雪山先生也發現在商周的族徽銘文中，很多國族的前方、上方或四周匡以亞形圖案，而經考察亞後之字均是國族名，受過商的冊封，且在中央爲官，與商王關係極爲密切，據此推斷，凡稱亞者必是諸侯，並且又都曾在中央爲官，是當時榮譽的標誌。〔註137〕或許如徐中舒先生的判斷，這些四周匡以亞形圖案的部族或爲王的兄弟之族，或爲與商王有姻親關係的部族。總的來看，與「亞」有關的人名，早期或爲商王的兄弟或姻親關係的部族，後逐漸轉變爲武官的稱號，一直沿用到春秋時期。

十、王

「王」，自董作賓〔註138〕先生始，絕大多數學者均認爲只有產生於子姓宗室貴族家族、居於至高無上統治地位的商王才能稱王，其他人不可如此稱呼。但王國維〔註139〕先生早就認爲諸侯並有稱王之俗，自夏商已然。經過對甲骨材料的梳理，齊文心〔註140〕、高明〔註141〕、葛英會〔註142〕諸位先生詳細論證了商代除了繼統的子姓商王之外，還存在其他的稱王者，如「應王」、「王黃」、「王離」等，齊文心先生認爲「多王」的地位與侯、伯略相等同，「某王」或「王某」的結構與侯、伯等雷同，其對殷王朝的地位和義務也與侯、伯相仿，從而認爲這類的王是與侯、伯並列的一種爵稱。〔註143〕

從卜辭和文獻中來看，「王」多爲商代乃至周代一些方國諸侯的一種稱呼。在周代，由於統治秩序的穩定和「周禮」的施行，稱「王」的往往爲周王朝之外的一些「蠻夷」的小國之君，眞正周王所分封的諸侯以及與周王關

〔註136〕見上文對「子」的論述。

〔註137〕李雪山：《商代分封制度研究》，第 50～53 頁。

〔註138〕董作賓：《民無二王》，《平盧文存》上集，臺北：藝文印書館，1963 年。

〔註139〕王國維：《古諸侯稱王說》，《觀堂別集》卷一，第 1152～1153 頁；王國維：《散氏盤考釋》，《古史新證——王國維最後的講義》，北京：清華大學出版社，1994 年，第 83～104 頁。

〔註140〕齊文心：《關於商代稱王的封國君長的探討》，《歷史研究》1985 年第 2 期，第 63～78 頁。

〔註141〕高明：《商代卜辭中所見王與帝》，《紀念北京大學考古專業三十週年論文集》，北京：文物出版社，1990 年。

〔註142〕葛英會：《殷墟卜辭所見王族及相關問題》，《紀念北京大學考古專業三十週年論文集》，北京：文物出版社，1990 年。

〔註143〕齊文心：《關於商代稱王的封國君長的探討》，第 76 頁。

係密切的諸侯均尊周王而無稱王者。殷代則不然，從齊文心先生的考察來看，稱王的諸侯比比皆是。這與其自身所處的發展階段及統治政策有很大的關係。殷代當爲方國聯盟的性質，商王爲方國聯盟的盟主，其自身的統治範圍局限於商王畿，以及由血緣關係所維繫的眾多分封出去的同姓「子族」，周邊林立的諸多方國並沒有如周代一般納入到其統治秩序中來，其對周邊臣服的方國的控制也沒有周代那麼嚴密。此外，其並沒有建立一個凌駕於血緣之上的一種統治秩序，這些稱「王」的方國或部族，其與商王的關係或許如商王分封的一些侯伯一般親密，但仍保留了大量的「王」號。此外，我們沒有確切的證據來證明一些商代的宗室貴族或功臣被封爲「王」的尊號〔註144〕，因此將「王」作爲方國首領的尊稱是正確的，但作爲「爵稱」則十分不妥。

小　結

通過以上論述，我們對商代爵制的基本情況有了大概的總結，並就相關問題簡述如下：

1. 商代是否存在系統爵制的問題

在商代已經有了一些對諸侯或對官員的一種特定的稱呼，這些稱呼已經基本固定下來，只是囿於材料的局限，我們在文獻中尚不能發現其中有明確的等級區別。比較多的學者如胡厚宣〔註145〕、楊升南〔註146〕、李雪山〔註147〕等均認爲尚無等級的劃分，王冠英先生則認爲其詳雖不可考，但從金文、文獻中侯、侯甸可以總括侯甸男、入周以後侯甸男逕稱諸侯來看，侯的地位較甸男要高，可見已經有了等級上的差別，而「不同的方國被稱爲侯田任，很可能是體現了這些方國地位上的差別。」〔註148〕同時林澐先生雖不認爲「侯、甸、男」爲爵稱，但也認爲在方國首領的地位上，可能已經有了等級差別。儘管王貴民先生將這幾種稱呼作爲官職來看，但仍認爲其從不同的職掌中可

〔註144〕齊文心先生雖然認爲稱王方國包括「屬於子姓的宗室貴族或功臣受封爲王」的情況，但他也同時指出「現在尚無直接的材料指出哪些是子姓貴族，哪些是功臣。」他判斷的依據僅是一些稱王的諸侯於商王的關係更緊密而已。見齊文心《關於商代稱王的封國君長的探討》，第77頁。
〔註145〕胡厚宣：《殷代封建制度考》，第72～75頁。
〔註146〕楊升南：《卜辭中所見諸侯對商王室的臣屬關係》，第133頁。
〔註147〕李雪山：《商代分封制度研究》，第56～57頁。
〔註148〕王冠英：《殷周的外服及其演變》，第90頁。

能有等級的差別。〔註149〕裘錫圭先生則認為，這些稱號在較早時候只是區分對商王「職」或「服」的不同，後來就漸漸演變為單一的等級稱呼了。〔註150〕如果單從這方面來講，我們還不能就此認定商代已經有了一種階層分明的等級制度，只能從中看出這些固定的尊稱。但從考古發掘我們就可以看出另外的層面。

在對商代墓葬的發掘研究中，我們可以看出，在早商時期，尚未發現更高等級墓葬的時候，反映貴族的中型墓已可以分為三類，其墓葬規模和隨葬品即有等差。中商時期發掘的貴族墓中「墓葬規模、是否使用棺槨及隨葬青銅器、玉器的組合情況，反映墓主的等級身份有高下。」研究者至少將之分為高、中、低三個層次，可見這時的貴族之間亦存在等級區分。到了晚商時期，不僅發掘出來的貴族墓範圍擴大了，而且其等級更加的細分化。帶有殷商特徵的貴族墓葬範圍的擴大說明殷商勢力對外的擴張，也可說明殷商冊封貴族的增多；等級的細化，說明一套完整而系統性等級秩序的建立。〔註151〕此外，在對商代青銅器的研究中，我們發現從青銅禮器自身形態的大小、裝飾紋飾以及擁有的數量都顯示出商代貴族間等級性的存在。〔註152〕由此我們可以看到，自早商時期開始，殷商的貴族間就已經存在階梯狀的等級制度，這種等級制度是否可以和我們上文所述的固定的稱呼相聯繫呢？我們覺得是非常有可能的，畢竟到目前為止，我們尚未發現有第二套這樣包含商王及下屬諸侯的稱呼系統。另外，我們也必須清楚的意識到，我們使用的文獻資料基本均為商代晚期所有，儘管早在商代的前期已經有了一定的等級制度，但並沒有足夠的材料顯示其相應的稱呼固定化，因此，借助後世周代的政治制度，我們可以將這種有固定的稱呼並且存在等級差別的系統稱之為「爵制」。因此，我們有可能得出這樣的結論：到商代後期，開始出現了爵稱和爵等。

至於商人自身是否有意識的將這種等級差別稱之為「爵制」，我們不得而知。但可以想像得到，在商王開始將這些名號「分封」（賞賜）給相應諸侯的

〔註149〕王貴民：《商朝官制及其歷史特點》，《歷史研究》，1986年第4期，第115頁。
〔註150〕裘錫圭：《甲骨卜辭中所見的「田」、「牧」、「衛」等職官的研究》，第361頁。
〔註151〕《中國考古學·夏商卷》，早商時期參見第242～248頁；中商時期參見第282～283頁；晚商時期參見第338～351頁。
〔註152〕張長壽：《殷商時代的青銅容器》，原載《考古學報》1979年第3期，收入其《商周考古論集》，北京：文物出版社，2007年，第15～44頁；岳洪彬：《殷墟青銅禮器研究》，北京：中國社會科學出版社，2006年，第415～431頁。

時候，還是有一定的高低差別的，地位的等差，在人類擺脫原始生活之後即無處不在。大約說來，侯從職官發展成為諸侯的過程完成得比較早，軍事實力相對突出，其地位也比較重要，所以古人用「諸侯」這個詞來概括侯、甸、男、衛等稱。不過在商代，「諸侯」這個名稱好像還沒有出現。卜辭的「多侯」就是很多侯的意思，跟所謂「諸侯」有別。卜辭常用來統稱的詞是「侯甸」。接下來地位高的應當是被征服後授爵的「伯」，緣於其實力不會很差。與商王有聯姻關係的「帚（婦）」的地位也不會很低；而為商王晚輩或同姓的「子」以及從事服役和耕田的「男（任）」、「田（甸）」的地位要低些；較晚成為爵稱的「衛」，儘管同樣以軍事為主，但明顯其地位要稍低。具體的次序則因為材料的原因就不得而知了，大略同於周初文獻的記載。

2. 相關爵稱的來源及形成

綜合上文的論述，我們可以看到，至少在商代晚期，已經有了「侯、伯、子、男（任）、田（甸）、帚（婦）、衛」等幾種爵稱。至於其他的稱號，「公」，雖然沒有更多的證據來證實其為爵稱，但現有的資料也不能加以否認。與「亞」有關的人名，早期或為商王的兄弟或姻親關係的部族，後逐漸轉變為軍事職官的稱號。「王」則是方國首領的尊稱，儘管有一些王臣服於商，和商王關係密切，但其尊號未變。

這些帶爵號的諸侯的產生，胡厚宣、楊升南先生認為，有二種途徑，子弟功臣「裂土」受封、方國首領臣服受封。〔註153〕島邦男等先生傾向於第一類，以之來說明商代「封建」制度的存在；〔註154〕王冠英先生則認為多由方國首領被征服而來。〔註155〕裘錫圭先生則認為在中央承認這些由職官轉變而來的諸侯之後，才開始用這些稱號來封建諸侯，並將之授予某些臣服方國的君主。〔註156〕

〔註153〕胡厚宣：《殷代封建制度考》詳細列舉了「功臣之封」和「方國之封」兩種情況，見第31～60頁；楊升南《卜辭中所見諸侯對商王室的臣屬關係》：「在卜辭中，凡稱為『某方』而又稱為侯伯子男的，應是由此途徑產生的諸侯。」第128～172頁。

〔註154〕〔日〕島邦男：《殷墟卜辭研究》，第902頁。

〔註155〕王冠英：《殷周的外服及其演變》：「殷代的諸侯，……大都是一些方伯。而這些方伯的土地、人民、都邑、邦方，大都是他們世襲或擴張的領地，只是由於殷人征服了他們，承認了他們的附屬，賜予他們一定的名號，規定一系列職貢，才成為殷人的諸侯。諸侯最早的含義，不過如此。」第98～99頁。

〔註156〕裘錫圭：《甲骨卜辭中所見的「田」、「牧」、「衛」等職官的研究》，第361頁。

　　如上所述，這些爵稱的來源是多樣的，一是由原來被商王派遣執行任務的氏族首領尊稱或氏族稱號〔註157〕轉化而來，這些或可稱「爲王職事」的職官。也即徐中舒先生所說的「侯、甸、男、衛」四種指定的服役制度。〔註158〕其中一些爲領軍事任務，最典型的如「侯」，被商王派駐王畿四方，以防衛外族侵犯。商代後期，一部份「爲王捍衛」的王之近臣「衛」也被遣派出去，充當商王室的守護。另一些爲從事耕田或承擔其他「職」、「服」，如「男」和「田（甸）」。彼時一職事必然是領全族或全部落一起行動，到一地方之後即定居下來。而經過長時間的駐紮後，這些對氏族或首領的尊稱就逐漸固定下來，成爲了通用的爵稱。二是由與商王關係親密的近族轉化而來。其中包括一些商王之子及血緣關係緊密的子姓商族，他們的氏族名或首領的尊稱爲「子」；也包括一些與商王聯姻的氏族，或爲商王之婦或爲王室貴族之婦的「帚」（婦）。這些部族因爲血緣和姻親的緣故，其與商王的關係最爲密切，也被派駐往與王室關係重大的地方執行任務。經過長時間積澱之後，這些稱呼也同樣變成了相應的爵稱。三是由被征服的方國首領稱號轉化而來。如「伯」，「方伯」原是商周圍一些方國的首領稱號，被商征服後，逐漸稱之爲「伯」，轉而成爲殷商的爵稱之一。

　　這些爵稱並不是在某一個時間點上突然形成的，它需要一個漫長的過程。卜辭中的記載也是有時間變化的，在目前的條件下，我們無法對相關卜辭進行詳盡的時間斷定，一些稱呼或許尚處於早期還沒演變爲爵稱的時候，因此並不是所有具有這些尊稱的稱呼都可以看做爲爵稱。同時，正如裘錫圭先生所言，「應該指出，由職官發展成爲諸侯的可能性，是受地理條件的限制的。在擔任斥候保衛以及田、牧等工作的職官裏，大概只有駐地離商都較遠的那些人，才有可能發展成爲諸侯。在商都範圍內或離商都較近的地方擔任這些工作的職官，其情況約略相當於周代所謂侯人、甸人、牧人等官，他們一般不會有發展成爲諸侯的可能。」〔註159〕他雖然指的只是「侯、衛、

〔註157〕丁山：「所有的侯亞，在甲骨文裏有時稱『侯』，有時稱『氏』；甲翼骨臼諸種刻辭所見的某氏，在卜辭裏，有時稱『某侯』，有時稱『某族』；可見侯、伯、男、田、亞一類封建的爵名，都是氏族的別名，或爲氏族的擴大。」見其《甲骨文所見氏族及其制度》，第 54 頁。島邦男先生也有類似的看法，「『侯某』中，同一族名用於不同時期，故不是私名，而是氏族名」，見其《殷墟卜辭研究》，第 823 頁。

〔註158〕徐中舒：《先秦史論稿》，第 73～75 頁。

〔註159〕裘錫圭：《甲骨卜辭中所見的「田」、「牧」、「衛」等職官的研究》，第 361 頁。

田」等職官，但對於我們對這些所有爵稱的論述都是可以借鑑的。

　　當然，這只是商代爵制初始時的情況，我們可以想像得到，到商代後期，這些爵稱逐漸固定下來後，商王就開始有意識的將這些爵稱授予一些子弟功臣及臣服的方國首領。由此，我們就可以看到卜辭中眾多的爵稱以及周初文獻對商代這些爵稱的描述。

3. 爵位的授予儀式

　　既然商王會對功臣子弟及臣服的方國授予一定的爵位，那麼肯定也有相應的授予儀式，卜辭中的記載儘管簡單，但仍能看出這一儀式的存在。沈建華〔註160〕、劉恒〔註161〕和李雪山〔註162〕均認爲商代存在對諸侯的「冊封制度」，而爵位的授予也正是在冊封制度的儀式上進行的。李雪山先生特意指出，儘管卜辭簡短和不系統，但仍能看出其中要經過「冊封」、「奠置」（授土）、「建立封邑」三個相關的環節。由此可知，在幾位先生的觀點中，商代的爵制儘管尚未見到全貌，但亦開始逐漸走向系統化和規範化。

4. 帶爵號的諸侯與商王室的關係

　　這些帶爵號的諸侯與商王畿外存在大大小小的外在方國不同：各方國對商王的臣服與否是建立在商王室強大軍事力量上的，自身有很大的獨立性；但這些帶爵號的諸侯與商王更多是一種上下級「臣屬」的關係。大多數承認爵制的學者如胡厚宣、楊升南〔註163〕、沈建華〔註164〕、李雪山等先生均認爲如此，認爲其爲官職的王貴民〔註165〕等諸位先生也這樣認爲。而反對他們爲爵稱的林澐和王冠英兩位先生則認爲他們乃不平等的方國聯盟關係〔註166〕。

〔註160〕沈建華：《商代冊封制度初探》，《第二屆國際中國古文字研討會論文集》（香港中文大學三十年校慶），香港：香港中文大學，1993 年。

〔註161〕劉桓：《試說卜辭的「奠某侯」與建侯的關係》，《甲骨集史》，北京：中華書局，2008 年，第 92～94 頁。

〔註162〕李雪山：《商代分封制度研究》，第 25～36 頁。

〔註163〕楊升南：《卜辭中所見諸侯對商王室的臣屬關係》，胡厚宣主編《甲骨文與殷商史》，上海：上海古籍出版社，1983 年，第 128～172 頁。

〔註164〕沈建華：《卜辭所見商代的封疆與納貢》，原載《中國史研究》2004 年第 4 期，又載《初學集——沈建華甲骨學論文選》，第 121～136 頁。

〔註165〕王貴民：《甲骨文所記商朝貢納及所顯示的有關制度》，載於《紀念殷墟甲骨文發現一百週年國際學術研討會論文集》，北京：社會科學文獻出版社，2003 年，第 415～424 頁。

〔註166〕林澐：《甲骨文中的商代方國聯盟》，《古文字研究》（六），北京：中華書局，1981 年，第 86 頁；王冠英《殷周的外服及其演變》，第 98～99 頁。

我們承認商代爵制的存在即意味著商王控制能力的增強以及殷商國家結構的發達。儘管各諸侯對商王乃「臣服」的關係，但同時我們也可以看到，和周代一樣，隨著時間的推移，商王朝自身的實力對維繫這種關係有著至關重要的作用。卜辭中一些對這些封國的征伐即反映了他們對商王朝關係的猶疑不定。

諸侯對商王室的義務，諸家觀點基本大同小異，可概括為政治、軍事和經濟三方面，其中政治方面主要表現在來朝為官、朝覲、助王祭祀等，此外李雪山先生認為還形成了朝聘、盟誓和監察制度；軍事方面主要有戍邊和出征（分率軍隨王征討和直接奉王命征討）；經濟方面主要有納貢和服役兩類（主要為勞役，如耤田等）。

綜上所述，儘管並無直接的證據證明商人已建立起爵制，如晁福林先生所言：「爵位雖然是社會等級的表現，但它並不與社會等級制度同時出現。」〔註167〕但我們可得到這樣的認識：在商代已經有這些固定的尊號來稱呼當時方國諸侯，且在這些尊號間有可能有一種等級關係存在，同時還可能存在一定的冊封儀式。從這些方面來講，商代草創的爵制雖不系統，但至少已經具備了基本的要素，我們可以說，最遲在商代晚期已經出現了爵制的萌芽，並有了系統化的趨勢。而這些「侯、伯、甸、男」等爵稱也為周初所沿用，可以這麼說，商代爵制是周代五等爵之濫觴。

〔註167〕晁福林：《先秦時期爵制的起源與發展》，第 73 頁。

第三章　以「五等爵」爲核心爵制的形成
——西周爵制

　　儘管周代的傳世文獻、出土文獻資料遠超之前的商代，但學者們對此問題的爭論始終沒有停止。諸家在周代爵制觀點上之分歧，如引言中所述，基本都集中在西周時期的爵制上。其問題主要在於西周時期的傳世文獻成分複雜，金文材料凌亂而無系統，各家對其認識不同，由此導致觀點各異。概括說來，對西周傳世文獻認可程度較高者，如翦伯贊、金景芳、陳恩林、葛志毅、杜正勝、王世民等先生〔註1〕，均認可西周時期已經出現了爵制，且就爲傳統認定的「五等爵制」；而對相關傳世文獻持否定態度的，如傅斯年、郭沫若、楊樹達、胡厚宣、陳槃、趙伯雄、姚孝遂等先生，他們或承「疑古」遺風，或據新出數目不多的金文材料，對傳統「五等爵制」說法嗤之以鼻；而對西周文獻持謹愼態度，並不以傳世禮書爲準繩的，且對金文材料也有一定分析認識的，如童書業、王玉哲、林澐等先生，他們往往會拋開成見，從原有複雜的材料中擇出與爵制相關的部份，從而認爲西周時肯定存在爵制，但並不是傳統的「五等爵」，而是另有其爵稱。

　　除此之外，仍存在一個問題，由於文獻時間不確定性，早期大多學者在討論周代爵制這一問題時，往往將周代作一整體，直到後世才有學者如趙光賢、陳恩林、晁福林等先生將此問題分階段來考慮。我們贊同後來這些學者的意見，認爲一種制度的建立必然要經過漫長而系統的發展，周代爵制也不例外。由春秋時期文獻來看，當時存在傳統所認爲的「公侯伯子男」等「五

〔註 1〕 諸家觀點及出處見緒論中對周代爵制的研究綜述，下不再重複標出。

等爵制」和「卿大夫士」等「內爵」是確定無疑的，從當時爵制系統和制度化的狀況來看，周代內外爵的制度當在西周時期已經出現並成型。關於春秋及後期的爵制問題，具體留待下章討論；我們先通過對西周相關的傳世文獻及出土金文資料做出詳細而全面的梳理，來看是否能以此為基礎一窺西周爵制的初期面貌及後世爵制之形成過程。

第一節　西周文獻中的相關爵制

我們並不能像有些國外學者那樣，徹底拋棄傳世文獻而單純用金文資料來研究周史，畢竟金文如果脫離了文獻的基礎，就失去闡釋的可能，同時金文的零散和無系統性也使得我們在研究時更多的依靠文獻。出於謹慎的需要，我們對西周文獻的選擇基本集中在目前學界認為成書於西周時期的。至於屬於西周內容，卻為春秋所加工的，或春秋時期文獻所載回憶西周的文字都會審慎的擇取。

《尚書》是流傳至今最古的重要典籍，在其流傳中幾經波折，散失和竄誤的很多，經過後世學者的研究，基本確定原本的二十五篇古文尚書為偽書，保存下來的二十八篇今文尚書是非常可貴的史料。但在這二十八篇中，由於成書年代不一，其史料的真偽問題尚須進一步的考證辨別，如顧頡剛先生早就提出《尚書》中的《盤庚》、《大誥》、《康誥》、《酒誥》、《梓材》、《召誥》、《洛誥》、《多士》、《多方》、《呂刑》、《文侯之命》、《費誓》、《秦誓》等十三篇，「在思想上，在文字上，都可信為真」〔註2〕，但尚有進一步研究的必要。後世學者對這些篇章的成書時間也有不同的意見，不管怎樣，至少，周初八誥應是當時的實錄，是可以為我們放心使用的可靠文獻。此外，《君奭》、《立政》、《顧命》、《呂刑》四篇也當為西周時期的作品。〔註3〕因此，下面與《尚書》有關的文獻僅引用這十二篇文字。

《逸周書》是長期被學界忽略的珍貴文獻，古時很少受到學者重視，現代不少學者認為該書系戰國或秦漢以後人所編，這就影響了其在研究周代歷

〔註2〕 顧頡剛編著：《古史辨》（第一冊），上海：上海古籍出版社，1982年，第201頁。

〔註3〕 王暉、賈俊俠：《先秦秦漢史史料學》，北京：中國社會科學出版社，2007年，第70～74頁；另杜勇《〈尚書〉周初八誥研究》，中國社會科學出版社，1998年。

史中的使用。後來，隨著出土文獻材料的增多，李學勤先生對其重視和深入研究，使得人們對其史料價值進行重新審視。李學勤先生認爲：「《世俘》、《商誓》、《皇門》、《嘗麥》、《祭公》、《芮良夫》均可信爲西周作品。」〔註4〕黃懷信先生對《逸周書》進行了大量的研究工作，對全書五十九篇的成書時間做了劃分認定：「現存五十九篇之中，屬於或基本屬於西周作品者，有《世俘》、《商誓》、《度邑》、《皇門》、《嘗麥》、《祭公》、《芮良夫》等七篇；本出西周而經春秋加工改寫者，有《羅匡》、《大匡》（第十一篇）、《程典》、《寶典》、《酆謀》、《寤儆》、《和寤》、《武寤》、《克殷》、《大匡》（第三十七篇）、《文政》、《武儆》、《五權》、《成開》、《作雒》、《大戒》、《諡法》、《明堂》、《本典》、《官人》、《王會》、《史記》等二十二篇；作於春秋早期者，有《度訓》、《命訓》、《常訓》、《文酌》、《武稱》、《允文》、《大武》、《大明武》、《小明武》、《武順》、《武穆》、《大聚》、《職方》等十三篇；作於春秋中期者，有《酆保》、《大開》、《小開》、《文儆》、《文傳》、《柔武》、《大開武》、《小開武》、《武紀》等九篇；作於襄、昭時期者，有《周月》、《時訓》、《太子晉》、《王佩》、《殷祝》、《周祝》、《銓法》、《器服》等八篇。全書之中，除《官人》末段係後人增益，《周月》、《時訓》之『雨水』、『驚蟄』二名經後人改易外，其餘雖程度不等地經漢人解過，但並無竄亂，基本上未失春秋編定之舊。」〔註5〕羅家湘先生贊同黃懷信先生的觀點，認爲《度邑》亦爲西周作品，但其中有個別語句爲後世竄入。〔註6〕由此可見，學界對此並沒有多大的歧異。處於謹愼考慮，我們採用李學勤先生的觀點，下文討論時僅使用《逸周書》中《世俘》、《商誓》、《皇門》、《嘗麥》、《祭公》、《芮良夫》六篇。

　　《左傳》中也有一些當時人追憶性質的文字，其史料價值不容忽視，但因其基本爲春秋史料，我們在論述過程中，只有與《尚書》和《逸周書》中可靠材料相似時才拿來比較研究。下面我們就對這些文獻作一番梳理。

　　周初對諸侯的群體性稱呼多爲「邦君」、「多方」〔註7〕。如：

〔註4〕　李學勤：《〈逸周書匯校集注〉序言》，載於《逸周書匯校集注》（修訂本）黃懷信、張懋鎔、田旭東撰，上海：上海古籍出版社2007年，第2頁。

〔註5〕　黃懷信：《逸周書校補注譯》，西安：三秦出版社，2006年，第63頁。

〔註6〕　羅家湘：《逸周書研究》，上海：上海古籍出版社，2006年，第6～12頁。

〔註7〕　「多方」又作「多邦」，見〔清〕孫星衍《尚書今古文注疏》，第342～343頁下注。

《尚書・梓材》：「王曰：『封！以厥庶民暨厥臣達大家，以厥臣達王惟邦君。』」〔註8〕

《逸周書・商誓》：「其斯弗用朕命，其斯爾冢邦君商庶百姓。」〔註9〕

《尚書・顧命》：「王麻冕黼裳，由賓階隮。卿士邦君麻冕蟻裳，入即位。」〔註10〕

《尚書・大誥》：「王若曰：『猷！大誥爾多方，越爾御事……肆予告我友邦君，越尹氏、庶士、御事……』」〔註11〕

《尚書・多方》：「周公曰：『王若曰：猷！告爾四國多方，惟爾殷侯尹民，我惟大降爾命，爾罔不知。』」〔註12〕

此「邦君」及「多方」究竟是何身份？是周分封出去的諸侯、臣服於周的諸侯還是和周平等的友好邦國？從文獻中來看，當是幾者兼而有之。其中肯定有周之下屬封國，如上所引《尚書・顧命》：「卿士邦君麻冕蟻裳，入即位。」「邦君」與周之「卿士」並列，且先書「卿士」，說明其地位與之並列，肯定不為周平等之友國。又漢人對《尚書・大誥》的理解：「《漢書・翟方進傳》云：『大誥道諸侯王、三公、列侯，於汝卿、大夫、元士、御事。』」〔註13〕其所稱的這些稱呼，均為漢時的官爵稱呼，肯定不符合當時情況，但其用漢時這些官爵稱呼比類，其意相當。

如上章所述，到商代晚期，一些臣屬於商代的封國或方國已被廣泛賜予「侯、伯、甸、子、男」等爵稱，周當時也被賜予了「周侯」之稱。那麼先周時期，「小邦周」在自身國內是否亦有這樣的封爵呢？或周文王「天下三分有其二」時，是否亦賜予臣服的諸侯爵稱呢？現有材料還看不出有這樣的記錄，同時，「小邦周」滅「大邑商」之前，商還是「天下之共主」，尚是眾多方國諸侯所承認之「王」，故其封爵之可能性不大。周滅商後，當一方面繼承了商的封爵，周邊臣服的諸多方國一仍其舊，以傳統的尊號稱呼；另一方面，其對滅商之功臣及同族之人進行分封建國，初期其繼承殷制，所賞賜的尊號當為商時之舊有稱呼。但從中我們即能看出周後世「公侯伯子男」五等爵之

〔註 8〕 〔清〕孫星衍：《尚書今古文注疏》，第 384 頁。
〔註 9〕 黃懷信等：《逸周書彙校集注》（修訂本），第 461 頁。
〔註 10〕 〔清〕孫星衍：《尚書今古文注疏》，第 498～499 頁。
〔註 11〕 〔清〕孫星衍：《尚書今古文注疏》，第 342～346 頁。
〔註 12〕 〔清〕孫星衍：《尚書今古文注疏》，第 460 頁。
〔註 13〕 〔清〕孫星衍：《尚書今古文注疏》，第 343 頁下注引。

影子來。文獻中這些「邦君」在周初有各種稱呼，比較複雜，需要我們進一步辨別。

周初文獻中較早提及的是商代的統治結構，《尙書·酒誥》記錄了周成王命康叔到殷商舊地宣佈戒酒的誥令，文中提到了商代內外服的統治結構時稱：「越在外服，侯、甸、男、衛、邦伯；越在內服，百僚、庶尹、惟亞、惟服、宗工，越百姓里居，罔敢湎於酒。……予惟曰：汝劼毖殷獻臣，侯、甸、男、衛，矧太史友、內史友，越獻臣、百宗工，矧惟爾事服休，服采，矧惟若疇圻父，薄違農父，若保宏父，定辟，矧汝剛制於酒。」〔註14〕《尙書·君奭》篇記錄了成王時，召公對周公攝政不滿，周公對召公之答辭，其中提到：「天維純祐命，則商實百姓王人，罔不秉德明恤。小臣屛侯甸，矧咸奔走。」孫星衍疏：「屛侯甸，侯甸之爲屛藩者。」〔註15〕此提到殷商政治清明時，無論是國內之「小臣」還是作爲屛藩之「侯甸」，皆效奔走服從王事。此「侯甸」當是上文「侯、甸、男、衛邦伯」之省略。可見，在周人口中，商代的外服諸侯，常見的稱呼有「侯、甸、男、衛」四種稱呼，上章在論述商代爵制時已有討論。

爲何商代的「侯、伯、子、男、甸、衛、婦」等稱號在周人口中僅剩下「侯、甸、男、衛」四種了呢？一個可能是僅用此四種來代表其他幾種爵稱；另一種解釋是，一些爵稱隨著社會形勢的變化而或消亡或合併。據上文所述，「伯」多爲商征服後方國所封，周初亦常見到有稱「伯」的諸侯。「子」爲商王之子或與商王血緣關係極近的商族，「婦」多爲與商王有姻親關係的部族稱號，如此，當周滅商之後，要麼是此二種諸侯已被消滅，臣服於周的諸侯沿用此「子」、「婦」稱號就不大妥當。故而僅保留了最常見的負擔軍事之責的「侯」，後期出現負責保衛的「衛」，以及負責耕作田役的「男」、「田（甸）」這四種爵稱了。

周滅商之後，當繼承了殷商之基本統治結構，臣服於它的原有諸侯封號也隨之沿用下來。如《尙書·召誥》記錄了周成王時，召公營建洛邑時的情況和召公的誥詞：

> 越七日甲子，周公乃朝用書，命庶殷侯、甸、男邦伯。厥既命
> 殷庶，庶殷丕作。

〔註14〕〔清〕孫星衍：《尙書今古文注疏》，第379～382頁。
〔註15〕〔清〕孫星衍：《尙書今古文注疏》，第450～451頁。

孫星衍疏曰：「朝用書者，《春秋左氏》昭三十二年傳云：『士彌牟營成周，計丈數，揣高卑，度厚薄，仞溝洫，物土方，議遠邇，量事期，計徒庸，慮材用，書餱量，以令役於諸侯。』蓋周公以此等書於冊，以命於侯、甸、男之邦伯也。」〔註16〕

這是召公命令殷商的「侯、甸、男」等邦伯爲周服勞役營建洛邑，孫星衍解釋的很是確切。此時明顯可以看出，上文所述商時的「侯、甸、男、衛」諸侯，在周初仍保留了其稱號，成爲周時的諸侯，在營造洛邑時爲周服役。

周初記載諸侯稱號的除了上面的說法，尚有另一種提法，即「侯、甸、男、采、衛」，多了一個「采」。如記載周初封衛康叔的《康誥》載：

惟三月哉生魄，周公初基作新大邑於東國洛。四方民大和會。侯甸男邦采衛，百工播，民和，見士於周。周公咸勤，乃洪大誥治。

鄭玄注：「不見要服者，以遠于役事而恒闕焉。」

孫星衍疏：「侯甸男邦采衛，九服之五也，見《周禮・職方氏》。其外則蠻服、夷服、鎮服、藩服也。蠻服以內，謂之中國。蠻服，亦謂之要服，去王城三千五百里。周語云：『侯衛賓服。』注云：『此總言之也。侯，侯圻也；衛，衛圻也。言自侯圻至衛圻，其間凡五圻，圻五百里，五五二千五百里，中國之界也。五圻者，侯圻之外曰甸圻，甸圻之外曰男圻，男圻之外曰采圻，采圻之外曰衛圻。《周書・康誥》曰：侯甸男邦采衛是也。』按：《職方氏》之『九服』於《大司馬》爲『九畿』。韋氏注《國語》『畿』爲『圻』，古字通也。《周禮》注云：『故書又爲近。』鄭注見書疏。云『不見要服』者，《周禮》九服，經舉其五，要服即蠻服也。云『遠于役事』者，《大傳》云：『諸侯率其群黨，各攻位於其庭，周公曰：示之以力役，且猶至。』是作洛爲役事，不宜勞民於中國以外也。」〔註17〕

《康誥》描繪了周公洛邑建成後大聚會的壯觀場面，「侯甸男邦采衛」即是當時對諸侯的稱呼。此處所載諸侯之名稱似與之前所述稍有不同，即多了一「采」字，從鄭玄至孫星衍均以《周禮》解之，稱「采」爲九服之一，即「采服」也。此明顯是以後世文獻來解，且《周禮》所載之九服制度，爲戰國時期人

〔註16〕 〔清〕孫星衍：《尚書今古文注疏》，第394頁。
〔註17〕 〔清〕孫星衍：《尚書今古文注疏》，第355～358頁。

之理想藍圖，這點早已是學界之共識。以此來解周初史實，自然不能得出正確的結論。如此，那麼如何理解此「采」呢？同時代之文獻《逸周書・嘗麥》載：「宰用受其職裁，以爲之資。采君乃命天御，豐穡享祠爲施，大夫以爲資。」〔註18〕從其中稱「采君」來看，「采」當亦爲周初對諸侯的封號之一，只是當時比較少見，故文獻中不顯。楊寬先生就認爲周初存在這五等諸侯之制，〔註19〕王玉哲先生認爲周初的五等爵實爲「侯、甸、男、采、衛」即是根據此而來的。〔註20〕

　　文獻中多見的還是「侯、甸、男、衛」四種爵稱，周滅商之初，尚是繼承商代對諸侯的稱呼，其帶有這幾種爵號之諸侯多是商王所分封，爲周所承認。但滅商之後，周王開始分封功臣、子弟於四方，《尚書・顧命》即反映了這個史實〔註21〕。在誥詞中，周康王說：

　　　　庶邦侯、甸、男、衛，惟予一人釗報誥。昔君文武丕平富，不務咎，底至齊。信用昭明於天下。則亦有熊羆之士，不二心之臣，保乂王家，用端命於上帝。皇天用訓厥道，付畀四方。乃命建侯樹屏，在我後之人。今予一二伯父尚胥暨顧，綏爾先公之臣服於先王。雖爾身在外，乃心罔不在王室，用奉恤厥若，無遺鞠子羞！

　　　　鄭玄注：「獨舉侯、甸、男、衛四服者，周公居攝六年制禮班度量，至此積三十年，再巡守，餘六年；侯、甸、男、要服正朝，要服國遠，既事遣之，衛服前冬來，以王有疾留之。」

　　　　孫星衍疏曰：「云『周公居攝六年制禮頒度量』者，《明堂位》云：『周公踐天子之位以治天下，六年朝諸侯於明堂，制禮作樂，頒度量，而天下大服。』是鄭氏所本也。云『至此積三十年，再巡守，餘六年』者，鄭於《顧命》篇首注云：『此成王二十八年。』則自制禮以來，至此積三十年矣。《周禮・大行人職》云：『十有二歲，王巡守殷國。』然則二十四年王再巡守，三十年則再巡守而餘六年矣。

〔註18〕黃懷信等：《逸周書匯校集注》（修訂本），第749頁。

〔註19〕楊寬：《西周史》，第545頁。

〔註20〕王玉哲：《中華遠古史》，第586～587頁。

〔註21〕《尚書・顧命下》是康王即位時的誥詞，有學者採《書序》意見，將其獨列爲一篇，是爲《康王之誥》。如李民、王健：《尚書譯注》，上海：上海古籍出版社，2004年，第380頁。

云『侯、甸、男、要服正朝』者，據《大行人職》，侯服歲一見，甸
服二歲一見，男服三歲一見，采服四歲一見，衛服五歲一見，要服
六歲一見。然則侯服年年朝；甸服二歲見者，至此六年當三朝；要
服三歲見者，六年則再朝；要服六歲見者，適當其正朝之期也。此
時朝者，當是侯、甸、男、要四服之諸侯。經乃言侯、甸、男、衛，
不見要服，鄭氏推求其故，以爲『要服國遠，既事遣之，衛服前冬
來，以王有疾留之。』江氏聲謂：『當周之四月，正歲爲春仲，要服
國遠，蓋未至也。衛服諸侯應以往年來朝，容有往年國中多故，不
得以時至，而於是來與？』」〔註22〕

自鄭玄到江聲、孫星衍，諸位學者均從《周禮》六服之制及其中所載朝貢制
度出發，來反證周初文獻，其中和《周禮》不合的，巧爲彌縫，鄭玄稱衛服
前多來「由於王疾而留之」，文中沒有「要服」是道遠之故，江聲亦爲之託詞，
推測乃衛服來早之因是「往年國中多故」，從無一人質疑《周禮》者。我們從
上文可知，首先，「侯、甸、男、衛」常見於周初文獻，並非朝貢之故才湊到
一起，故前所述鄭玄等人觀點有誤；其次，康王在誥詞中提到「昔君文武丕
平……用端命於上帝。皇天用訓厥道，付畀四方。乃命建侯樹屏，在我後之
人」，即其祖先文王、武王時封建諸侯，「建侯樹屏」，故以上所提到「侯、甸、
男、衛」四種諸侯，當有一部份爲周所封。顯然，周初繼承了商末之制度。

隨後，我們可以看出，這種分封諸侯之權力，並非自作主張，隨意做主，
而是上天賜予的，因爲周王「丕平富，不務咎，底至齊。信用昭明於天下」，
擁有如此完美的道德，因此「上帝」、「皇天」將這種權力賜予了周王。如此，
我們可知，之前周代商之前，在當時人的心目中，其尚不具備封賜諸侯的權
力，直至「天命在周」之後，才有這種權力，周之封建當始於此，而其相關
的爵制亦當始於此。初期明顯是繼承殷商的傳統，而無多少改變。

而這些諸侯的稱號，按照周人的說法，即是如同周王一般「受命於天」，
只有「上帝」或「皇天」認定的代言人才能有權對其進行升黜。周滅商的舉
動，如上其自身所述，是由於殷商敗德，棄天命，「皇天」選定了「道德純備」
的周王作爲其在人間的代表。那麼周王自然就有了對殷商所分封諸侯的處置
權力，載於《逸周書·商誓》中周武王對商舊臣百姓的誥詞中有這樣的話：

〔註22〕〔清〕孫星衍：《尚書今古文注疏》，第507～508頁。

> 王曰：霍！予天命維既，咸汝克承天休於我有周，斯小國於有
> 命不易。昔我盟津，帝休辨商，其有何國？命予小子，肆我殷戎，
> 亦辨百度，□□美左右予，予肆劉殷之命。今予維篤祐爾，予史太
> 史違我，史視爾靖疑。胥敬請！其斯一話敢逸僭，予則上帝之明命。
> 〔註23〕

從中可以看出兩方面內容，一是武王稱其得天下爲天命注定，「予天命維既」，
並將之前孟津之會不勝的原因歸咎於上帝尚未拋棄殷商，而殷商最終被滅根
本原因是上帝所指示。若反對周王，不聽周王之教導，自然就是與上帝作對，
周王將代表上帝懲罰他，「予則上帝之明命」。二是小國之爵命亦受命於天，
但其只能從上帝代理人周王那裡間接獲得，故小國之受封，表面是受封於周
王，實際乃天命的轉移。上帝將天命授予周王，那麼這些小國只能間接從周
王那裡來承受上天嘉美，「咸汝克承天休於我有周」。

　　明白這點極爲重要，此可爲冊命或爵命的根源所在，周時的天命觀早已
受到學者的重視和研究，同時研究周代冊命制度的學者眾多，但很少有將二
者聯繫起來的。〔註24〕歷來學者認爲爵命乃周王所賜予，表面固然不錯，但
究其實質，卻是周王代天授命，或說是上天所承認之合法性。因此，正是周
王具備了這種「代天授命」的資格，才有了大規模分封授命的現象出現。原
本臣服於殷商的諸侯也當經過周王的重新賜命，才確認了其存在的合法性。

　　這種分封的情況，被文武王之後世繼承下來。如《逸周書·祭公》祭公
對周穆王講述先王之事：「天子自三公上下辟於文武。文武之子孫，大開方封
於下土。天之所錫，武王使，疆土丕維周之基。丕維后稷之受命，是永宅之。
維我後嗣旁建宗子，丕維周之始並。」〔註25〕這段話提到周初分封的情況，
從此可以看出，正是承接以上《尚書·顧命下》之言，即文武王時分封諸侯，
其子孫秉承其原則，「大開方封於下土」，而各諸侯又廣建宗子，「維我後嗣旁
建宗子」，層層分封，正是周代分封制度的眞實寫照。

　　可見，周人認爲其最初分封自文武王始，實際當自武王伐商完成，徹底
確立周代統治乃天命所歸之後，周代統治者開始「大開方封」，以作爲周王室

〔註23〕黃懷信等：《逸周書匯校集注》（修訂本），第462～464頁。
〔註24〕如陳漢平先生在研究西周冊命制度後，另立一節「周代天命與革命思想之起
　　　　源及其實質」，談論周代的天命觀，但其並未將之與研究的冊命制度相聯繫。
　　　　見其《西周冊命制度研究》，上海：學林出版社，1982年，第332～340頁。
〔註25〕黃懷信等：《逸周書匯校集注》（修訂本），第933～934頁。

的屏藩。一直到穆王時期，後世周王乃至各級貴族仍秉持這一原則制度，在分封諸侯的同時「旁建宗子」。那麼，伴隨眾多諸侯和臣下宗子的自然是當時已有的爵號。除了上文所稱的四種爵稱及其他殷商爵稱外，周初即能見到後世五等爵的影子。《逸周書‧世俘解》記武王伐商及其方國的經過和收穫，以及歸周以後的典禮，文中提到「太公望、侯來、百（伯）弇、百（伯）韋、霍侯」〔註26〕等諸侯稱呼，即有「公、侯、伯」三種諸侯稱號，其中「侯某」、「伯某」之叫法與商代很是類似。又《尚書‧顧命上》記錄了周成王駕崩後的喪禮及周康王登基時的典禮：

> 惟四月，哉生魄，王不懌。甲子，王乃洮頮水。相被冕服，憑玉幾。乃同太保奭、芮伯、彤伯、畢公、衛侯、毛公、師氏、虎臣、百尹、御事。〔註27〕

> 孫星衍疏：「芮伯者，《詩‧桑柔序》云：『芮伯，畿內諸侯，王卿士。』當即此芮伯子孫。彤伯未有見，《路史‧國名紀五》云：『彤，伯爵，成王子。』《唐韻》作『肜』，云：『成王支庶』。……畢公、衛侯、毛公者，鄭注《周禮‧大宰職》云：『都、鄙，公、卿、大夫之采邑。王子弟所食邑周、召、毛、聃、畢、原之屬，在畿內者。』則畢、毛皆畿內諸侯也。《春秋左氏傳》僖廿四年《傳》云：『管、蔡、郕、霍、魯、衛、毛、聃、郜、雍、曹、滕、畢、原、酆、郇，文之昭也。』則畢、毛、衛，皆文王子也。」〔註28〕

由上文，此時的諸侯稱號有「公、侯、伯」三種。可見，除了從殷商繼承下來的「侯、甸、男、衛」和「伯」外，「公」的地位極為突出，也逐漸成為周時之爵稱。又《祭公》整篇屢次提及「三公」，那麼，我們可知在穆王時已經建立起了「三公」制度。而由此在成康之際，已經初顯五等爵制之面貌。

如此看來，在周初，已經出現了「公、侯、伯、男、甸、采、衛」這七種諸侯稱呼，或許有些出現的早，有些出現的稍晚，但可以肯定在周初的一段時間內是並存的。後世之人對此亦有記憶，《左傳‧襄公十五年》載，君子感慨楚國任用賢人居官：

〔註26〕黃懷信等：《逸周書匯校集注》（修訂本），第410～446頁。
〔註27〕〔清〕孫星衍：《尚書今古文注疏》，第481頁。
〔註28〕〔清〕孫星衍：《尚書今古文注疏》，第481～482頁。

楚於是乎能官人。官人，國之急也。能官人，則民無覦心。《詩》云：「嗟我懷人，寘彼周行。」能官人也。王及公、侯、伯、子、男、甸、采、衛、大夫，各居其列，所謂「周行」也。

杜預注解：「言自王以下，諸侯大夫各任其職，則是詩人周行之志也。甸、采、衛，五服之名也。天子所居，千里曰圻，其外曰侯服，次曰甸服，次曰男服，次曰采服，次曰衛服。五百里為一服。不言侯、男，略舉也。」〔註29〕

杜預認為「公、侯、伯、子、男」五者為爵稱，「侯、甸、男、采、衛」為服制，省略重複的「侯、男」兩種稱呼。這是認定周初存在五服制度，且和五等爵並存也。從他認定「侯、甸、男、采、衛」為服制來講，一方面從上引商代之事可知，明確分商王朝為「內服」與「外服」；另一方面周代文獻中有「甸服」之記載，如《國語·周語中》載晉文公以立擁襄王之功而請隧，王不許，曰：

昔我先王之有天下也，規方千里以為甸服，以供上帝山川百神之祀，以備百姓兆民之用，以待不庭不虞之患。其餘以均分公侯伯子男，使各有寧宇，以順及天地，無逢其災害，先王豈有賴焉。〔註30〕

《國語·周語中》載，周王將畿內之地陽樊賜予晉文公，陽樊人不同意，稱：「陽不承獲甸，而祗以覿武，臣是以懼。不然，其敢自愛也？且夫陽，豈有裔民哉？夫亦皆天子之父兄甥舅也，若之何其虐之也？」〔註31〕「不獲承甸」，即不得承王室為甸服之意。

另外《左傳·昭公十三年》載，春秋晚期，子產在盟會中希望為鄭國減少貢賦而稱：

昔天子班貢，輕重以列，列尊貢重，周之制也。卑而貢重者，甸服也。鄭伯，男也，而使從公侯之貢，懼弗給也，敢以為請。

此「甸服」，明顯即殷商時的「內服」，或為後世學者所稱的「畿內」，屬於周王的直接管轄區域。由這兩方面，我們可以確定，殷商乃至周代，是確定存在「內外服」制度的，或稱之為「甸服」及「外服」。那麼，周初到底存在杜預所說的五服制麼？周初的五服和杜預所說是一致麼？

〔註29〕 《春秋左傳正義》，第 1959 頁。
〔註30〕 《國語集解》，第 51～52 頁。
〔註31〕 《國語集解》，第 54～55 頁。

　　杜預所提到的其他幾服及五服乃至九服之說見於成書較晚的《尚書・禹貢》、《周禮・職方氏》《周禮・大行人》等。從目前可靠文獻來看，除了上文肯定存在的「甸服」外，文獻中較早提及的五服爲《國語・周語上》中祭公謀父對周穆王之言：

　　　　夫先王之制：邦內甸服，邦外侯服，侯、衛賓服，蠻、夷要服，戎、狄荒服。甸服者祭，侯服者祀，賓服者享，要服者貢，荒服者王。〔註32〕

祭公謀父提到周初五服爲「甸、侯、賓、要、荒」，我們在其他文獻中亦能找到證據，如爲西周史實但經春秋加工的《逸周書・王會》亦載成周之會時各諸侯的站位：

　　　　內臺西面正北方，應侯、曹叔伯舅、中舅。比服次之，要服次之，荒服次之。西方東面正北方，伯父中子次之。方千里之內爲比服，方二千里之內爲要服，方三千里之內爲荒服，是皆朝於內者。

　　〔註33〕

比服，或即賓服也。其提到的這三種服稱與祭公之言正合。可見，穆王時五服爲「甸、侯、賓（比）、要、荒」無疑，只是後面的區域規劃則似是後人之解釋，頗多理想之處。這所謂的「服制」從殷商到周初的「內外服」到穆王時的「五服」，明顯爲周統治擴大的反映，而其眞正控制的範圍，仍在「甸、侯」兩服之內。

　　如此看來，上文春秋之人所提到的「公、侯、伯、子、男、甸、采、衛」中的「甸、采、衛」並不是如後人所說周初的五服之制，而上文所引文獻有「侯、甸、衛」並列作爲諸侯爵號的記錄，也有「采君」作爲封君的記載。又我們上文對商代爵制的研究中發現，商代之爵稱，其中「侯、甸、男、衛」四種都是從其對商王之職事（服）轉化而來，到商代晚期，這些職事的稱號逐漸就轉化爲固定的爵稱，但其含義或許仍保留下來，這就是後世人誤解之根源。而就周初來說，我們看到的是，在一段時間內，「侯、甸、男、衛」這四種繼承自商代的爵稱，加上「公、伯、采」這些原有諸侯之稱呼，或許又仿商代之制度，分封了一部份王室之子，如上文所引《逸周書・祭公》所言：「維我後嗣旁建宗子，丕維周之始並。」這就構成了周初諸侯的基本面貌。

〔註32〕《國語集解》，第6～7頁。
〔註33〕黃懷信等：《逸周書匯校集注》（修訂本），第807～810頁。

那麼我們可以大膽猜測，在五等爵制建立起來之前，周初的諸侯爵稱是「公、侯、伯、子、男、甸、采、衛」。因此，一些學者如趙光賢和西嶋定生先生就認爲西周肯定存在爵制，但並非傳統所說的「五等爵制」，五等爵的體系到春秋戰國方眞正形成。〔註34〕

如此，所謂的「五等爵制」在西周是否存在呢？果眞如上面兩位學者所言，「五等爵」的體系到春秋戰國方眞正形成麼？從目前眾多學者對春秋時期爵制的研究中，可以看出，五等爵制的系統化和制度化並不是一開始就形成的，當有一個發展的過程，而從春秋時期五等爵的系統化我們可以判斷，至少在西周晚期存在「五等爵制」是毋庸置疑的。那麼，周初這種稍顯雜亂的眾多爵稱是何時轉化爲系統性的「五等爵制」呢？其確切的時間和詳細的過程，在周初這些文獻中是無法清楚的看到。但是我們可以從以下兩個方面進行論述：

首先，西周肯定存在維繫周王和諸侯、臣下關係的爵制。如《詩經·大雅·桑柔》稱：「告爾優恤，誨爾序爵」，鄭箋：「教女以次序賢能之爵」〔註35〕，晁福林先生稱：「是爵字於共和行政以前已經用如爵位之稱的證據。」〔註36〕《逸周書·芮良夫》載厲王之時，芮伯告誡周王及其執政大臣之語：「爾執政小子不圖善，偷生苟安，爵以賄成。」〔註37〕在指出當朝官員苟且安逸時提及「爵以賄成」，可見當時爵位系統至少在厲王之前早已形成。而因爲材料的限制，更早更準確詳盡的時期就不得而知了。

其次，五等爵制的系統化當和周代中期禮制的變革緊密相連。從考古方面來看，「自西周中期以來，喪葬制度發生了許多變化，其中禮器組合的變化尤其明顯。……在銅禮器上才逐步形成一套比較系統的制度。」〔註38〕首先，墓葬中列鼎制度的變化最爲典型，「列鼎的制度在西周初期已經開始推行，只是尚未有一定的規格，……形製紋飾沒有完全統一，大小依次成爲系列的只是少數。到西周中期，列鼎的禮制進一步確立。……西周中期

〔註34〕趙光賢：《周代社會辨析》，1980年，第126頁；〔日〕西嶋定生：《中國古代帝國的形成與結構——二十等爵制研究》，第67頁。

〔註35〕〔漢〕鄭玄注、〔唐〕孔穎達疏：《毛詩正義》，十三經注疏本，第559頁。

〔註36〕晁福林：《先秦時期爵制的起源與發展》，第74頁。

〔註37〕黃懷信等：《逸周書匯校集注》（修訂本），第1007頁。

〔註38〕北京大學歷史系考古教研室商周組：《商周考古》，北京：文物出版社，1979年，第203頁。

以後，直到春秋、戰國，貴族墓葬確實長期流行列鼎的制度。」〔註39〕其次，西周中期以後，青銅禮器從紋飾到形體發生了轉變：廢棄了幾乎所有的酒器而代之以食器；表面不再裝飾細緻的花紋，而改為直楞紋或波折帶狀紋；大型青銅樂器的出現等等。這些實際上暗示了當時在禮儀上系統化和規範化的趨勢。〔註40〕此外，甚至這一時期詩歌形式和觀念也有了很大的改變：形式上從結構鬆散、缺乏韻律到結構嚴整、韻律規則；觀念上由禱告詞到專門樂官的創作。〔註41〕這些內容無一不昭示著穆王以後周代禮制系統化和制度化的趨勢。〔註42〕我們由此可以想像得到，與等級禮儀密切相關的「五等爵制」當亦在這一時期隨著國家禮儀的系統化而同時形成完整而整齊的體系。

此外，後世「公卿大夫士」的內爵體系在西周時期是否已經形成？在當時已經有了「卿」和「大夫」的稱號。「卿」作為官爵之稱最早和金文中

〔註39〕 楊寬：《西周史》，第468～469頁。在關於西周列鼎制度研究的觀點中，杜迺松、鄒衡和《商周考古》中的觀點基本是一致的，均基本以為列鼎制度在西周中期才開始系統化並完善，楊寬先生當是採用了這一看法。見杜迺松《從列鼎制度看「克己復禮」的反動性》；鄒衡、徐自強《整理後記》；《商周考古》，第203頁。但俞偉超、高明在中認為，周代用鼎制度在西周早期即已完備，西周後期即有僭禮的情況出現，見《周代用鼎制度研究》（中），《北京大學學報》（哲社版），1978年第2期，第84～85頁。後林澐先生對這些觀點提出不同的意見，見其《周代用鼎制度商榷》，《史學集刊》，1990年第3期，第12～23頁。總的來說，杜迺松等諸位先生的所依據「墓中成套的列鼎」為討論基礎，比俞文更為嚴謹，其討論更可取。

〔註40〕 〔美〕Jessica Rawson（傑西卡‧羅森），「Statesmen or Barbarians? The Western Zhou as Seen through their Bronzes.」Proceedings of the British Academy 75（1989），89～91. 轉引自〔美〕夏含夷：《從西周禮制改革看〈詩經‧周頌〉的演變》，337～338頁。這種青銅器由小而精緻到大而粗陋的變革，羅森先生認為這樣導致由近距離私人化欣賞轉變為遠距離公開場合的觀賞，由此帶來禮儀表現方式的變革。我們可以從另一方面來考慮，這種從少數人到多數人、從近距離到遠距離的轉變，正是周代貴族儀禮乃至等級規範化的外在體現。

〔註41〕 〔美〕夏含夷：《從西周禮制改革看〈詩經‧周頌〉的演變》，第327～342頁。又如陳致提出西周中期開始金文呈現了入韻和四言化的傾向，這與西周中期音樂的變化也有某種聯繫。見其《從〈周頌〉與金文中成語的運用來看古歌詩之用韻及四言詩體的形成》，上海：上海古籍出版社，2010年，第17～59頁。

〔註42〕 如許倬雲先生提到的「西周中期開始的禮儀系統化，在春秋時代演變得更繁瑣，同時周東遷以後，王權失去了原有的威望，僭越的事也更常見。在西周的後半期，殆是封建禮儀走向系統化的階段。」見其《西周史》，第163頁。

的「卿事寮」聯繫在一起，〔註43〕卿事寮是自西周早期以來就一直存在於政府中的行政機構之一。〔註44〕當時執政大臣稱爲卿士或卿事，是卿事寮長官的簡稱，其正式官職則自有其名。〔註45〕如上所引《尙書·顧命》：「卿士邦君麻冕蟻裳，入即位。」即周初即有「卿士」，又記載周公命大正（大司寇）正刑書經過的《逸周書·嘗麥》載：「……昔天之初，□作二后，乃設建典命，赤帝分正二卿，命蚩尤於宇，少昊以臨四方……」〔註46〕，炎帝時分「二卿」，當是周人的附會，但由此知周初亦有「卿」之稱呼則無疑。周初又有「大夫」一稱，初爲貴族首領「大人」之稱轉來，〔註47〕不見於西周銘文，僅在《逸周書》有載：「宰用受其職藏，以爲之資。采君乃命天御，豐稽享祠爲施，大夫以爲資」，〔註48〕此「大夫」即位居「采君」之下，當亦位居「卿」之下無疑。另《逸周書·祭公》載：「汝無以嬖御固莊后。汝無以小謀敗大作，汝無以嬖御士疾大夫卿士，汝無以家相亂王室而莫恤其外。」〔註49〕是穆王時「大夫」、「卿士」亦聯用稱呼，可見，周初至中期已有「卿」、「大夫」之稱，又上文所引《逸周書·芮良夫》稱：「爵以賄成」，是芮良夫對執政大臣的告誡，其中「爵」似爲周王室臣下之間的爵制。同時，從這一時期考古發掘的周王室及諸侯國墓葬情況來看，其中大中型貴族墓葬亦分爲「卿、大夫、士」等若干等級，可知當時王室內爵制度應當亦與外爵同時建立。〔註50〕

〔註43〕甲骨文中的卿基本做「饗」講，可參見董蓮池：《甲骨刻辭「卿史」「御史」辨》，《松遼學刊》（社科版），1992 年第 4 期；劉興均：《釋「卿」》，《廣西師範大學學報》（哲社版），2004 年第 3 期；馬梅玉：《上古漢語「鄉」字略說》，《古籍研究》，2013 年第 1 期。

〔註44〕楊寬：《西周中央政權機構剖析》，《歷史研究》，1984 年第 1 期；又見其《西周史》，第 321～331 頁；李峰：《西周的政體：中國早期的官僚制度和國家》，吳敏娜等譯，北京：三聯書店，2010 年，第 57～58 頁。

〔註45〕楊寬：《西周史》，第 322 頁；李峰：《西周的政體：中國早期的官僚制度和國家》，第 76～80 頁。

〔註46〕黃懷信等：《逸周書匯校集注》（修訂本），第 731 頁。

〔註47〕段志洪：《周初無大夫稱謂考》，《四川大學學報》（哲社版），1988 年第 2 期，第 96～99 頁。

〔註48〕黃懷信等：《逸周書匯校集注》（修訂本），第 749 頁。

〔註49〕黃懷信等：《逸周書匯校集注》（修訂本），第 938 頁。

〔註50〕「大夫」一稱大概到春秋時期就成爲一種爵名，見趙伯雄：《周代大夫階層的歷史發展》，《內蒙古大學學報》（哲社版），1983 年第 2 期，第 3 頁。

第二節　西周金文中的五等爵稱

　　自二十世紀三十年代以來，國內學者開始使用金文來研究周代之爵制，其中以傅斯年的《論所謂五等爵》肇始，他以《詩》、《書》與金文等不合，指出「五等爵之本由後人拼湊而成，古無此整齊之制」，率先否認周代五等爵的存在。後郭沫若先生的《周代彝銘中無五服五等之制》、《金文所無考五等爵祿》，〔註51〕楊樹達先生的《古爵名無定稱說》〔註52〕等均認爲在西周金文中存在「爵無定稱」的現象，而舊稱的「五等爵制」實周末儒者論古改制之所爲，因舊名而賦之以等級也。這些都是通過對金文的研究而對傳統五等爵制持否定態度。但王世民先生則通過對西周、春秋時期的金文材料中爵稱的研究後發現，除生前尊稱和死後追稱的情況之外，金文中確已有了固定的五等爵稱。〔註53〕

　　爲何同樣是對金文的研究，出現這樣的歧異呢？一方面是初期對金文的研究深入程度不夠；另一方面因爲疑古之原因，二十世紀初期的學者多對傳世文獻持否定態度。在對金文和傳世文獻的使用問題上，金景芳先生即反對以金文爲絕對尺度的研究方法：「因爲五等爵不僅見於《周禮》、《王制》、《孟子》，也見於《國語》、《左傳》。……這些不約而同的記載，足以證明周人是確有五等爵制的。……至於金文中所記載的複雜情況，在文獻裏也何嘗沒有？我們只應細心研究，找出眞正的原因。那種把金文作爲絕對尺度，凡是不符合金文的，即武斷爲不可信的做法，我們再史學研究中時應當避免的。」〔註54〕上節我們對周初文獻的梳理即證明了這一點。而在對金文的使用上，王世民先生亦提出了一個使用原則：「既要注意各該器物的年代和國別，又要把那些諸侯的生前稱號與死後追稱區別開來，歷史的進行細緻分析。只有這樣，才有可能弄清當時的爵稱情況。」〔註55〕二位先生的意見是極爲可取的，可作爲我們探求金文中相關爵稱的指南。

　　此外，由於目前所知的金文資料的零碎和不系統性，依據金文研究周代

〔註51〕郭沫若：《周代彝銘中無五服五等之制》；《金文所無考》六《五等爵祿》。
〔註52〕楊樹達：《古爵名無定稱說》，第386～395頁。
〔註53〕王世民：《西周春秋金文中的諸侯爵稱》，第3～17頁；《西周春秋金文所見諸侯爵稱的再檢討》，第149～157頁。
〔註54〕金景芳：《古史論集》，濟南：齊魯書社，1981年，第95～110頁。
〔註55〕王世民：《西周春秋金文中的諸侯爵稱》，第3頁。

爵制一般有兩種方式：一種是分析金文中出現的帶「公、侯、伯、子、男」
等相關爵稱的諸侯名稱，並盡可能的與文獻相印證，來確定文獻中所載周代
爵制的存在；另一種則是通過對冊命金文的分析，探求其中等級制度的存在。
對於後一種，代表性的有陳漢平、汪中文、何樹環等三位先生，其中陳漢平
先生將西周冊命金文中賜物進行分類整理，認爲其與文獻中所載侯、伯、公
卿、卿、中大夫、下大夫、上士、中士、下士等相關爵等及其所擔任職官是
相對應的；〔註 56〕汪中文先生對陳氏的看法有所修正，不僅對賜物有不同看
法，而且還提出職級因素和由爵等、命數觀察賞賜物的新視角；〔註 57〕而何
樹環先生則總結諸家觀點，對冊命金文的範圍及其中賜物的種類都進行嚴格
的界定和詳盡的分析，而後他認爲陳氏之「賞賜物、職官、爵級」的「三邊
關係」說很難成立，汪氏之說亦不能用來最終解釋賞賜物各種複雜現象，他
最後將眾多賞賜物分爲與爵級、命數有關和無關的兩種，並列出簡單的對應
關係。〔註 58〕

　　對於西周冊命金文的研究，無疑是一項巨大的工程，而諸家觀點分歧頗
多，難以彌合，即使據最近何樹環先生的研究，也很難從冊命金文中判斷出
具體的爵制等級來。〔註 59〕具體情況仍需新材料的發掘及更深入的研究。故
而我們仍以傳世文獻爲研究之根基，梳理相關的金文爵稱以與文獻所印證。
因此，下文我們就單純將金文〔註 60〕中與「公、侯、伯、子、男、田（甸）、
卿、大夫」〔註 61〕等有關的爵稱進行一番梳理，列出詳細的爵稱表（附後），
並對這些金文中的爵稱分別做一番說明。

〔註 56〕陳漢平：《西周冊命制度研究》，第 341～362 頁。

〔註 57〕汪中文：《西周冊命金文所見官制研究》，臺北：國立編譯館，1999 年。

〔註 58〕何樹環：《西周錫命銘文新研》，臺北：文津出版社，2007 年，第 222～249
頁。

〔註 59〕如據何樹環先生在對錫命賞賜物詳盡研究後所列對應表可以看出，其亦僅籠
統分諸侯、卿大夫以上、大夫和士三個等級，無法明確其中具體的爵等。見
《西周錫命銘文新研》，第 249 頁。

〔註 60〕本文所引金文若無特殊注明，基本均依《殷周金文集成》。

〔註 61〕「衛」在金文中，基本有兩種意思，一是衛國之「衛」，如《集成》3.595，7.4059；
二是作爲人名之「衛」，如《集成》5.2832，6.3612 等等。故下文不列。

一、公

金文中的「公」大概有以下幾種用法：

1. 用作對先君的尊稱或謚號

一般都非生稱，都是後代作器，稱頌先君。如井叔
采鍾（《集成》2.356-57）：「井叔叔采作朕文祖穆公大鍾」
中的「穆公」〔註62〕、文考釐公〔註63〕、文考聖公〔註
64〕等等。其中以西周中期「瘨鍾」（《集成》1.246）最
為典型，其銘文中載「高祖辛公、文祖乙公、皇考丁公」
〔註65〕，此三公明顯為對先祖之尊稱。又提到多個先公
時，金文中或稱「二公」、「多公」，如西周早期的「沈
子它簋蓋」（《集成》8.4330）：「朕吾考令乃鵬沈子作䅽於
周公宗，陟二公，……乃沈子其顧懷多公能福……」〔註
66〕，此亦為尊稱無疑。

2740-8

𩵦鼎銘文

也有學者對此有不同意見，如韓巍先生即認為「除了殷遺民使用的『日
名＋公』式稱謂外，可以說西周時期並不存在作為『一般性敬稱』的『公』，
『公』的稱號泛化為諸侯國君的通稱要晚到春秋」。〔註67〕但從「穆公」、「釐
公」、「聖公」這些稱呼來看，更像死後晚輩對其的尊稱而非當時諸侯自身
的稱謂。

〔註62〕 西周時期載有「穆公」之器有：西周中期的尹姞鬲（《集成》3.754～55），穆
公簋蓋（《集成》8.4191），盠方尊（《集成》11.6013），盠方彝（《集成》16.9899
～9900）；西周晚期的吳生殘鍾（《集成》1.105），禹鼎（《集成》5.2833～35），
裁簋（《集成》8.4255）。

〔註63〕 西周中期的𧽑仲鍾（《集成》1.36），西周晚期三年師兌簋（《集成》8.4318～
19）。

〔註64〕 西周中期師趛鬲（《集成》3.745），師趛鼎（《集成》5.2713）。

〔註65〕 《集成釋文》（一），第218頁。

〔註66〕 《集成釋文》（三），第465頁。稱「多公」的尚有西周中期「季姬簪罍」（《集
成》15.9827）。

〔註67〕 韓巍：《新出金文與西周諸侯稱謂的再認識——以首陽齋藏器為中心的考
察》，「二十年來新見古代中國青銅器國際學術研討會——首陽齋藏器及其他」
學術討論會提交論文，芝加哥大學顧立雅中國古文字學研究中心（The Creel
Center for Chinese Paleography, The University of Chicago）、芝加哥美術館（The
Art Institute of Chicago）2010年11月5日至7日主辦，載於芝加哥大學顧立
雅中國古文字中心網站 http://cccp.uchicago.edu/downloads/2010FanBronzesCon
ference_HanWei.pdf，第9頁。

但並不是所有的銘文都很明顯，如西周早期「𩖟鼎」（《集成》5.2740-41）：「唯王伐東夷，𣄰公令𩖟眔史旟曰：『以師氏眔有司後或𢦏伐腺。𩖟浮貝。𩖟用作𧵖公寶尊鼎」〔註68〕，其中「𣄰公」爲征伐東夷的方國首領，明顯爲生前稱號，當爲爵號，又見於司鼎（司父鼎）和厚趠方鼎（父辛鼎）〔註69〕。而「𧵖公」則不明，不知爲死後之尊稱抑或生前之爵稱。

2. 用作人名

如西周早期「𠂤作父辛器」（《集成》16.10581）載「唯八月甲申，公仲在宗周，賜𠂤貝五朋。」〔註70〕其中「公仲」即爲人名。

3. 用作官稱

檢索西周金文，帶公字的官稱有以下五種。列表如下：

官　稱	時　間	收錄器物
公大史	西周早期	公大史作姬鐕方鼎（《集成》4.2339），公大史作姬鐕方鼎（《集成》4.2370-71），□大□簋（《集成》6.3699），作冊魖卣（《集成》10.5432）
公史	西周早期	逑父乙簋（《集成》7.3862）
公大保	西周早期	旅鼎（《集成》5.2728），御正良爵（《集成》14.9103）
公族	西周早期	中觶（《集成》12.6514）
	西周中期	師酉簋（《集成》8.4288-91），牧簋（《集成》8.4343）
	西周晚期	毛公鼎（《集成》5.2841），番生簋蓋（《集成》8.4326）
公臣	西周晚期	公臣簋（《集成》8.4184-87）

4. 作地點

如公室，這在上文敘述商代「公」之含義時已提及。如作於西周中期的「卯簋蓋」（《集成》8.4327）：「乃先祖考死司榮公室」〔註71〕，此榮公室，當爲「榮公」辦公地點所在。又西周晚期「逆鍾」（《集成》1.60-3）：「曰：『逆！

〔註68〕《集成釋文》（二），第335頁。
〔註69〕見附表。
〔註70〕《集成釋文》（六），第256頁。
〔註71〕《集成釋文》（三），第462頁。

乃祖考許政於公室，今余賜汝田五，賜戈、彤沙，用𤔲於公室……」〔註72〕此公室當並非單一地點名稱，而是「王室」類似的稱呼，即「公家」。

5. 除以上用法外，金文中還有大量的做「某公」的人名，這些人名中或許有一部份或一定時期內做尊稱外，更多時候當是為爵稱（見附表一）。

表中這些「某公」，尤其西周早期的大量稱「公」的人物，我們大多在文獻中均能見到，如在西周文獻中常見的「周公」、「畢公」、「康公」、「召公」、「豐公」、「南公」、「毛公」、「單公」等等，這些「公」的稱號，大多沿用到西周中期、晚期甚至到春秋晚期。在周代初期或許尚有作尊稱的，但後期當由此等尊稱發展成為五等爵中最高等級之公爵。

二、侯

「侯」為西周爵稱，這是大家所公認的事實。從附表二中我們可以看出，西周早期到春秋晚期，均有大量的侯存在。且如「魯侯」、「匽侯（燕侯）」、「曾侯」、「蔡侯」等也是文獻中所習見之侯爵稱呼。金文中有多個侯的稱呼，如「五侯」〔註73〕等。「諸侯」這一不見於商代的稱呼也變得常見起來，見之於西周早期的矢令方尊（《集成》11.6016）、矢令方彝（《集成》16.9901），西周中期的義盉蓋（《集成》15.9453）、仲幾父簋（《集成》7.3954），西周晚期的虢簋（《集成》8.4215）、駒父盨蓋（《集成》9.4464）、兮甲盤（《集成》16.10174）等等。

大盂鼎銘文

與文獻有直接相關的，當屬「侯田（甸）」這兩個字的聯用，如上文所述，商代甲骨中亦有此稱，且多用來代表外服諸侯；上節提到西周早期的文獻中也有「侯、甸」的記載。金文中其文見以下四器：

大盂鼎：「我聞殷墜命，唯殷邊侯甸與殷正百辟，率肆於酒。」（《集成》5.2837）〔註74〕

〔註72〕 《集成釋文》（一），第34～35頁。
〔註73〕 如保卣（《集成》10.5415）：「殷東國五侯」。另保尊（《集成》11.6003）也有此稱謂。
〔註74〕 《集成釋文》（二），第411頁。

小盂鼎：「伯告咸盂以諸侯，眾侯甸……」（《集成》5.2839）〔註75〕

矢令方尊：「眾諸侯：侯、甸、男，舍四方令……」（《集成》11.6016）
〔註76〕

矢令方彝：「眾諸侯：侯、甸、男，舍四方令……」（《集成》16.9901）
〔註77〕

這裡面的資料可以和文獻相印證，但同時因為其最多提到的諸侯數目為「侯、甸、男」三種，因此童書業和林澐等先生認為西周之爵制當為三等。〔註78〕我們不能據此就推斷「衛」的不存在，畢竟，甲骨文中亦常見以「侯甸」來概指所有諸侯的語句，此四器中，提到三種諸侯的僅同為一區的兩器，或亦為省略之稱。我們也不能據此來否認文獻的準確性。

除此之外，西周金文中的「侯」當還有以下兩種含義：

1. 地名

如「上侯」及「相侯」。周代金文中記載「上侯」的有四器，為早期的師艅鼎（《集成》5.2723）、啟卣（《集成》10.5410）、師艅尊（《集成》11.5995），以及中期的不栺方鼎（《集成》5.2735-36）等。記有「相侯」的有四器，均為西周之早期器，如相侯簋（《集成》8.4136），作冊折尊（《集成》11.6002），作冊折觥（《集成》15.9303），折方彝（《集成》16.9895）等等。

2. 人名

西周晚期的「伯侯父盤」（《集成》16.10129）中提到的「伯侯父」，以及「叔□父匜」（《集成》16.10203）提到的「叔侯父」，當都為人名。另春秋早期的「侯母壺」（《集成》15.9657）稱：「侯母作侯父戎壺，用征行，用求福無疆。」〔註79〕此中「侯母」與「侯父」名，當都為人名。

〔註75〕《集成釋文》（二），第417頁。

〔註76〕《集成釋文》（四），第277頁。

〔註77〕《集成釋文》（六），第26頁。

〔註78〕童書業：《春秋左傳研究》，第148～151頁；另其在《春秋左傳研究》中認為五等爵為「侯、甸、男、采、衛」，與王玉哲同，見《中華遠古史》第310頁；林澐：《甲骨文中的商代方國聯盟》，第67～92頁。

〔註79〕《集成釋文》（五），第427頁。

三、伯

「伯」的情況比較複雜，因西周時常用來作爲「伯仲叔季」之伯出現在人名中，其中行輩多做「伯某父」、「孟某父」、「仲某父」、「季某父」等，或下無「父」字，亦偶見「某仲」、「某叔」、「某季」等稱呼，這就導致很難判斷金文中「某伯」是否爲爵稱還是排行，但正如俞偉超、高明二位先生認爲的那樣：「金文中常見的『某伯』，至少有相當一部份是諸侯。」〔註80〕因此本文製表時僅製錄入「某伯」者，「伯某」以及「某伯某」的附於文後。

裘衛盉銘文

從表中我們可以看出，西周時稱「伯」的，正如王世民先生所說：「大體上屬於文獻記載較少的一些小國，有的應是畿內封君。」〔註81〕並不像「公」，多屬於王室重臣，或爲王室卿士，也不像「侯」，多爲分封在畿外，實力較強者。從表中稱「伯」的方國來看，其與商代卜辭中的名稱基本無相似的，可見，原有「伯」的意義已經大爲削弱，或爲其族中輩分較長之人受封者。如西周中期的「裘衛盉」（《集成》15.9456）載：「裘衛乃誓，告

〔註80〕 俞偉超、高明：《周代用鼎制度研究》（中），《北京大學學報》（哲社版），1978
年第 2 期，第 88 頁。
〔註81〕 王世民：《西周春秋金文中的諸侯爵稱》，第 14 頁。

於伯邑父、榮伯、定伯、㢱伯、單伯……」〔註82〕此四伯想必不能全用排
行來表示。

除了作爵稱講，西周金文中的「伯」還有如下含義：

1. 做輩分排行來講

這方面的例子應當不少，但很多人名我們無法據之判斷。因此僅據明
顯可見的。如西周晚期「㜎伯簋」（《集成》6.3620）銘文做「㜎仲作乙伯寶
簋」，「仲」與「伯」對應，明顯「乙伯」爲排行。又西周晚期「虢季子白
盤」（《集成》16.10173）載：「王曰伯父」，此「伯父」一稱明顯亦爲輩分之
稱呼。

2. 做名字講

僅列舉從銘文中能明顯看出的幾例。西周中期的「仲㳣父鼎」（《集成》
5.2734）中提到「周伯邊及仲催父」，如此「伯邊」應和「仲催父」一般爲人
名。又西周晚期的「善夫旅伯鼎」（《集成》5.2619）中有「膳父旅伯」，「魯司
徒伯吳盨」（《集成》9.4415）中有「魯司徒伯吳」此「旅伯」、「伯吳」明顯爲
人名。

3. 做量詞講

如西周早期的「大盂鼎」（《集成》5.2837）中載：「賜女邦四伯／賜夷司
王臣十有三伯」，此「伯」，馬承源先生解釋到：「周人原有的管理奴隸的執事
之人，本人的身份也是奴隸。邦司用伯計，與一般的奴隸以夫計有所不同。」
〔註83〕同樣「宜侯夨簋」（《集成》8.4320）載「賜甸七伯」，當也是如此，做
量詞來講。

4. 用作官稱

與伯有關的官稱一般爲「宗伯」，但西周早期的「黃尊」（《集成》11.5976）：
「文考宗伯」，並不能確定其爲官稱。春秋時期的「洹子孟姜壺」（《集成》
15.9729-30）「齊侯命大子乘遽來句宗伯」〔註84〕，基本可定其爲官稱。

〔註82〕《集成釋文》（五），第378頁。

〔註83〕馬承源：《商周青銅器銘文選》，北京：文物出版社，1986年，第40頁。

〔註84〕《集成釋文》（五），第504頁。

四、子

對子的使用和解釋，我們基本依照王世民先生的觀點：「金文資料中的『子』也很複雜，多數應屬貴族男子的美稱，並且包括公子之子。另據《左傳》僖公九年記載：『宋桓公卒未葬，而襄公會諸侯故曰子。凡在喪，王曰小童，公侯曰子。』這種故君未葬而在喪新君稱子之例，當時各國必然都有。儘管如此，某些稱子之器仍可肯定其為爵名。我們選擇資料時，大體仍按稱伯那樣的原則，即僅取作『某子』者進行分析，而對作『某子某』則一般捨棄不用。」〔註85〕因此，我們在依據金文中「某子」列表時，也不能完全判斷其到底屬於哪種稱呼。但可以確定的是，這些裏面必有相當大部份的爵稱無疑。如王世民先生所提到的「北子」、「沈子」即是。此外尚有「黃子」，史載為嬴姓國，在今河南潢川縣西六公里。其在春秋初年與隨國是周王室禦楚的主要力量。僖公十二年冬被楚所滅。其相關銅器中，均以「子」稱其國君，其爵稱當為「子」無疑。

從表中我們可明顯看到，以西周早期和春秋早期的子稱較多。西周早期的子稱或許多為繼承商制而來，春秋時期的則應當屬於上面所說的情況，或為後世諸國公子受封者。

西周金文中「子」尚有以下幾種常見用法。

1. 做稱呼講

其中有做謙稱的，如「小子」，見於西周早期的「令鼎」（《集成》5.2803）、中期的「師望鼎」（《集成》5.2812）以及晚期的「逆鍾」（《集成》1.60-3）。有做「元子」，如番匊生壺（《集成》15.9705）。做「王子」，如王子即觥（《集成》15.9282）和宗婦鄁娶盤（《集成》16.10152）等。

2. 做人名

如「虢宣公子白」，見虢宣公子白鼎（《集成》5.2637）；「虢文公子𣪕」，見虢文公子𣪕鼎（《集成》5.2634-36）；「紀侯貉子」，見於紀侯貉子簋蓋（《集成》7.3977）等等。

〔註85〕 王世民：《西周春秋金文中的諸侯爵稱》，第15～16頁。

五、男

西周金文中的「男」和文獻中的一樣少見，或許是初期此耕田之職不受重視的緣故，而諸侯之受封亦很少見有封「男」的。但僅有的帶男的稱呼中，與文獻正好相合。如「許男」，1976年出土於陝西省長安縣馬王村的西周窖藏出土了「無男鼎」（《集成》5.2549），時間大約在西周晚期，正是文獻的有力證據。傳世還有春秋時「郳子𥂴自鑄」和「郳子妝簠蓋」二器，如王世民先生所說：「器銘中的『子』不能肯定其為爵稱。」〔註86〕此外，西周晚期的「遣小子䤿簋」（《集成》7.3848）中有「魯男」一稱，當亦為爵稱〔註87〕。

許男鼎銘文

此外，男在金文中尚有其他用法：

1. 男女之性別。西周晚期「蓼生盨」（《集成》9.4459-61）中提到「百男、百女、千孫」，此「百男」之男明顯為性別之稱。

2. 作人名。如春秋早期的「𧊒侯簋」（《集成》9.4561-62）載「𧊒侯作叔姬寺男媵匜」，此寺男當為「叔姬」之名，郭沫若先生將之看做爵稱，不確。〔註88〕

六、田（甸）

甸在金文中基本無。而金文中的「田」，無法確定是否為爵稱，在西周金文中僅見到與人名或族名有關的有「田告」（也作「告田」）、「田農」〔註89〕、「田父」〔註90〕三個。如「田告」，此稱見於殷商時「告田觥」（《集成》15.9257）、「田告父丁爵」（《集成》14.8903）等器，後見於西周早期的「田告甗」（《集成》3.889）、「𦦬作且乙鼎」（《集成》4.2506）、「田告父丁卣」（《集成》10.5273）。又「告田」似為一族名，如西周早期「且乙告田簋」（《集成》6.3711）：「作祖乙𧊒侯叔尊彝，

〔註86〕王世民：《西周春秋金文中的諸侯爵稱》，第16頁。

〔註87〕《集成釋文》（三），第174頁：「遣小子䤿以其友作魯男王姬媵鼎」。

〔註88〕郭沫若：《金文所無考》，第81～120頁。

〔註89〕西周早期「田農鼎」（《集成》4.2174），田農簋（《集成》6.3576）。

〔註90〕西周早期「小臣傅簋」（《集成》8.4206），西周晚期「伯田父簋」（《集成》7.3927）。

告田」〔註91〕,「告田」在此銘體現的比較清楚,處於整體左下角,而且和全文並無聯繫。類似的還有西周早期「父丁告田觶」(《集成》12.6391)和西周中期「告田觶」(《集成》11.6192)等器。

且乙告田盨銘文

田還可做人名講。如西周早期「田作父己器」(《集成》16.10573):「田作父己寶尊彝」,此「田」即為人名。

又田可做「田地」來講。或作普通的田地單位,如西周早期「旟鼎」(《集成》5.2704)、中期的「曶鼎」(《集成》5.2838)、晚期的「五年召伯虎簋」(《集成》8.4292)等等。或作某田的專名,如「諆田」就見於西周早期器令鼎(《集成》5.2803);「籍田」除見於令鼎外(《集成》5.2803),還見於西周晚期的戔簋(《集成》8.4255)等等。

七、「卿」和「大夫」

作為爵稱的「卿」不見於西周時期的金文中,目前發現直至春秋時期才有「正卿」這樣的爵稱。如「邾公釛鍾」(《集成》1.102):「我嘉賓及我正卿揚君靈君以萬年」〔註92〕,又齊靈公時期的「叔尸鍾」(《集成》1.272-8):「余命汝職佐正卿〔註93〕嗣命於外內之事」。

西周時金文中已出現「卿事寮」之稱呼,如西周早期的「矢令方彝」(《集成》16.9901)、「矢令方尊」(《集成》11.6016),及西周晚期的「毛公鼎」(《集成》5.2841)、「番生簋蓋」(《集成》8.4326)等,學界公認「卿事寮」為西周中央政權幾個大的官僚系統之一。〔註94〕

〔註91〕《集成釋文》(三),第141頁。

〔註92〕《集成釋文》(一),第65頁。

〔註93〕《集成釋文》(一)釋作「正斤卿」,不確,見第243頁。原文字形做「正卿」,當釋為「正卿」,可參叔尸鎛(《集成》1.285.4b-7)銘文釋文,見《集成釋文》(一)第251頁。

〔註94〕學界多認為「卿事寮」和「太史寮」為西周政府的兩大官署或官僚系統,西周政府自開始就是一個二元結構。如楊寬:《西周中央政權機構剖析》,《歷史研究》1984年第1期,第88~89頁,又見其《西周史》,第321~331頁;張

　　金文中卿多似爲人名。其中有單稱「卿」的見於西周早期的五器：卿卣（《集成》10.5258-59）、卿尊（《集成》11.5889）、卿作父乙觚（《集成》12.7292）、卿作父乙爵（《集成》14.8880）、卿父乙盉（《集成》15.9402）。又有稱「伯卿」和「臣卿」的，如西周早期的「伯卿鼎」（《集成》4.2167）：「伯卿作寶尊彝」〔註95〕；西周早期的「臣卿鼎」（《集成》5.2595）：「公違省自東在新邑臣卿賜金用作父乙寶彝」〔註96〕，「臣卿簋」（《集成》7.3948）：「公違省自東在新邑臣卿賜金用作父乙寶彝」〔註97〕。還有「士卿」似亦爲人名，如西周早期的「嚇士卿父戊尊」（《集成》11.5985）：「丁巳王在新邑初𩰬工王賜嚇士卿貝朋用作父戊尊彝」〔註98〕。

嘉賓鍾銘文

亞初、劉雨：《西周金文官制研究》，第104～105頁。木村秀海則認爲西周政府是「三分」結構，「公族寮」也是西周政府的一個獨立部門，與其他二寮相平行，以宰官爲最高長官，見其《西周官制的基本構造》，第59～60頁；但李峰則認爲西周早期並沒有太史寮的存在，卿事寮則一直存在於西周時期。公族事務明顯並不包括在卿事寮和太史寮之中，但目前僅知道有兩個銘文中提及公族類的人物（《集成》4288、4343），見其《西周的政體：中國早期的官僚制度和國家》，第57～58，72，76～80頁。

〔註95〕　《集成釋文》（二），第170頁。
〔註96〕　《集成釋文》（二），第280頁。
〔註97〕　《集成釋文》（三），第207頁。
〔註98〕　《集成釋文》（四），第260頁。

除此之外，殷商時期出現了「卿事」一稱，如「小子𥎦簋」(《集成》7.3904)：「乙未，卿事賜小子𥎦貝二百，用作父丁尊簋」〔註99〕，此「卿事」未知爲人名還是後世「卿士」之稱，姑且存疑。

「大夫」之稱則不見於西周銘文，春秋時期銅器銘文中，「大夫」往往與「朋友、嘉賓」並列，如春秋時期的「嘉賓鍾」(《集成》1.51)：「用樂嘉賓、父兄、大夫、朋友」〔註100〕，「鄬子𥊚白鎛」(《集成》1.153-54)：「用樂嘉賓、大夫及我倗友」〔註101〕；或與「士、庶子並列」，如邾宣公時「邾公牼鍾」(《集成》1.149-152)，：「以宴大夫以喜諸士」〔註102〕，邾悼公時「邾公華鍾」(《集成》1.245)：「以樂大夫以宴士庶子」〔註103〕。

八、對「爵無定稱」的分析

通過觀察以上爵稱的列表，我們可以發現有一個問題，即金文中出現的有些既稱公又稱伯或既稱侯又稱伯、子的現象（如下表），因此，認爲西周時期「爵無定稱」的學者其根據即由此而來。

	公	侯	伯	子	男
康	✓	✓	✓		
魯	✓	✓	✓		
井	✓	✓	✓		
匽	✓	✓			
邾	✓		✓	✓	
單	✓		✓		
南	✓		✓		
召	✓		✓		
榮	✓		✓		
毛	✓		✓		

〔註99〕《集成釋文》(三)，第195頁。
〔註100〕《集成釋文》(一)，第29頁。
〔註101〕《集成釋文》(一)，第118頁。
〔註102〕《集成釋文》(一)，第114頁。
〔註103〕《集成釋文》(一)，第217頁。

	公	侯	伯	子	男
豐	✓			✓	
芮	✓			✓	
許	✓				✓
曾		✓	✓	✓	
薛		✓		✓	
蔡		✓		✓	

但正如王世民先生所論述的那樣，我們不能簡單的僅憑這些稱呼就貿然下結論，須對其自身進行詳細的辨析。馬衛東先生曾對金文和文獻中「爵無定稱」的現象進行具體的分析，他將之分爲六種情況：一、諸侯並非一次受封而爵位世代不變；二、諸侯居喪稱子，逾年稱公；三、諸侯卒稱本爵，葬時則加諡稱公；四、諸侯在國內可統稱「公」；五、公、侯等可以作爲諸侯的泛稱，這時不作爵稱講；六、《春秋》因特殊原因對諸侯使用貶稱。〔註104〕

馬衛東先生的分析，儘管是對春秋時期諸侯爵無定稱的分析，但除了第六對文獻的論述外，其他五種均可適用於我們對西周金文的分析。如馬衛東先生提到的「魯」和「康」（衛），周初伯禽始封於奄，爲「魯公」，後出封於山東時則爲侯爵；康叔始封爲「侯」，其後六代爲「伯」，武公時，又被周平王封爲「公」。這可以對以上很多類似的做出解釋。又拿周初曾任執政卿士的召公、單公、毛公、芮公、豐公等諸侯來說，其在早期或由於擔任周王室執政而受封爲「公」〔註105〕，但其國本爵未變，在後代沒有進入王室高層時候，仍尊其本爵，這就是諸多稱「公」又作其他稱的一個原因。〔註106〕

〔註104〕馬衛東：《春秋時代五等爵制的存留及其破壞》，《史學集刊》2006年4期，第133頁。

〔註105〕楊寬：《西周王朝公卿的官爵制度》，第117頁。

〔註106〕又韓巍先生在近來的研究中亦提到「公」多數情況下是周王授予王朝高級貴族的稱號，少數地位特殊或立有大功的諸侯也可被冊命爲「公」，以示特別的尊寵；與「侯」不同，「公」的稱號不能世襲。從一些畿外或畿內諸侯進入周王室爲執政而稱「公」來看，這與楊寬先生的研究是一致的，可取。但是這並不能概括「公」爵的全部，應當有一些「公」是固定的公爵稱號，如春秋文獻屢見後世「先王之後」而稱「公」的「宋公」等。見其《新出金文與西周諸侯稱謂的再認識——以首陽齋藏器爲中心的考察》，第7頁。

又還有一種情況值得我們注意，西周時分封諸侯眾多，往往有兩個或多個諸侯國稱同一國號，那麼由於其始封爵號不同，在銅器中其呈現出來的稱號自然就不同。以「曾」為例，自殷商至春秋晚期，在國內至少分佈著三個「曾國」，其一在山東，其有關的銅器有：曾子白父匜（《集成》16.10207）、曾子仲謲鼎（《集成》5.2620）、曾子仲宣鼎（《集成》5.2737）、曾子遙簋（《集成》9.4488-89）、曾子屟簋（《集成》9.4528-29）等；其一在汝穎間，其有關的銅器有：曾伯宮父穆鬲（《集成》3.699）、曾伯從寵鼎（《集成》5.2550）、曾伯文簋（《集成》7.4051-53）、曾伯雪簠（《集成》9.4631-32）、曾伯陭壺（《集成》15.9712）、曾伯文纙（《集成》16.9961）等；其三在淮西，相關的銅器為：曾侯簋（《集成》9.4598）、曾侯仲子游父鼎（《集成》4.2423-24）、曾侯戈（《集成》17.11121）、曾子原彝簋（《集成》9.4573）等等。〔註107〕由此我們可以看出，金文中曾雖然稱「伯」、「侯」、「子」，但乃三個曾國之不同的稱號，地處山東的曾國為子爵，處汝穎間的為伯爵，處淮西的為侯爵。這從其銅器銘文中即可清晰可見。又處於淮西的曾國後來稱「曾子」，當是春秋晚期時降為楚國的附庸之故。

此外，周代南方鄂國的情況也能對這一問題有所啟發。鄂為姞姓，黃帝部落的十二姓之一，是黃河流域的重要勢力，根據《史記》、《戰國策》及甲骨卜辭記載，鄂在商代已經封侯。在商代末期，鄂侯出任紂王「三公」之一，由此可見鄂是商代一個頗有聲望和勢力的古國。商朝末年，鄂侯因為勸諫紂王暴虐被殺，隨後，鄂參加了周反商的聯盟，一起反叛商王朝。周滅商後，鄂作為周王朝的重要同盟，被封在西周王朝的南土，從黃河流域遷徙到南陽盆地，來防範南方的南淮夷、東夷，成為周王朝南方的重要屏障。西周早中期鄂國與西周關係親密。鄂侯馭方鼎為西周中晚期銅器，銘文記載周王南征淮夷回師經過鄂國時受到鄂侯馭方的歡迎，並與之共宴、會射。但不知什麼原因，稍後鄂侯馭方率南淮夷、東夷反叛周王朝，根據《禹鼎》銘文記載，周王朝派出武公率西六師、殷八師伐鄂，俘虜了鄂侯馭方。此後鄂長時間不見於文獻記載。西周晚期，周宣王為填補滅亡鄂國後的勢力空白，封兩個舅父在南陽即申國、呂國，把鄂國及其遺民放在周王朝控制範圍之內，繼續保持鄂國及鄂侯封號。春秋早期被楚滅掉後，

〔註107〕關於曾國和曾國銅器的詳細論述，參見李瑾：《曾國和曾國銅器綜考》，載於《殷周考古論著》，開封：河南大學出版社，1992年，第153～169頁。

又陸續出現了鄂王、鄂君等稱。〔註108〕鄂侯自商代以來就一直有「侯」的爵稱，延續到春秋被滅，由此可見從商代以來爵稱的延續。至於「鄂王、鄂君」這些稱號當然是春秋以後楚內部所分封，和之前的「鄂侯」是不能混為一談的。

小　結

西周爵制的形成經歷了一個逐步的發展過程。周初滅商之後，因其勢小，僅能顧及商的統治中心，初期就因商制，繼承了商代所萌發的爵制，對殷王畿之外商人分封的「侯、甸、男、衛」等諸侯，承認其地位，使其為周王室服務。

武王時開始分封諸侯，廣建宗子，在這個過程中，採納了一部份商代諸侯的爵號，改動後分封了一系列與自己有血緣和姻親關係的諸侯，如廢除原有的與商王有姻親關係的「帚（婦）」；將同負有軍事之責的「衛」併入「侯」，封賜給大量畿外諸侯，以作王室之屏藩。早期「五等爵制」尚未系統化，爵稱較為混亂，常見到有「公、侯、伯、子、男、甸、采、衛」等稱。

到了西周中期，隨著統治的鞏固，周人對國家的禮制等各方面均進行了系統化的變革，使之更加完善和秩序化。《詩經》及其他文獻中開始出現證明「爵制」系統化的文字。此時，儘管隨著周人對飲酒的限制，爵這一器物基本沒落，但由爵而演化來的這種等級秩序卻被周人繼承下來並加以鞏固和系統化，由此形成了整齊而系統的五等爵制。爵制的定制，影響到社會各個方面，因此「爵」這一器物在西周中期以後逐漸消亡，但仍成為行酒禮器的統稱。「甸」成為服制的專門稱呼，隨著周勢力的擴張，借爵稱之初義，出現了「五服」的概念，代表了周人對當時整個社會結構的大概認識。

〔註108〕鄂國有關的情況，可參見李學勤：《論周初的鄂國》，《中華文史論叢》，2008年第4輯，第1～7頁；徐少華：《鄂國銅器及其歷史地理綜考》，《考古與文物》，1994年第2期，第87～93頁；徐峰：《西周鄂國地望略論》，《三代考古》（五），北京：科學出版社，2013年，第229～234頁；楊采華：《兩個荊楚方國與三個鄂國探微》，《荊楚學刊》，2013年第6期，第22～27頁；崔本信：《尋找消失的古鄂國》，《光明日報》，2015年8月4日第007版；黃尚明：《從考古新材料看鄂國的歷史變遷》，《華中師範大學學報》（人社版），2015年第1期，第144～149頁；田率：《新見鄂監簋與西周監國制度》，《江漢考古》，2015年第1期，第68～75頁；劉亞星：《鄂國歷史地理研究——以考古材料為中心》，鄭州大學歷史學院專業碩士論文，2015年。

　　西周時期的金文中出現了大量的「公、侯、伯、子、男」的稱呼，儘管其中有一些爲官名、地名和人名等等，但仍有相當一部份爲爵稱無疑。此外，這些稱呼中出現的所謂「爵無定稱」的現象，通過仔細的分析，我們發現，這些特殊現象各有其不同的原因，並不能推翻西周時期「五等爵制」的觀點。

第四章　周代爵制的繼承與變異
──春秋爵制

　　相較於商代和西周的資料情況，春秋時期的文獻資料極爲豐富，儘管因爲東周時「諸侯惡其害己也，而皆去其籍」〔註1〕，戰國時孟子亦僅聞其大略，不知前代爵制的詳情，但先秦一些傳世文獻仍保留有當時一些政制的縮影，尤以春秋三傳和《國語》反映的內容較多。學術界依據這些文獻資料，並以相關的金文文獻相佐證，基本已經承認春秋時期以「五等爵」爲中心內容的周代爵制的存在。〔註2〕周代爵制的基本情況，在春秋時期大概可較爲清晰的分爲兩個方面的內容：一是「外爵」體系，即周王所分封諸侯之間的「公侯伯子男」五等爵制；另一是存在於周王室及諸侯國內部臣下之間的「內爵」體系，即「卿大夫士」這一等級序列。同時，隨著春秋時期形勢的變化，西周中期確立的爵制體系開始遭到破壞，發生了一些變異情況。下面我們就先對春秋時期的爵制情況做一論述，從中看出其對西周爵制的繼承情況；然後從相關文獻入手，對春秋後期爵制的變異做簡單的辨析。

第一節　春秋時期對西周爵制的繼承

　　春秋爵制的基本情況大概可分三個方面，我們先從文獻中詳細找出爵制相關的爵稱，然後看周王乃至諸侯對於這些爵稱的賜予儀式（「爵命」），接著

〔註1〕　〔漢〕趙岐注，〔宋〕孫奭疏：《孟子注疏》，〔清〕阮元校刻《十三經注疏》，
　　　　　北京：中華書局，1980年，第2741頁。
〔註2〕　如引言所述陳恩林、王世民、李峰等先生對這一問題的論述。

從相關禮制等多方面來看這些爵稱之間存在的等級情況（「爵等」），以此來瞭解春秋時期時期的爵制。

一、爵稱

　　而我們從春秋文獻中也可以明確看出，自春秋早期到晚期一直存在有「公、侯、伯、子、男」此類爵稱。《國語・周語中》載周襄王時（前635年），晉文公恃幫助襄王復位之功，要求襄王賜給他與天子之葬禮有關的「隧」〔註3〕。襄王在婉拒他請求時，提到了先王時制定禮法的情況：「昔我先王之有天下也，規方千里以爲甸服，以供上帝山川百神之祀，以備百姓兆民之用，以待不庭不虞之患。其餘以均分公侯伯子男，使各有寧宇，以順及天地，無逢其災害。」〔註4〕這裡面亦提到了「公、侯、伯、子、男」這五等諸侯所擁有的爵號，且提及周代政治地理，王畿之內爲甸服，爲王所有，其他部份則分封與五等諸侯，以作屏藩。這些具體稱號在會盟排序時體現的最爲明顯，如：魯僖公二十一年（前639年）：「秋，宋公、楚子、陳侯、蔡侯、鄭伯、許男、曹伯會於盂」〔註5〕。

　　這些爵稱一直到春秋晚期仍存在，《國語・楚語上》載楚靈王奢建高臺，大夫伍舉諫到：「先君莊王爲匏居之臺，高不過望國氛，大不過容宴豆，木不妨守備，用不煩官府，民不廢時務，官不易朝常。問誰宴焉，則宋公、鄭伯；問誰相禮，則華元、駟騑；問誰贊事，則陳侯、蔡侯、許男、頓子，其大夫侍之。先君以是除亂克敵，而無惡於諸侯。今君爲此臺也，國民罷焉，財用盡焉，年穀敗焉，百官煩焉，舉國留之，數年乃成。願得諸侯與始陞焉，諸侯皆距無有至者。而後使太宰啓疆請於魯侯，懼之以蜀之役，而僅得以來。使富都那豎贊焉，而使長鬣之士相焉，臣不知其美也。……天子之貴也，唯其以公侯爲官正，而以伯子男爲師旅。」〔註6〕這段話提及的諸侯名稱，有「宋公」、「陳侯」、「蔡侯」、「魯侯」、「鄭伯」、「頓子」、「許男」等人，同時伍舉

〔註3〕　關於「隧」，《國語集解》第51頁載有兩種意見：一是賈逵注「隧，王之葬禮，開地通路曰隧」。另一是韋昭注「隧，六隧也。《周禮》，天子遠郊之地有六鄉，則六軍之士也，外有六隧，掌供王之貢賦。唯天子有隧，諸侯則無也」。徐元誥採吳曾祺意見，認爲賈逵之意爲是。隧當指葬禮而言。

〔註4〕　《國語集解》，第51～52頁。

〔註5〕　《春秋・僖公二十一年經》，見《春秋左傳正義》，第1811頁。

〔註6〕　《國語集解》，第494～495頁。

還提到「天子之貴也，唯其以公侯爲官正，而以伯子男爲師旅。」之語，明顯可見這五等爵稱在春秋之世一直存在。

而且從上面引文我們還可以看出，自春秋早期到晚期，這些諸侯的爵稱基本是固定不變的，「宋」一直稱「公」，「陳」、「蔡」一直稱「侯」，「鄭」一直稱「伯」，「許」一直稱「男」。唯「楚」的稱號有所變化，這是因爲春秋後期，「周室既卑，諸侯失禮於天子」〔註7〕，這些實力強的諸侯國君開始僭稱「王」，但在遵守周禮的各國，原有的爵號是固定不變的，而在當時外交中，周王所賜命下來的爵稱還是有很強的約束作用的。如吳在春秋晚期，其國君稱「王」，但實際中，其國君的爵號仍是「伯」，《國語・吳語》載黃池之會時，吳與晉爭先，晉國使者董褐稱吳王之爵稱：「夫命圭有命，固曰吳伯，不曰吳王。」〔註8〕可見，在春秋晚期，原有的爵位秩序已經沒落，但爵稱仍爲當時人所共知。在春秋經傳對各諸侯國國君的稱謂中，自始至終基本都帶有以上的爵稱，瞿同祖先生對這方面有詳細的整理，並由此認爲各國爵位基本是固定的，如「宋永稱宋公；齊、魯、衛等永稱爲侯；鄭、曹、秦等總是稱伯，楚、吳等國總是稱子；許永稱爲男」〔註9〕。目前從春秋文獻記載的內容來看，這個結論是完全可信的。李峰先生曾統計過春秋至戰國早期的金文內容，發現春秋時期金文中的諸侯稱謂基本可以和文獻一致，可見在春秋時期，五等爵制的情況已是比較明顯了。具體可參見本節後附表。

除了固定的爵稱之外，尚有采、衛爲附庸。其地位當在五等爵之下，依附於各大國。如《左傳・襄公十五年》載「王及公、侯、伯、子、男、甸、采、衛、大夫，各居其列，所謂『周行』也。」杜注：「言自王以下，諸侯大夫各任其職，則是詩人周行之志也。甸、采、衛，五服之名也。天子所居，千里曰圻，其外曰侯服，次曰甸服，次曰男服，次曰采服，次曰衛服。五百里爲一服。不言侯、男，略舉也。」〔註10〕杜預以爲「甸、采、衛」爲五服之名，且敘述了其大概的地理劃分，他認爲「采、衛」在最外圍。這種說法當是採用漢儒的觀點，值得商榷。

〔註7〕　《國語集解》，第 551 頁。
〔註8〕　《國語集解》，第 552 頁。
〔註9〕　瞿同祖：《中國封建社會》，第 51 頁。
〔註10〕　《春秋左傳正義》，第 1959 頁。

　　西周末年，鄭桓公與史伯縱論天下大事時，提到以往著名氏族後裔現存的情況時稱「妘姓鄔、鄶、路、偪陽，曹姓鄒、莒，皆爲采衛，或在王室，或在夷狄，莫之數也。而又無令聞，必不興矣。」〔註11〕傳說中祝融的妘姓、曹姓後裔皆爲各地的附庸「采、衛」，籍籍無名。他們所處的位置有在王室畿內，也有竄入夷狄之間的，並不固定，「或在王室，或在夷狄，莫之數也」，故杜預的看法是有問題的。「采、衛」當爲大國的附庸。

　　春秋三傳對這些爵稱的規定，依照《公羊傳‧隱公五年》的說法，大約是這樣的：「天子三公稱公，王者之後稱公，其餘大國稱侯，小國稱伯、子、男。」〔註12〕這大概是對初封時各國爵稱和實力的比照。但春秋時，隨著各國發展的不同，開始發生了變化。爵稱爲「公」的基本沒有什麼變動，在春秋經傳中，見爵爲「公」的有「周公」〔註13〕、「劉定公」〔註14〕等屬於天子之三公，宋以殷後而稱「公」，其他則不見有「公」這一爵稱。但從擁有「侯爵」的國家來看，只有齊、晉仍爲大國，其他如衛、滕、鄧、杞、紀、邢等國，已淪爲小國甚至附庸。其在春秋仍被尊稱爲「侯」的原因，《公羊傳》有不同的解釋，先是隱公七年，經文：「滕侯卒」，傳文中解釋道「微國則其稱侯何？不嫌也。《春秋》貴賤不嫌同號，美惡不嫌同辭。」〔註15〕以「貴賤可以同號」來解釋小國也能和大國一樣稱侯，這是站在頌揚的立場上解釋經文，並不確切。其中更爲得當的是在《桓公七年》中解釋經文「鄧侯吾離來朝」的一段話「失地之君，其稱侯朝何？貴者無後，待之以初也。」〔註16〕即春秋時期這些諸侯國的規模並不等於初受封時的規模，即使類似鄧國這樣「失爵亡土」淪爲附庸的小國，其爵稱仍存在的，與當時國家大小沒有關係。此外，在當時鄭、秦爲大國而稱「伯」，楚爲大國而稱「子」，可見春秋時期雖然各國實力發生變化，但初封之時的爵稱仍固定並延續了下來。

〔註11〕　《國語集解》，第 468 頁。

〔註12〕　《春秋公羊傳注疏》，第 2207 頁。

〔註13〕　《春秋‧僖公九年》：夏，公會宰周公、齊侯、宋子、衛侯、鄭伯、許男、曹伯於葵丘。見《春秋左傳正義》，第 1800 頁。此處宋國國君稱「子」，《左傳》提到乃先君桓公未葬之故。

〔註14〕　《左傳‧襄公十四年》：王使劉定公賜齊侯命。見《春秋左傳正義》，第 1958 頁。

〔註15〕　《公羊傳‧隱公七年》，見《春秋公羊傳注疏》，第 2208 頁。

〔註16〕　《春秋公羊傳注疏》，第 2218 頁。

　　除了這些在天子和諸侯之間通用的外爵外，在周王室和各諸侯國內部還有諸如「卿大夫士」此類的內爵〔註17〕存在。文獻中有諸侯賜爵的記載：

　　魯僖公時，晉文公討伐無禮的曹國，並削曹地以分諸侯。臧文仲聽從看守重館人的建議，快速趕到，最後爲魯國分得「地於諸侯爲多」。臧文仲返回後爲他請賞，「乃出而爵之」。雖然我們不知道這個重館人最後被賜何爵，但至少可以證實在春秋早期，在諸侯國內已有賜爵的情況存在。

　　至於這些內爵的爵稱，如《左傳・成公三年》：「次國之上卿，當大國之中，中當其下，下當其上大夫。小國之上卿，當大國之下卿，中當其上大夫，下當其下大夫。上下如是，古之制也。」〔註18〕可見在諸侯國內部有上、中、下卿和上、下大夫之類的爵稱。與之相關的文獻還有：

卿

　　《國語・齊語六》：「升以爲上卿之贊。」〔註19〕

　　《國語・晉語一》：「武公伐翼，殺哀侯，止欒共子曰：『苟無死，吾以子見天子，令子爲上卿，制晉國之政。』」〔註20〕

　　《國語・晉語六》：長魚矯既殺三郤，及脅欒、中行而言於公曰：「不殺此二子者，憂必及君。」公曰：「一旦而尸三卿，不可益也。」〔註21〕

大夫

　　《左傳・昭公五年》：「晉韓宣子如楚送女，叔向爲介。鄭子皮、子大叔勞諸索氏。……及楚，楚子朝其大夫曰：『晉，吾仇敵也。苟得志焉，無恤其他。今其來者，上卿、上大夫也』。」〔註22〕

　　《國語・晉語二》：「公子夷吾出見使者，再拜稽首，起而不哭，退而私於公子縶曰：『中大夫里克與我矣，吾命之以汾陽之田百萬。丕鄭與我矣，吾命之以負蔡之田七十萬。……』」〔註23〕

〔註17〕　《白虎通・爵》：「公卿大夫者何謂也，內爵稱也。」（陳立：《白虎通疏證》，第 16 頁）。本文爲行文方便，故以「外爵」來作爲通行於周王室和諸侯之間的「公侯伯子男」等爵的統稱，而以「內爵」來總稱周王室及各諸侯國內部的「卿大夫士」等爵稱。
〔註18〕　《春秋左傳正義》，第 1900 頁。
〔註19〕　《國語集解》，第 226～227 頁。
〔註20〕　《國語集解》，第 248 頁。
〔註21〕　《國語集解》，第 398 頁。
〔註22〕　《春秋左傳正義》，第 2041 頁。
〔註23〕　《國語集解》，第 295～296 頁。

《國語・晉語三》：「穆公使冷至報問，且召三大夫。……是故殺丕鄭及七輿大夫：共華、賈華、叔堅、騅歂、纍虎、特宮、山祁，皆里、丕之黨也。」〔註24〕

《國語・晉語五》：「公見之，使爲下軍大夫。」〔註25〕

《國語・吳語》：「吳王昏乃戒，令秣馬食士。夜中，乃令服兵擐甲，繫馬舌，出火灶，陳士卒百人，以爲徹行百行。行頭皆官師，擁鐸拱稽，建肥胡，奉文犀之渠。十行一嬖大夫，建旌提鼓，挾經秉枹。十旌一將軍，載常建鼓，挾經秉枹。」〔註26〕（十九 7）

到春秋晚期出現了變化，諸侯國君開始把握爵稱的設置，軍功爵出現雛形，《左傳・襄公二十一年》載：齊莊公在朝會上，論殖綽、郭最、州綽等人的勇武后，「莊公爲勇爵」，即杜預注「設爵位以命勇士」〔註27〕，開創了以勇武爲授爵標準的先河，但春秋時僅此一現，並未能取得和傳統爵制同等的地位。

除此之外，春秋經傳中各諸侯國君主還有一些和爵稱並不一致的稱呼，仔細分析，這些稱呼並不屬於正式的爵稱，大約有這麼幾種，一、諸侯在前國君未葬時稱「子」。如宋襄公曾一度稱子，《左傳・僖公九年》：春，宋桓公卒，「未葬，而襄公會諸侯，故曰子。凡在喪，王曰小童，公侯曰子。」〔註28〕《穀梁傳・僖公九年》有同樣的解釋：「宋其稱子，何也？未葬之辭也。」〔註29〕可見與其稱「公」的爵稱也是不衝突的。二、諸侯在其國內是可以尊稱「公」的，因爲《春秋》爲魯國的史書，故春秋經傳中魯國十二君皆稱「公」即是明例。三、諸侯卒時稱本爵，葬時則加謚稱公。如《僖公三十二年經》：「冬，十有二月，己卯，晉侯重耳卒」，三十三年經：「癸巳，葬晉文公。」〔註30〕等等。《穀梁傳》對此的解釋《文公元年》：「薨稱公，舉上也。」〔註31〕即臣下對先君的尊稱，並非爵稱，和之前所提到的固定爵稱並不矛盾。

〔註24〕《國語集解》，第306～307頁。
〔註25〕《國語集解》，第375頁。
〔註26〕《國語集解》，第549頁。
〔註27〕《春秋左傳正義》，第1972頁。
〔註28〕《春秋左傳正義》，第1800頁。
〔註29〕《春秋穀梁傳注疏》，第2395頁。
〔註30〕《春秋左傳正義》，第1832頁。
〔註31〕《春秋穀梁傳注疏》，第2404頁。

附：金文中所見春秋至戰國早期的諸侯稱謂〔註32〕

國　名	稱　謂	銘　文	資料來源
宋	宋公	宋公戌鍾	《集成》00008
		宋公差戈	《集成》11204
		宋公樂鼎	《集成》02233
		宋公得戈	《集成》11132
芮	芮公	芮公簋	《集成》03708
		芮公鬲	《集成》00743
		芮公鼎	《集成》02388
		芮公簠	《集成》04531
		芮公壺	《集成》09596
		芮公鬲	《考古與文物》2007.2：8
		芮公簋	《考古與文物》2007.6：6
	芮伯	芮伯多父簋	《集成》04109
秦	秦公	秦公鼎	《上海博物館集刊》7（1995）：20
		秦公簋	《上海博物館集刊》7（1995）：20
		秦公壺	《中國文物報》1994.10.30·第3版
		秦公簋	《集成》03867
		秦公鍾	《集成》00262
		秦公鎛	《集成》00267
	秦子	秦子鍾	《文物》2008.11：27
晉	晉公	晉公盆	《集成》10342
		鷹羌鍾	《集成》00157
蘇	蘇公	穌公簋	《集成》03739
虞	虞侯	虞侯政壺	《集成》09696
齊	齊侯	叔夷鍾	《集成》00285
		齊侯敦	《集成》04638

〔註32〕 李峰：《論「五等爵」稱的起源》，第180～183頁。

國　名	稱　謂	銘　文	資料來源
齊	齊侯	洹子孟姜壺	《集成》09729
		齊侯盤	《集成》10117
		齊侯匜	《集成》10272
		齊侯子行匜	《文物》1983.12：3
魯	魯侯	魯侯壺	《集成》09579
		魯侯鬲	《集成》00545
	魯伯	魯伯愈父鬲	《集成》00690
		魯伯大父簋	《集成》03980
		魯伯念盨	《集成》04458
		魯伯愈父簠	《集成》04566
		魯伯厚父盤	《集成》10086
		魯伯匜	《集成》10222
陳	陳侯	陳侯鬲	《集成》00705
		陳侯鼎	《集成》02650
		陳侯簋	《集成》04607
	陳子	陳子子匜	《集成》10279
蔡	蔡侯	蔡侯申鍾	《集成》00210
		蔡侯申鼎	《集成》02219
		蔡侯申壺	《集成》09574
		蔡侯申戈	《集成》11140
		蔡侯產戈	《集成》11143
紀	紀侯	己（紀）侯壺	《集成》00963
		己（紀）侯鬲	《文物》1983.12：8
		己（紀）侯鬲	《考古》1991.10：8
應	應侯	應侯之孫丁爾鼎	《文物》1993.3：93
曾（隨？）	曾侯	楚王盦章鍾	《集成》00085
		曾侯乙編鍾	《集成》00287
		曾侯乙鼎	《集成》02290

國　名	稱　謂	銘　文	資料來源
曾（隨？）	曾侯	曾侯乙簠	《集成》04495
		曾侯乙戈	《集成》11168
		曾侯郴戈	《集成》11176
		曾侯郴戈	《集成》11187
	曾子	曾子仲淒鼎	《集成》02620
燕	燕侯	郾侯戈	《考古》1993.3：236
		郾侯載簋	《集成》10583
薛	薛侯	薛侯盤	《集成》10133
		薛侯匜	《集成》10263
		薛侯壺	《考古學報》1991.4：467
莒	莒侯	鄙（莒）侯少子簋	《集成》04152
滕	滕侯	滕侯昊戈	《考古》1984.4：337
鄭	鄭伯	鄭伯筍父鬲	《集成》00925
		鄭伯筍父鬲	《集成》00730
		鄭伯盤	《集成》10090
		召叔山父簋	《集成》04601
曹	曹伯	曹伯狄簋	《集成》04019
	曹公	曹公簠	《集成》04593
		曹公盤	《集成》10114
杞	杞伯	杞伯每刃鼎	《集成》02494
		杞伯每刃簋	《集成》03897
		杞伯每刃壺	《集成》09687
單	單伯	單伯邎父鬲	《集成》00737
	單子伯	單子伯盨	《集成》04424
毛	毛伯	毛伯簋	《集成》04009
鄧	鄧公	鄧公午簋	《三代》7.48.1
		鄧公牧簋	《集成》03590
		鄧公孟匜	《集成》10228

國　名	稱　謂	銘　文	資料來源
鄧	鄧公	鄧子盤	《江漢考古》1993.4：91
	鄧子	鄧子午鼎	《江漢考古》1983.2：37
	鄧伯	鄧伯吉射盤	《集成》10121
邿	邿公	邿公釘鍾	《集成》00102
		邿公孫班鎛	《集成》00140
	邿伯	邿伯祜戎鼎	《集成》02525
	邿子	尋伯作邿子匜	《集成》10221
楚	楚子	楚子赶之飤繁（鼎）	《江漢考古》1983.1：81
		楚子棄疾簠	《中原文物》1992.2：88
	楚公	楚公逆鍾	《集成》00106
	楚王	楚王鍾	《集成》00072
		楚王酓章鍾	《集成》00085
		楚王酓章戈	《集成》11381
吳	吳王	者減鍾	《集成》00195
		吳王姬	《文物》1989.5：35
		吳王夫差劍	《文物》1992.3：23
		攻敔王光劍	《集成》11666
		工虘王劍	《文物》1983.12：11
		攻敔王夫差劍	《文物》1993.8：72
曾（山東）	曾(鄫)子	曾子遟簠	《集成》04488
		曾子仲宣鼎	《集成》02737
徐	徐子	余（徐）子氽鼎	《考古》1983.2：188
	徐王	徐王量鼎	《集成》02675
		徐王義楚盤	《集成》10099
		徐王義楚觶	《集成》06513
		甚邝鍾	《東南文化》1988.3-4：21
許	許子	鄦子盅白鎛	《集成》00153
		許子妝簠	《集成》04616

國　　名	稱　　謂	銘　　文	資料來源
黃	黃子	黃子鼎	《考古》1984.4：319
		黃子豆	《考古》1984.4：319
		黃子鬲	《考古》1984.4：320
		黃子壺	《考古》1984.4：319
越	越王	越王州勾劍	《中國文物報》1988.4.22，第2版
		越王者旨矛	《中國文物報》1988.4.22，第2版
		越王句踐劍	《集成》11595
呂	呂王	甗鍾	《淅川下寺春秋墓》，頁279-281

二、爵命

這些爵稱的獲得則需要其君主進行「爵命」，這在周代屬於「冊命」制度中重要的一環〔註33〕。賜命又稱冊命、爵命，為諸侯得爵的一項重要禮儀，後世須由天子頒圭、信物以重申之。由上章對《逸周書・顧命》、《逸周書・商誓》的分析中我們可以看到，周天子對諸侯的賜命實際是源自「皇天」、「上帝」對周王的護祐而來。「上帝」賜命於周王，承認了周王的唯一性和合法性，那麼諸侯國只有從上帝的代表──周王那裡轉「受命」，才能確認其統治的合法性，才能得到上天的護祐。因此一般各諸侯國國君初繼位均需要周天子派人冊命，這樣才能確保其「合法性」（合乎天命）。至春秋時雖天子衰微，「賜命禮廢」〔註34〕，但在春秋經傳中仍有遺留，如《文公元年經》：「天王使毛伯來錫公命。」〔註35〕《左傳・襄公十四年》：「王使劉定公賜齊侯命」。〔註36〕也有即位幾年後才賜命的，如《成公八年經》：「秋，七月，天子使召伯來賜公命」，這個就比較少見，孔穎達疏曰：「春秋之時，賜命禮廢，唯文公即位而賜，成公八年乃賜，桓公死後追賜，其餘皆不得賜，苟以得之為榮，故

〔註33〕周代冊命禮中雖包括授官任職、賞賜等內容，但均與爵制息息相關，故錫命又稱「錫爵」，古注家如王弼等人多釋「命」為「爵」，「蓋古有爵者必有位，有位者必有祿，有祿者必有土，故封建命官，其實一也。」見陳漢平：《西周冊命制度研究》，上海：學林出版社，1986年，第3頁。
〔註34〕《成八年經》孔疏，見《春秋左傳正義》，第1904頁。
〔註35〕《春秋左傳正義》，第1836頁。
〔註36〕《春秋左傳正義》，第1958頁。

不復譏其緩也」〔註37〕，可見當是賜命禮廢的緣故，儘管如此，我們從這些殘留中也能窺見其最初大概的模樣。

而各諸侯國上卿也得周天子爵命，稱「天子之守」或「命卿」，顯然是周初分封時爲了加強周天子對諸侯國統治權力時所建立的制度。如《左傳·僖公十二年》載，齊侯使管夷吾平戎於周王時，周天子以上卿之禮饗管仲，管仲辭曰：「臣，賤有司也。有天子之二守國、高在，若節春秋，來承王命，何以禮焉？陪臣敢辭。」〔註38〕最後受下卿之禮而還。可見齊國之傳統貴族「國、高」二氏即爲周天子之「命卿」，且在齊國地位極爲尊崇。又《左傳·成公二年》載，晉侯使鞏朔獻齊捷於周，周天子使單襄公辭焉，其理由一是齊國乃「兄弟甥舅」之國，非「蠻夷戎狄」，不合獻捷禮之宗旨，其二則是「……今叔父克遂，有功於齊，而不使命卿鎮撫王室，所使來撫余一人，而鞏伯實來，未有職司於王室……」，即鞏伯非周天子之「命卿」，「名位不達於王室」〔註39〕，亦不合禮數。

公元前 636 年晉文公即位時，舉行接受天子賜命的盛大典禮。《國語·周語上》記載了詳細的過程：「襄王使太宰文公及內史興賜晉文公命，上卿逆於境，晉侯郊勞，館諸宗廟，饋九牢，設庭燎。及期，命於武宮，設桑主，布几筵，太宰蒞之，晉侯端委以入。太宰以王命命冕服，內史贊之，三命而後即冕服。既畢，賓、饗、贈、餞如公命侯伯之禮，而加之以宴好。」〔註40〕此外，還特意提到「公命侯伯之禮」，可見當時有一系列整齊的禮儀規定。

除此之外，諸侯國君從周天子接受天命，同樣，諸侯國內卿大夫得到爵稱也需要其國君賜命，這是對天命更轉一層的賜命。如《左傳·昭公十二年》所載：「季悼子之卒也，叔孫昭子以再命爲卿。及平子伐莒，克之，更受三命」。〔註41〕《僖三十三年傳》：「襄公以三命命先且居將中軍，以再命命先茅之縣賞胥臣，曰：『舉郤缺，子之功也。』以一命命郤缺爲卿，復與之冀，亦未有軍行」。〔註42〕從中可以看出「命」還能作等級的標識。《周禮》稱諸侯有九命，《左傳》中沒有相關的記載，但卿大夫沒有超過三命的，可見其有合理之處。

〔註37〕 《春秋左傳正義》，第 1904 頁。
〔註38〕 《春秋左傳正義》，第 1802 頁。
〔註39〕 《左傳·成公二年》杜預注，《春秋左傳正義》，第 1898 頁。
〔註40〕 《國語集解》，第 36 頁。
〔註41〕 《春秋左傳正義》，第 2062 頁。
〔註42〕 《春秋左傳正義》，第 1834 頁。

　　周代一般由內史職掌爵祿廢置，冊命之時往往由內史同其他身居高位之人來頒佈，如上文「毛伯」、「召伯」、「劉定公」等。《左傳・僖公二十八年》：「王命尹氏及王子虎、內史叔興父策命晉侯為侯伯。」即證明了這一點。同時賜命之時往往會頒「策」，並伴有冊命之言。如《左傳・昭公三年》：「夏，四月，鄭伯如晉，公孫段相，甚敬而卑，禮無違者。晉侯嘉焉，授之以策曰：『子豐有勞於晉國，余聞而弗忘。賜女州田，以胙乃舊勳。』伯石再拜稽首，受策以出。」這是卿大夫受諸侯策。《左傳・僖公四年》：「管仲對曰：『昔召康公命我先君大公，曰：『五侯九伯，女實征之，以夾輔周室！』」這則是諸侯受周天子策。

　　如果諸侯未得到天子冊命，或各國卿大夫未得到國君冊命，則不能稱爵，或其爵位就失去了合法性。因此《左傳》和《穀梁傳》在解釋《春秋》經中一些國君書名而不書爵稱時，即指出是沒得到「王命」的緣故。如《左傳・隱公元年》：「三月，公及邾儀父盟於蔑，邾子克也。克，儀父名。未王命，故不書爵。」《穀梁傳》有同樣的觀點：「其不言邾子，何也？邾之上古微，未爵命於周也」（隱公元年）〔註43〕；「秋，郳黎來來朝。郳，國也。黎來，微國之君，未爵命者也」（莊公五年）；「蕭叔朝公。微國之君，未爵命者。」〔註44〕（莊公二十三年）

　　但到春秋晚期，周室衰微，一些未得到周天子授予爵位的諸侯憑其行為——尊天子，攘蠻夷，遵守周禮，也可以得到其他諸侯國的認可而獲得較低的爵稱「子」，從而納入到周室的爵制秩序中來。如《穀梁傳・定公四年》：「吳其稱子，何也？……吳信中國而攘夷狄，吳進矣。」〔註45〕《穀梁傳・哀公十三年》則說的更是詳細：「黃池之會，吳子進乎哉！遂子矣。吳，夷狄之國也，祝髮文身。欲因魯之禮，因晉之權，而請冠端而襲。其藉於成周，以尊天王，吳進矣。」〔註46〕吳本與楚、越等蠻夷之國一樣，在其國內稱「王」，但後來為了爭奪侯伯地位（霸權），尊周禮，去「王」之稱，甘願納入周王室的統治秩序，居「子」這一低等爵稱，從而「進乎哉」，獲得了他國的認可。

〔註43〕《春秋穀梁傳注疏》，第2365頁。
〔註44〕《春秋穀梁傳注疏》，第2386頁。
〔註45〕《春秋穀梁傳注疏》，第2444頁。
〔註46〕《春秋穀梁傳注疏》，第2451頁。

　　而像吳楚這些未得到周天子爵命的諸侯，其國內的卿自然也不會得到周天子的任命，故《穀梁傳》稱「楚無大夫」，如《僖公四年》：「楚屈完來盟於師，盟於召陵。楚無大夫，其曰屈完，何也？以其來會桓，成之為大夫也。」〔註47〕《成公二年》：「十有一月，公會楚公子嬰齊於蜀。楚無大夫，其曰公子，何也？嬰齊亢也。」〔註48〕

　　同樣，周王室和諸侯國內國君尚未正式繼位，或繼位非正，其國內大夫等也得不到任命。如《穀梁傳・隱公三年》：「武氏子者，何也？天子之大夫也。天子之大夫，其稱武氏子，何也？未畢喪，孤未爵，未爵使之，非正也。」〔註49〕《隱公九年》：「弗大夫者，隱不爵大夫也。隱之不爵大夫，何也？曰，不成為君也。」〔註50〕

　　實際上，這都是在周禮的籠罩下的一些規則，吳、楚等國在秉持周禮的國家眼中其爵稱最多為「子」，國內卿大夫得不到認可，但實際中，吳、楚等國君主在國內稱王，而進入春秋時期後，國家的實力大小開始成為決定性作用，吳、楚等國曾一度為侯伯，諸侯之間的爵稱意義就逐漸淡化了。

三、爵等

　　周代是一個等級森嚴的社會，這是大家公認的事實。從春秋經傳內容來看，天子、諸侯、卿大夫、士、庶人等之間的等級最為明顯，如《左傳・昭公七年》：「天有十日，人有十等，下所以事上，上所以共神也。故王臣公，公臣大夫，大夫臣士，士臣皂，皂臣輿，輿臣隸，隸臣僚，僚臣僕，僕臣臺。」〔註51〕「人有十等」只是一個籠統的說法，「王」即周天子，「公」即諸侯之統稱，「大夫」則為卿大夫之總稱，即天子到社會最底層僕、臺有嚴格的等級差別。又如《左傳・桓公二年》：「師服曰：『吾聞國家之立也，本大而末小，是以能固。故天子建國，諸侯立家，卿置側室，大夫有貳宗，士有隸子弟，庶人、工、商，各有分親，皆有等衰。』」〔註52〕這個說法則更為清晰，周代社會從天子到士，層層分封、隸屬，構成一個等級分明的金字塔結構。

〔註47〕《春秋穀梁傳注疏》，第2393頁。
〔註48〕《春秋穀梁傳注疏》，第2418頁。
〔註49〕《春秋穀梁傳注疏》，第2368頁。
〔註50〕《春秋穀梁傳注疏》，第2371頁。
〔註51〕《春秋左傳正義》，第2048頁。
〔註52〕《春秋左傳正義》，第1744頁。

　　而在春秋經傳中，「天子——諸侯——卿大夫——士」這種貴族間的等級在具體的禮儀中也能體現出來，如房屋的建築標準是不同的，《國語・晉語八》載趙文子建築房屋時，「斲其椽而礱之」，張老指出其超越禮制時提到：「天子之室，斲其椽而礱之，加密石焉；諸侯礱之；大夫斲之；士首之。備其物，義也；從其等，禮也。」〔註53〕對建築的裝飾規格也是有等級差的：「秋，丹桓宮楹。禮：天子、諸侯黝堊，大夫倉，士黈。丹楹，非禮也。」〔註54〕

　　又如祭祀所建之廟數也有嚴格的規定：「天子七廟，諸侯五，大夫三，士二。」〔註55〕祭祀品也是不同的，如《國語・楚語下》載楚國子期祭祀楚平王，周王向觀射父諮詢祭祀的禮儀時，觀射父說：「祀加於舉。天子舉以大牢，祀以會；諸侯舉以特牛，祀以太牢；卿舉以少牢，祀以特牛；大夫舉以特牲，祀以少牢；士食魚炙，祀以特牲；庶人食菜，祀以魚。上下有序則民不慢。」〔註56〕從天子到庶人，其祭品都是不同的。又在諸侯國內，也是遵循這一等差的。《國語・楚語上》：「其《祭典》有之曰：『國君有牛享，大夫有羊饋，士有豚犬之奠，庶人有魚炙之薦，籩豆、脯醢則上下共之。不羞珍異，不陳庶侈。夫子不以其私欲干國之典。」〔註57〕雖沒有觀射父說的詳細，但可證明這一禮儀的存在。即使在下葬的時間和會葬的規模也有等級區別的：「天子七月而葬，同軌畢至；諸侯五月，同盟至；大夫三月，同位至；士逾月，外姻至。」〔註58〕

　　甚至這一等級序列還存在於這些等級所對應的夫人身上，《國語・魯語下》載公父文伯之母的話：「王后親織玄紞，公侯之夫人加之以紘、綖，卿之內子為大帶，命婦成祭服，列士之妻加之以朝服，自庶士以下，皆衣其夫。」〔註59〕「命婦」，韋注「大夫之妻」，可見從王到公侯、卿、大夫、士，其夫人也有一定的等級差別。

〔註53〕　《國語集解》，第 432 頁。
〔註54〕　《穀梁傳・莊公二十三年》，《春秋穀梁傳注疏》，第 2386 頁。
〔註55〕　《穀梁傳・僖公十五年》，《春秋穀梁傳注疏》，第 2397 頁。
〔註56〕　《國語集解》，第 516 頁。
〔註57〕　《國語集解》，第 488 頁。
〔註58〕　《左傳・隱公元年》，《春秋左傳正義》，第 1717 頁。
〔註59〕　《國語集解》，第 197 頁。

可見這種等級差別已經滲透到生活的各個方面，直至春秋晚期仍未改變。

（一）外爵的等級

那麼在春秋時期諸侯之間和卿大夫之間是否也存在嚴格的等級關係？從傳文中來看是肯定的。這種爵位之間的等級關係在《左傳》中常稱爲「班爵」或「班位」，或簡稱爲「班」。如《左傳・莊公二十三年》載，魯莊公想到齊國觀社，曹劌進諫時講「禮」時提到：「朝以正班爵之義，帥長幼之序。」〔註60〕這些話在《國語》中也有基本相同的記載：「夫禮，所以正民也。是故先王制諸侯，使五年四王、一相朝。終則講於會，以正班爵之義，帥長幼之序，訓上下之則，制財用之節，其間無由荒怠。」〔註61〕即諸侯朝天子或互朝主要是爲了「正班爵之義」，明確諸侯之間的等級，使之不出現混亂。《國語・周語上》載內史過講到統治方式時稱：「……故爲車服、旗章以旌之，爲贄幣、瑞節以鎮之，爲班爵、貴賤以列之，爲令聞嘉譽以聲之……」〔註62〕到春秋晚期，「班爵」這一詞仍在文獻中出現，如《國語・吳語》載黃池之會，吳王對晉國使者稱：「孤欲守吾先君之班爵……」〔註63〕諸侯之間的「外爵」是有等級關係的。

「外爵」之間的等級之別在諸侯朝會周天子時的排位最爲明顯。《逸周書・明堂解》記載了西周時期周公攝政時大朝諸侯於明堂的事蹟：

> 周公攝政君天下，弭亂六年，而天下大治，乃會方國諸侯於宗周，大朝諸侯明堂之位。天子之位：負斧扆，南面立。率公卿士侍於左右。三公之位：中階之前，北面東上；諸侯之位：阼階之東，西面北上；諸伯之位：西階之西，東面北上；諸子之位：門內之東，北面東上；諸男之位，門內之西，北面東上。九夷之國：東門之外，西面北上；八蠻之國：南門之外，北面東上；六戎之國：西門之外，東面南上；五狄之國：北門之外，南面東上；四塞九□之國、世告至者：應門之外，北而東上。宗周明堂之位也。明堂，明諸侯之尊卑也，故周公建焉，而朝諸侯於明堂之位。

〔註60〕 《春秋左傳正義》，第1778頁。
〔註61〕 《國語集解》，第145頁。
〔註62〕 《國語集解》，第33～34頁。
〔註63〕 《國語集解》，第551頁。

經黃懷信先生研究，此文雖記載西周之事，但經過春秋時人的加工〔註64〕。而上文經過對西周爵制的考察我們可知，五等爵制在西周中期以後方才系統化和完備化，因此，用之來說明春秋時期的爵位等級是沒問題的了。從文中我們可以看到，明堂位之宗旨是「明諸侯之尊卑也」，那麼，上面所提到從天子到「公」、「侯」、「伯」、「子」、「男」，乃至所謂「九夷、八蠻、六戎、五狄」等國，其在朝會時所站位就說明了其等級之高低差別。即使後面有理想的成分，但也可說明在春秋時人們的觀念中已經有了五等爵之等級差別了。

這種等級關係在諸侯國之間「聘禮」的等級上也有所體現。《周語‧魯語上》載魯僖公因聽從臧文仲之言，向晉國求情，衛侯得以免死，晉國也由此化解了一次外交事故，於是「自是晉聘於魯，加於諸侯一等，爵同，厚其好貨。」〔註65〕「加於諸侯一等」，可見諸侯之間是有爵位等差的，「爵同」指的當是魯與晉同為「侯爵」〔註66〕。

這種爵位之間的等級，從三傳的具體內容來看，諸侯之間，「公」、「侯」、「伯子男」之間差別最為明顯，《左傳‧莊公十八年》載：「春，虢公、晉侯朝王，王饗醴，命之宥。皆賜玉五瑴，馬三匹。非禮也。王命諸侯，名位不同，禮亦異數，不以禮假人。」〔註67〕「名位不同」即虢公和晉侯的爵位不同，故相應的「禮亦異數」，而周天子賜同樣的物品，當然是為「非禮」。由此可見「公」、「侯」是有等級區別的。《左傳‧僖公二十九年》：「在禮，卿不會公、侯，會伯、子、男可也。」〔註68〕說明「公侯」位在「伯子男」之上。《左傳‧昭公四年》載楚靈王在申大會諸侯，向宋國左師與鄭國子產問會盟禮儀，宋左師獻「公合諸侯之禮六」，鄭子產獻「伯、子、男會公之禮六」〔註69〕。這也說明「公爵」位在「伯子男」之上。故《公羊傳》稱「天子三公稱公，王者之後稱公，其餘大國稱侯，小國稱伯、子、男。」從另一方面說明了公、侯、伯子男是存在等級差的。

〔註64〕 黃懷信：《逸周書的源流與版本》，見其《逸周書校補注譯‧前言》，第63頁。
〔註65〕 《國語集解》，第153頁。
〔註66〕 韋昭注：「爵與魯同者，特厚其好貨也。」俞樾曰：「當云『爵與晉同者』，於義方合。蓋晉人感魯、衛同班相恤之故，因自加厚於同爵之國也。晉、魯皆侯爵，則與晉同爵者，亦即與魯同爵，然在晉人之意，因其與己同而厚之，非因其與魯同而厚之也。韋注非是。」見《國語集解》153頁注。無論與晉同還是與魯同，總之，爵同指的是二者同為侯爵無疑。
〔註67〕 《春秋左傳正義》，第1772～1773頁。
〔註68〕 《春秋左傳正義》，第1830頁。
〔註69〕 《春秋左傳正義》，第2035頁。

而在春秋經傳中伯子男之間的區別不怎麼明確。儘管在春秋會盟時仍依爵位有一定的排列次序，但如《春秋‧莊公十六年經》所載：「冬，十有二月，會齊侯、宋公、陳侯、衛侯、鄭伯、許男、滑伯、滕子，同盟於幽。」〔註70〕齊侯在宋公之上因爲齊爲侯伯，但許男在滑伯和滕子之上就不知何故。同樣在《左傳‧文公十五年》：「冬，十一月，晉侯、宋公、衛侯、蔡侯、鄭伯、許男、曹伯盟於扈，尋新城之盟，且謀伐齊也。」〔註71〕許男亦位於曹伯之上。另《左傳‧僖公四年》載許男新臣在會同諸侯侵蔡伐楚時死於軍中，「凡諸侯薨於朝、會，加一等」，故以「侯爵」之葬儀下葬，「葬之以侯」，又因爲許男參與以周天子名義的戰事，「死王事，加二等」，故「於是有以衰斂」，即「公爵」之服入殮。〔註72〕「男」加一等爲「侯」，加二等爲「公」，可見公、侯、「伯子男」之間存有明顯等級差，而「伯子男」之間區別不大，故《公羊傳‧桓公十一年》稱「《春秋》伯子男一也。」〔註73〕

（二）內爵的等級

在諸侯國內部，爵位之間的等級和諸侯之間一樣，往往也稱「班爵」或「班位」。《左傳‧襄公三十一年》載北宮文子向衛侯稱讚鄭國的卿大夫時，提到：「公孫揮能知四國之爲，而辨於其大夫之族姓、班位、貴賤、能否，而又善爲辭令……」〔註74〕公孫揮的外交才能包括「辨大夫之班位」，可見在卿大夫的爵位之間也是存在等級差的。《國語‧齊語》載齊桓公在一次召見官員問話時提到「政既成，鄉不越長，朝不越爵，罷士無伍，罷女無家。」〔註75〕即在鄉里是以「長」爲秩序，在朝中則以「爵」的等級爲秩序。《國語‧晉語八》載秦景公派使者來晉國聘問，叔向主管此事，他召行人子員接待，結果另一行人子朱不服，他怒道：「皆君之臣也，班爵同，何以黜朱也？」最後爲此爭鬥起來。〔註76〕「班爵同」即指子朱與子員爵位相同。又《左傳‧成公十八年》載晉國士魴到魯國乞師以救宋。季文子向臧武仲徵求意見，臧武仲

〔註70〕　《春秋左傳正義》，第 1772 頁。
〔註71〕　《春秋左傳正義》，第 1856 頁。
〔註72〕　《春秋左傳正義》，第 1793 頁。
〔註73〕　《春秋公羊傳注疏》，第 2220 頁。
〔註74〕　《春秋左傳正義》，第 2015 頁。
〔註75〕　《國語集解》，第 227 頁。
〔註76〕　《國語集解》，第 428 頁。

引用前例：「伐鄭之役，知伯實來，下軍之佐也。今彘季亦佐下軍，如伐鄭可也。」彘季即士魴，同知伯地位一樣，均為下卿，可用同等的規格來對待。最後臧武仲總結一句：「事大國，無失班爵而加敬焉，禮也。」〔註77〕可見，在外交事務中，要遵守「班爵」（爵位的次序），才是有「禮」的行為。

「內爵」的等級大略可分卿、大夫、士三等，從傳文中來看，其也是有具體區別的。卿有上中下之分，如《左傳・僖公十二年》載齊侯使管仲平戎於周王，天子以上卿之禮饗管仲，但最後他受下卿之禮而還。又《左傳・昭公六年》載楚公子棄疾到晉國，路過鄭國時，「見（鄭伯）如見王，以其乘馬八匹私面。見子皮如上卿，以馬六匹。見子產，以馬四匹。見子大叔，以馬二匹」。〔註78〕子皮即罕虎，為鄭上卿，子產即公孫僑，為鄭亞卿，子大叔即游吉，為鄭下卿，此亦看出三卿之別也。大夫也有上中下三等，如《左傳・昭公元年》：「子晳上大夫，女嬖大夫，而弗下之，不尊貴也。」〔註79〕是大夫有上大夫和嬖大夫之分。《左傳・昭公七年》載鄭罕朔因罪奔晉。韓宣子問其位於子產。子產說到：「卿違，從大夫之位，罪人以其罪降，古之制也。朔於敝邑，亞大夫也，……得免其死，為惠大矣。又敢求位？」宣子認為子產說的很對，「使從嬖大夫」。〔註80〕罕朔在鄭國為亞大夫，因為「罪降」，在晉國居「嬖大夫」，可見亞大夫即為中間一等，嬖大夫即為下大夫，為最末等。

既然各諸侯國有爵位的等級差別，在互相交往中，其君主須依照「公、侯、伯子男」這樣的等級差來進行朝聘會盟等禮儀活動，那麼其國內的卿大夫在交往中自然也不會是平等的，應當有一個相應的對應關係。而或許初期其地位應以國君爵等大小為準，但此時卿大夫位的高低是和各諸侯國的大小及實力強弱為依據的。《左傳・成公三年》載，這年冬天，晉侯、衛侯分別使荀庚和孫良夫來聘且尋盟。排序時，在讓誰先這個問題上，魯成公拿不定主意，因為荀庚在晉國「其位在三」，為下卿，而孫良夫在衛國卻「位為上卿」，這時臧宣叔說：「次國之上卿，當大國之中，中當其下，下當其上大夫。小國之上卿，當大國之下卿，中當其上大夫，下當其下大夫。上下如是，古之制也。衛在晉，不得為次國。晉為盟主，其將先之。」〔註81〕這段話說的很是

〔註77〕《春秋左傳正義》，第 1925 頁。
〔註78〕《春秋左傳正義》，第 2045 頁。
〔註79〕《春秋左傳正義》，第 2022 頁。
〔註80〕《春秋左傳正義》，第 2050 頁。
〔註81〕《春秋左傳正義》，第 1900 頁。

明白，因若論爵等，衛與晉在春秋時始終爲「侯爵」，故且不論臧宣叔論「古之制也」在古時如何分辨國之大小，但在此時身爲下卿的荀庚與身爲上卿的孫良夫地位相當，最終因晉爲盟主，使得荀庚排在孫良夫之上，這種方式明顯是以國之實力、大小來論。至於爲何不依諸侯的爵等來排列呢，孔穎達在此「正義」極爲恰當：「古制，公爲大國，侯、伯爲次國，子、男爲小國。以土地之大小、命數爲等差也。春秋之世，強陵弱，大吞小，爵雖不能自改，地則以力升降。諸侯聚會，強者爲雄；史書時事，大小爲序。……故衛雖侯爵，猶爲小國，以地狹小故也。……圻方千里，是晉有方千里者三四也。昭五年、十三年傳皆言晉有革車四千乘，計衛比於晉，不過當五六分之一耳，故不得爲次國。」〔註82〕即是春秋時期形勢變化所致。

既然在諸侯國之間交往中，「次國之上卿，當大國之中」，那麼大國之上卿與中小國交往時其地位如何？《左傳・昭公二十三年》載晉國囚禁了魯國行人叔孫婼後，「晉人使與邾大夫坐」〔註83〕，即視其與邾大夫同等地位，他拒絕道：「列國之卿當小國之君，固周制也。」可見大國之卿和小國之君地位相當。上文所引「在禮，卿不會公、侯，會伯、子、男可也。」也證明了這一點。

第二節　春秋後期爵制的變異

到了春秋時期，王室卑微，但西周傳統的信仰和理念仍發揮著作用，原有的統治秩序並沒有遭到破壞。春秋時期，各諸侯國群起「爭霸」，但自齊桓公、晉文公以來這些繼之而起的霸主，在稱霸之時，首要的就是「尊周」，對周王的尊崇和表面尊嚴的維護，實際上代表了對原有統治秩序的維持。但隨著各諸侯國之間乃至諸侯國內形勢的變化，周代內外爵結合的統治秩序到了春秋末期已經走向崩潰的邊緣。

就諸侯之間尊卑等級的「五等爵」來說，在春秋時期大部份時間內還能維持大概的模樣，但已經開始遭到破壞，到了春秋末年，這一狀況更爲明顯。《國語・吳語》載春秋末年，吳晉在黃池之會時「爭先」的交鋒，是對此很好的證明：

〔註82〕《春秋左傳正義》，第1900頁。
〔註83〕《春秋左傳正義》，第2101頁。

　　吳王親對之曰：「天子有命，周室卑約，貢獻莫入，上帝鬼神而不可以告。無姬姓之振也，徒遽來告。孤日夜相繼，匍匐就君，君今非王室不平安是憂，億負晉眾庶，不式諸戎、狄、楚、秦，將不長弟，以力征一二兄弟之國。孤欲守吾先君之班爵，進則不敢，退則不可。今會日薄矣，恐事之不集，以為諸侯笑。孤之事君在今日，不得事君亦在今日。為使者之無遠也，孤用親聽命於藩籬之外。」

　　晉乃令董褐覆命曰：『寡君未敢觀兵身見，使褐覆命曰：『襄君之言，周室既卑，諸侯失禮於天子，請貞於陽卜，收文、武之諸侯。孤以下密邇於天子，無所逃罪，訊讓日至，曰：昔吳伯父不失春秋，必率諸侯以顧在余一人。今伯父有蠻、荊之虞，禮世不續，用命孤禮佐周公，以見我一二兄弟之國，以休君憂。今君掩王東海，以淫名聞於天子，君有短垣，而自踰之，況蠻荊則何有於周室？夫命圭有命，固曰吳伯，不曰吳王。諸侯是以敢辭。夫諸侯無二君，而周無二王，君若無卑天子，以干其不祥，而曰吳公，孤敢不順從君命長弟！』吳王許諾。」〔註84〕

從中我們可以看出，儘管吳王仍打著「尊王」的旗號，但「周室卑約，貢獻莫入」、「周室既卑，諸侯失禮於天子」是當時人的共識。這些對話中體現了春秋末年原有爵位秩序的潰亂，但從另一方面來講，在周王室早已卑微的情況下，原有的爵制體系在春秋末年仍在國際秩序中起著作用。同時我們還可從中得到以下認識：一是在當時遵循周禮的各國中，所謂蠻、荊這些不在周禮籠罩範圍內的，儘管吳、楚與這些國家有交集，甚至也被賜予爵稱，但有時在其他國家心目中，他們不具備受爵的資格。而他們自身也率先破壞原有的爵位體系。如晉、魯等國和周王室親近的國家始終沒變爵號，更改自身爵稱的則一直為楚、吳、越這些所謂蠻、荊之國。二，原有爵位一經賜予，除非得到周王的改命，基本上沒有改動的可能。三，原有的爵制體系被破壞。晉國建議並承認吳從「伯」升為「公」，這是沒得到周王許可的情況下，儘管使得吳由自稱的「王」號降為「公」，維護了周天子獨一無二的地位，但卻將原來默認實力主導的情況變為了公開化。原本無論各國實力如何變化，在實際國際交往中如何主導各國的外交，但在表面上並沒有破壞原有周王室建立起來的秩序，仍維持著「五等爵」制的運轉，沒有剝奪周王擁有的表面「大

〔註84〕《國語集解》，第551頁。

義」的權力。這次卻不同，在兩大國的政治博弈中，周王最後表面的權力被剝奪，原有秩序被隨意篡改，真正的新時代來臨。

顧炎武在《日知錄‧周末風俗》中概括春秋戰國之時社會的變革：「春秋時，猶尊禮重信，而七國則絕不言禮與信矣。春秋時，猶宗周王，而七國則絕不言王矣。春秋時，猶嚴祭祀，重聘享，而七國則無其事矣。春秋時，猶論宗姓氏族，而七國則無一言及之矣。春秋時，猶宴會賦詩，而七國則不聞矣。春秋時，猶有赴告策書，而七國則無有矣。邦無定交，士無定主，此皆變於一百三十三年之間。」〔註85〕其提到的幾點均可做爵制變革的背景。「七國不言王」，即爵制失去了制約因素，連名義上的亦消失；無「祭祀、聘享」，即「爵制」存在和發揮功用的場合不復存在；言無「論宗姓氏族」，即血緣關係變得淡漠，這也是戰國時爵制賜予不以血緣爲準的一個注腳。

這一變革的原因，首先是隨時日推移，血緣漸遠，親緣關係淡漠，原有以血緣爲紐帶分封的基礎產生了改變。如《左傳‧僖公二十四年》載：「昔周公弔二叔之不咸，故封建親戚以蕃屏周。管、蔡、郕、霍、魯、衛、毛、聃、郜、雍、曹、滕、畢、原、酆、郇，文之昭也。邘、晉、應、韓，武之穆也。凡、蔣、邢、茅、胙、祭，周公之胤也。……周之有懿德也，猶曰『莫如兄弟』，故封建之。當周公時，故言周之有懿德。其懷柔天下也，猶懼有外侮。扞禦侮者莫如親親，故以親屏周。」〔註86〕這是各諸侯血緣關係之明證。但是到了後世「周文武所封子弟同姓甚眾，然後屬疏遠，相攻擊如仇讎，諸侯更相誅伐，周天子弗能禁止。」〔註87〕血緣因素的疏遠，導致了原有爵制建立基礎的破壞。其次，維繫這一制度的周王室實力衰微是其變動的根本原因。周初，王室實力遠凌駕於各諸侯之上，周王室在宗周、成周均駐有強大的軍力，這是維繫周室各種規章制度的保障。後來各諸侯經過長時間發展，吸納周邊他族力量而得以增強。而同時周王室卻再異族爭鬥中不斷削弱，加上王室內部的爭鬥，導致其進一步衰微，王室與各諸侯實力對比發生很大轉變。此時，代天子而起的霸主就成爲這些制度得以維持的重要力量。然而，沒有周天子這一帶著天命的光環凌駕於其上的存在，那些憑實力而新崛起的諸侯，肯定會不滿在原有秩序中的地位，從而不斷挑戰並打破原有的政治秩序。

〔註85〕〔清〕顧炎武著，黃汝成集釋：《日知錄集釋》（中），上海：上海古籍出版社，2006 年，第 749～750 頁。
〔註86〕《春秋左傳正義》，第 1817 頁。
〔註87〕《史記》卷六《秦始皇本紀》，第 239 頁。

這是五等爵遭到破壞的根本因素。此外，從周人的外部環境來看。周初，外部異族林立，各諸侯國須團結一致方能更好生存下去；到了春秋時期，王室衰微，周圍異族勢力在征戰中逐漸消亡，對各諸侯國威脅減弱，已不需要王室護祐，因此，原本由周王室主導的國際秩序也變得沒有必要，由此霸權社會來臨。

對於各國內部的「卿大夫士」的內爵來看，其在各國內部維持的時間要遠超過外爵，這與當時各國內部的權力分佈息息相關。就各國自身來說，儘管到春秋末年，政權下移，「陪臣執國命」〔註88〕，「陪臣執政」〔註89〕，在原有爵位秩序中身居高位的人並沒有迫切要求改變現狀的打算。因此，在各國尋求改變的往往是君主自上而下的改革。從另一方面來講，由各國君主主導的改革也有改變原有權力分佈、加強君主集權的因素在其中。這點與歐洲封建時代後期諸國國王和商人階層聯手打破封建、加強集權的舉措有些類似。從各國外部的環境來看，春秋時代還講究「興滅國，繼絕世」，但戰國時代各國「以攻伐併兼爲政於天下」〔註90〕，故實力的提升成爲各國有識之士的關鍵舉措。這時對原有選拔人才的制度進行修改甚至變革，以此來吸引其他各國的人才，並提升國內人民耕戰的積極性，〔註91〕就變得十分必要，昭示人們身份地位的「爵制」則是其中重要的一環。

這個變革以文獻中載齊莊公設「勇爵」爲開端，《左傳‧襄二十一年》載「齊莊公朝，指殖綽、郭最曰：『是寡人之雄也。』州綽曰：『君以爲雄，誰敢不雄？然臣不敏，平陰之役，先二子鳴。』莊公爲勇爵。」「勇爵」，杜注「設爵位以命勇士」。齊莊公豢養許多勇士並授予他們勇爵，這是諸侯變革爵制，強化君權的舉措。文中的「州綽」並非齊人，而是由晉逃亡而來，他希望加入勇爵之列，說明作爲莊公的私臣而集合起來的勇士們並不一定都出身於齊，其中也包括他國人。有學者由此認爲「勇爵」爲戰國「軍功爵制」的發端，但齊國隨後並沒有以此爲基礎而建立起一套系統化的爵制，可見，「勇爵」也僅僅是對原有爵制體系的補充。新爵制的產生基於加強集權的需要，

〔註88〕 《論語注疏》卷十六《季氏》，《十三經注疏》本，第2521頁。
〔註89〕 《史記》卷十五《六國年表》，第685頁。
〔註90〕 《墨子閒詁》，第179頁。
〔註91〕 如魏國，《韓非子‧內儲說上》記吳起之語，「明日且功亭，有能先登者，仕之國大夫，賜之上田上宅」；趙國，《戰國策‧趙策一》中趙勝對馮亭之語「請以三萬戶之都封太守，千戶封縣令，諸吏皆益爵三級……」等。

新秩序的形成必然建立在舊秩序的打破上。新秩序的系統性及徹底性程度是和各諸侯國實力的提升和延續一致的，縱觀戰國諸雄，在新秩序的建立中，唯有秦打破的最徹底，新秩序建立的最有系統性，故其最終實力最強，國力強盛延續的時間也最長。

在這種變革中，有兩個重要的特徵。首先，賜爵範圍的擴大，從貴族延續到庶民之中，《鹽鐵論·險固》：「傳曰：『諸侯之有關梁，庶人之有爵祿，非昇平之興，蓋自戰國始也。』」〔註92〕指出了春秋戰國時期爵制的一大演變；其次，以軍功為核心的「賞功」代替了原來的「親親」，成為新的賜爵標準。對功勳的賞賜，並非純粹的「親親」，同時還有「尚賢」、「賞功」，這在春秋時期已有〔註93〕，但主要是貴族內部的升遷，體現的是「親親」的原則。齊國的勇爵才是首次對貴族之外獨立一爵稱，但也僅是對原有爵制體系的補充，秦國的改變才是最大的變動，將庶民納入到爵制體系中來，打破了貴族的壟斷。

對於新軍功爵與之前爵制的不同，馬非百先生總結的很好，茲摘錄如下：「大抵武功爵之精神，與舊有之公侯伯子男五等爵制，已迥然不同，最足摧毀諸侯割據之封建領主政治，而建立中央集權制君主專制政治。以前得封五等爵者，或為功勳，或為宗室，或為先王後裔，或為強有力者，不必均有功於國家。而武功爵則只限於有功之人。故《史記·商君列傳》云：『有軍功者，各以率受上爵。』《韓非子·定法篇》亦曰：『商君之法：斬一首者爵一級，欲為官者為五十石之官。斬二首者爵二級，欲為官者為百石之官。官爵之遷，與斬首之功相稱也。』故雖宗室，無軍功，亦不得封爵。此不同者一也。以前封爵，均有封土，具備一種半獨立之國家形態。武功爵則除徹侯外，均只有爵名，並無封土。因此，有爵者無土可私，無民可子。至多只能統兵而已。爵名與封土分離，軍權與政權分離。凡有爵名或兼有軍權者，統須受成於中央。此不同者二也。以前爵位，一經授予，即具有永久固定之性質。即公國世襲為公，侯國世襲為侯，伯、子、男亦然，極少變動。武功爵則斬首一級，可進一級。然有罪又可奪爵。《秦本紀》：昭王五十年，武安君白起有罪，為

〔註92〕 王利器：《鹽鐵論校注》卷九，北京：中華書局，1992年，第526頁。

〔註93〕 按，在舊爵制實行的時候，也有以功勞來賜爵的，如《國語·魯語》載重館人被賜爵之事。晉國也有類似情況，《晉世家》記文公重耳返國後，「賞從亡者及功臣，大者封邑，小者尊爵」。檢遍文獻，這種賜爵並非常例，僅僅是個例。

士伍。《通鑑》卷七十六注：『秦漢之制，凡奪官爵者爲士伍。』又《始皇本紀》：『嫪毐死，舍人奪爵遷蜀四千餘家。始皇十二年，呂不韋死，其舍人臨者，秦人六百石以上奪爵遷。五百石以下不臨，遷勿奪爵。』隨時可予，亦隨時可奪。均以功過爲準，較少固定性。此不同者三也。」〔註94〕

小　結

　　由此我們從春秋文獻中可以看到，西周中期以後建立起來的爵制秩序，在春秋時候仍被繼承下來，且體現的更爲清晰明白。具體說來，當時的諸侯之間存在「公侯伯子男」這一外爵制度，而在周王室和諸侯國內則存在著「卿大夫士」這一內爵制度。諸侯和一般諸侯國內正卿獲得爵稱需要周天子「代天授命」，而一般諸侯國內各級爵稱也需要其國君傳遞從天子那裡的授命。從當時貴族的等級結構來看，周天子和諸侯之間，以及諸侯和卿大夫士之間的等級距離要遠大於爵內的等級差。而在諸侯的爵位之間，「公」與「侯」及「伯子男」之間明顯存在有遞減的等級，但「伯子男」等小國之間的等級則不怎麼突出。內爵卿大夫之間的等級差則比較分明。這些在說明春秋時期對西周爵制繼承的同時，也開始發生變異。這種變異應該與進入春秋時代之後社會的變化有關，周室衰微，各諸侯國開始以實力強弱論大小，外部以爵位爲主的等級秩序失去了存在的必要而被輕易打破；同時各諸侯國內部卿權開始上升，國君逐漸喪失了「爵命」的權力，各國內部的爵位秩序仍由於卿大夫維護統治地位的需要則被保留了下來。

〔註94〕馬非百：《秦集史》，北京：中華書局，1982 年，第 877～878 頁。

第五章　西周爵制的轉型和新軍功爵的建立——戰國爵制

　　由上文我們瞭解到，西周中後期形成的內外爵制度在春秋時期發生了變異，開始出現了很多破壞原有爵制秩序的現象。到春秋晚期，儘管爵制體系發生了一些變異，但總體上來看，整個貴族等級秩序仍以原有的爵制為準，並沒有代替性的制度出現。到了戰國時期，社會發生了劇烈的變革，各國之間征戰不休，內部貴族兼併爭奪日趨劇烈，當時社會由「禮」向「力」開始轉變，由此帶來爵制的變革。

　　齊思和先生曾在《戰國制度考》裏面提到春秋戰國時社會遽變，等級制度發生變革的原因：「自周初以至春秋初年，封建等級制度最嚴，……自春秋之季，貴賤之區分已漸有泯滅之勢，蓋貴族生齒日繁，各國之封疆有限，遂不能人人得職，人人有祿。……於是貴族平民間之經濟的區別漸泯。又其時貴族之間兼併爭奪，日趨激烈，遂不惜予庶人種種權利，使其為己效命。……是為古代階級制度之大破壞。至戰國之時，諸侯之間的鬥爭更為激烈，『得士者昌，失士者亡』，各國益不得不廢除世襲貴族的特權，以網羅天下才俊。故各國大抵皆經過重要之變法運動。……貴族階級壟斷政治之制度既廢，平民遂獲得登上政治舞臺之機會。戰國平民仕進之途，大抵不出文學、遊談、武功、遊俠四端。」〔註1〕

〔註 1〕 齊思和：《戰國制度考》，《中國史探研》，北京：中華書局，1981 年，第 105～110 頁。

其提到社會等級制度的破壞源於春秋戰國時期社會形勢的變化很是確切。戰國時期，各國在原有體制的基礎上紛紛對舊的爵制體系進行變革，以招徠人才，激勵人們爲國效力。就變革的內容及效果來看，秦國最爲突出，其相關材料也最爲豐富。因此，下文先對秦之外的諸國爵制做一番簡單分析，然後對秦國的爵制變革及具體情況做詳細的論述。

第一節　秦之外諸國爵制

戰國時期各國的爵秩等級，大概可分爲兩個系統：一是以三晉、燕、齊爲中心的原周禮文化區，包括楚國在內。這幾個國家的爵秩基本繼承原有周代的爵制體系，並在原來爵制基礎上有所變動。如傳世「商鞅量」(《集成》16.10372) 有文：「十八年齊師卿大夫眾來聘」〔註2〕，即戰國時齊仍保留「卿大夫」之稱。從現有文獻中來看，其原有的「卿、大夫」基本等級仍保留下來，且其中當也有高低等差。同時在國內增加了「封君」〔註3〕、「客卿」及「五大夫」等大夫爵稱。「封君」當是戰國時各國國君相繼稱王，其仿周王封建之例在國內封了一些宗室或功高之人；「客卿」是應招徠他國高端人才的需要；「五大夫」等大夫稱，當是對原有爵制體系的細化，下級爵稱的增多，〔註4〕是和當時「以爵賞功」的環境分不開的。二是秦的「二十等爵制」系統。秦和楚類似，受周禮浸淫並不深，在孝公時通過變革，逐漸確立了嚴密而細

〔註2〕　《集成釋文》(六)，第204頁。

〔註3〕　關於封君是否爲爵的問題，楊寬等先生在《戰國史》和《戰國會要》中都是將之單列論述，在敘述戰國時各國爵制時並沒有把封君計算在內。我們認爲封君當爲爵稱，一是因爲封君爲仿周王封建例所立，且其尊號是統一的，如「某君」、「某侯」等；二是從秦爵制來看，其二十等爵最高等級爲關內侯和徹侯，也帶有「侯」稱；三是其稱號爲尊稱，享受食邑，和爵之特徵類似。其實楊寬先生也將「列侯」和「侯」列入趙的爵制內，但我們目前還看不出此二者和作爲封君稱號的「侯」之間的區別，見其《戰國會要》632頁。沈長雲等先生在論述趙國的軍功爵制時，將其分爲三級，第一級爲侯，即「君」，可見也是將之作爲封爵的，見沈長雲等：《趙國史稿》，北京：中華書局，2000年，第365～369頁。又《漢書・樊酈滕灌傅靳周傳第十一》載：樊噲「從攻破揚熊於曲遇。攻宛陵，先登，斬首八級，捕虜四十四人，賜爵封號賢成君。」秦末漢初「賢成君」爲爵號之稱，由此可見「君」亦當爲爵稱之一。

〔註4〕　《戰國策・趙策一》趙勝對馮亭之語「請以三萬戶之都封太守，千戶封縣令，諸吏皆益爵三級……」，從諸吏有爵中我們可以看出，當時肯定有下層的爵秩體系，只是目前的材料並沒有太多的體現。

緻的二十等爵制，由此奠定了其一統六國的基礎。下面就分別論述戰國時期
各國的爵秩系統。由於材料的原因，秦爵制所知最詳，也最爲典型，因此單
列一節最後論述，其他各國爵制則放一塊討論。

　　這些國家中，除了楚國，其他幾個基本都屬於周禮文化圈，其戰國時期
的爵秩並沒有太大的改變，僅在原來「卿、大夫」基礎上稍加改動。楚國的
官制雖然與他國有區別，但從目前的材料來看，其爵稱除了「執珪」外，和
他國無太大區別。〔註5〕下面將楚單列出來，加以敘述。

　　這幾個國家均有封君，往往稱「某君」或「某侯」。如《戰國策・趙策一》
「張孟談既固趙宗章」載：「（張孟談謂趙襄子）曰：『無令臣能制主。故貴爲
列侯者，不令在相位，自將軍以上不爲近大夫。」此間的「列侯」就明顯爲
爵稱。同時，「君」往往也等同於「侯」，如趙之春平侯，史書上多作「春平
君」，但兵器銘文中記作「春平侯」〔註6〕。可見，二者實爲一也。

　　具體來看，「君」，齊有孟嘗君〔註7〕、安平君〔註8〕、都平君〔註9〕；趙
有番吾君、陽文君、安平君、平原君、馬服君等；魏有中山君、山陽君、信
陵君等；韓有安成君、成陽君等；燕有襄安君、昌國君等等。「侯」，齊有成
侯〔註10〕；趙有李侯、春平侯、平都侯等；魏有成侯、長信侯、關內侯〔註11〕
等等。

　　據楊寬先生研究：「這些封君多數有大小不同的封邑或封地，有按戶徵收
賦稅以及其他經濟上的特權，封邑的行政有封君自己治理的，但必須在封邑
內奉行國家統一的法令。也有由國君從中央派遣『相國』或『守』到封邑進
行直接治理的。封君有就封到封邑的，也有在中央當官而遙領的，又有免職
後就封的。封君可以築城和建築宮室，可以有守衛的兵，但是封國與郡縣一
樣，發兵之權都由中央的國君直接掌握的。因此這種封君不同於春秋時代諸

〔註5〕　有學者據「執珪」一稱，將楚之爵制單列出來加以論述，認爲其與秦一般和
　　　　他國不同。見楊寬《戰國史》，第253頁。
〔註6〕　見楊寬：《戰國會要》，第590～591頁。
〔註7〕　《史記》卷七十五《孟嘗君列傳》，第2351頁。
〔註8〕　《史記》卷四十六《田敬仲完世家》，第1901頁；《戰國策・齊策六》「貂勃
　　　　常惡田單章」，第462頁。
〔註9〕　《戰國策・趙策三》「趙惠文王三十年章」，第677頁。
〔註10〕　《史記》卷四十六《田敬仲完世家》「鄒忌子見三月而受相印。……居期年，
　　　　封以下邳，號曰成侯。」第1890頁。
〔註11〕　《戰國策・魏策一》「秦敗東周章」，可見關內侯並不獨秦有。第812頁。

侯所分封的卿大夫。」〔註 12〕但是從發展趨勢來看，這些封君逐漸向後世僅領食邑的高等級爵徹侯等靠攏。

從這些封君的身份來看，有國君宗室之人，如「孟嘗君」、「平原君」等人，但也有以功受封的，如「成侯」鄒忌、「馬服君」趙奢等人。這與春秋時期多封於同宗室之人是不同的。

卿，從上文所述可知，春秋時大概可分爲上中下三級，戰國文獻中多有「上卿」的記載，如齊立甘茂爲上卿〔註 13〕，趙授藺相如爲上卿〔註 14〕等等。有上自然應該有中或下，如燕有「亞卿」即是此證〔註 15〕。

戰國時期，由於士人流動加快，「百家爭鳴」，游說之風漸漲，各國基本都在原有的爵制秩序上設立了「客卿」這個爵稱，以來吸引他國優秀人才，如樂毅就曾任燕、趙兩國的客卿。〔註 16〕胡三省稱：「秦有客卿之官，以待諸侯來者，其位爲卿而以客禮待之也。」〔註 17〕其稱客卿的設置很是清楚，但稱其爲「官」當是不分官爵的表現。秦如此，他國當也相差不大。

大夫，文獻的記載也不甚詳盡，很多時候都省稱爲「大夫」，作大夫之統稱，如《戰國策・魏策一》：「魏武侯與諸大夫浮於西河……」等。和卿類似，春秋時期，大夫一般分爲「上中下」三個等級，文獻中最常見的大夫之稱爲「上大夫」（見下表），如齊宣王喜歡文學游說之士，即封鄒衍等七十餘人以「上大夫」之爵稱，「自如鄒衍、淳于髡、田駢、接予、慎到、環淵之徒七十六人，皆賜列第，爲上大夫，不治而議論。」〔註 18〕此外還有「中大夫」之稱：「齊中大夫有夷射者，御飲於王，醉甚而出。」〔註 19〕另外，在戰國時期，「大夫」還有分爲「五大夫」、「國大夫」、「公大夫」等爵稱者，如《戰國策・趙策三》：「希寫見建信君。建信君曰：『文信侯之於僕也，甚無禮。秦使人來仕，僕官之丞相，爵五大夫』。」《韓非子・內儲說上》：「吳起爲魏武侯西河之守，乃下令曰：『明日且攻亭，有能先登者，

〔註12〕 楊寬：《戰國史》，第 259 頁。
〔註13〕 《戰國策・秦策二》「甘茂亡秦且亡齊章」，第 160 頁。
〔註14〕 《史記》卷八十一《廉頗藺相如列傳》，第 2443 頁。
〔註15〕 《戰國策・燕策二》，第 1104 頁。
〔註16〕 《史記》卷八十《樂毅列傳》，第 2434 頁。
〔註17〕 《資治通鑒》卷二周紀二顯王三十六年，北京：中華書局，1956 年，第 68 頁。
〔註18〕 《史記》卷四十六《田敬仲完世家》，第 1895 頁。
〔註19〕 〔清〕王先慎：《韓非子集解》，北京：中華書局，1998 年，第 249 頁。

仕之國大夫，賜之上田宅。』」〔註20〕此「國大夫」即後世秦之「官大夫」，如秦末漢初，樊噲曾被封爲「國大夫」，《漢書·樊噲傳》：「與司馬尼戰碭東，卻敵，斬首十五級，賜爵國大夫。」文穎注曰：「即官大夫也，爵第六級。」〔註21〕「公大夫」見《韓非子·內儲說上》：「是以龐敬還公大夫，而戴讙詔視輜車。」這些對「大夫」細分之爵，當是在原有三等之間劃出更詳細的等級差別，這樣更便於國君對臣下的賞功。

傳世及出土的銅器中也有不少「大夫」之稱，如能和文獻相印證的「五大夫」等，但更多是文獻中所沒提到的，因器銘短小，具體的稱呼和國別不明，現整理如下表：

器　　名	器　　銘	時　　間	出土地	出處（《集成》）
辟大夫虎符	辟大夫信節	戰國		18.12107
齊節大夫馬節	齊節大夫厰五乘	戰國		18.12090
八年五大夫弩機	右邁工尹五大夫青	戰國		18.11931
十三年戈	左乘馬大夫子	戰國	河北易縣	17.11339
二十七年晉戈	晉上容大夫	戰國早期		17.11215
枚里瘋戈	公孴里脽之大夫披之卒	戰國晚期	河北眞定	17.11402
車大夫長畫戈	車大夫長畫	戰國晚期		17.11061
□年邦府戈	邦府大夫	戰國晚期	銘文有咸陽二字	17.11390
公朱左𠂤鼎	左官冶大夫	戰國晚期	陝西臨潼	5.2701

此外，文獻中還載魏國出現了「公乘」一爵，《說苑》：「魏文侯時，有公乘不仁。」僅此一見，我們無法確認其是否爲當時實情。若記載無誤的話，那麼此「公乘」和「五大夫」、「國大夫」、「公大夫」一樣，明顯爲秦二十等爵名之來源。傳世有兩青銅器銘文有「公乘」二字〔註22〕，時間斷代一爲戰國，另一爲戰國晚期，且均不知出土地點，無法判斷其國別。

〔註20〕　《韓非子集解》，第230頁。

〔註21〕　《漢書》卷四十一《樊酈滕灌傅靳周傳第十一》，第2067～2068頁。

〔註22〕　《集成》3.1347公乘鼎，戰國；《集成》15.9496公夾方壺，戰國晚期。

1347-9

公乘鼎銘文

楚國和其他各國不同之處在於，其爵秩體系中很重要的一個稱號爲「執珪」，如《史記‧楚世家》載：「（陳軫）即往見昭陽軍中，曰：『願聞楚國之法，破軍殺將者何以貴之？』昭陽曰：『其官爲上柱國，封上爵執珪』。」〔註23〕此爵在文獻中也作「執圭」，如《戰國策‧東周策‧秦攻宜陽章》：「秦攻宜陽，周君謂趙累……曰：『子爲寡人謀，且奈何？』對曰：『君謂景翠曰：公爵爲執圭，官爲柱國，戰而勝，則無加焉矣；不勝，則死。不如背秦援宜陽。』」〔註24〕從中我們也能看出，「執珪」似爲楚封君以外最高爵，故而也可稱之爲「上執珪」，如《戰國策》在記錄上文《楚世家》所言之事：「陳軫爲齊王使，見昭陽，再拜賀戰勝，起而問：『楚之法，覆軍殺將，其官爵何也？』昭陽曰：『官爲上柱國，爵爲上執珪。』」〔註25〕可見「執珪（圭）」、「上執珪」實際是一個爵稱。

這似爲早些時候之事，後執珪之上當尙有一「通侯」，如《戰國策‧楚策一》：「楚嘗與秦構難，戰於漢中。楚人不勝，通侯、執珪死者七十餘人。」〔註26〕此時，「通侯」列於「執珪」前，其等級應比執珪要高些，另外，從「七十餘人」的數量來看，當時執珪的地位當不會太高，或許因爲楚國發生類似秦國那樣的爵位變革，執珪之上增加新的爵級，其地位自然下降。此「通侯」，《戰國策》鮑注：「徹侯，漢諱武帝作『通』，此亦劉向所易也。」《漢書‧百官公卿表》：「徹侯，金印、紫綬。避武帝諱曰通侯，或曰列侯。」可見，此「通侯」或即秦之「徹侯」。

除通侯外，楚之封君和其他國一樣，均有「君」和「侯」之稱號，如安陵君〔註27〕、鄂君〔註28〕、春申君〔註29〕、州侯、夏侯〔註30〕等。其位當在

〔註23〕　《史記》卷四十《楚世家》，第1722頁。
〔註24〕　《戰國策‧東周策》「秦攻宜陽章」，第5頁。
〔註25〕　《戰國策‧齊策二》「昭陽爲楚伐魏章」，第355頁。
〔註26〕　《戰國策‧楚策一》「張儀爲秦破縱連橫章」，第507頁。
〔註27〕　《戰國策‧楚策一》「江乙說於安陵君章」，第488頁。

其他爵號之上，或爲獎賞有大功之人，或爲國內之宗室分封，或爲滅國之後改封，或爲臨時性招徠賢才之舉。

　　和上面所述齊、魏等國一樣，楚亦有卿和大夫的爵稱。如《華陽國志》載巴國動亂，其將軍蔓子請楚國出兵平亂，後因承諾無法兌換而自刎而死，「（楚王）乃以上卿禮葬其頭，巴國葬其身亦以上卿禮。」〔註31〕可見楚有「上卿」一爵。楚還有大夫之稱，如《戰國策・齊策六》載秦滅三晉和楚之後，齊王建欲入朝於秦，即墨大夫和雍門司馬向齊王進諫中提到：「夫三晉大夫，皆不便秦，而在阿、鄄之間者百數，……鄢、郢大夫，不欲爲秦，而在城南下者百數。」〔註32〕可見，楚和三晉一樣均有「大夫」之爵。此外，還有和趙、魏等國相同的「五大夫」之爵，《戰國策・楚策一》：「楚杜赫說楚王以取趙。王且予之五大夫，而令私行。」〔註33〕

　　以上從典籍中搜檢出來一些戰國時期各國的爵名，由於秦焚書之故，除秦國外，其他國家的史料保留下來的實在有限，我們無法從中得出他國爵制系統化的情況。但從現存的一些史料中能看出，當時各國都有自己的爵制系統。如公元前262年秦攻取韓的野王，韓要獻上黨郡給秦求和；韓上黨郡守馮亭卻私自將該郡獻給趙國。趙派趙勝前往受地，並告訴馮亭說：「敝國君使勝致命，以萬戶都三封太守，千戶都三封縣令，皆世世爲侯，吏民皆益爵三級，吏民能相安，皆賜之六金。」〔註34〕從「益爵三級」中我們可以想見，當時趙國已有一整套系統的爵秩等級。

　　此外，我們還可從秦末漢初的一些史事中來看原有的爵秩系統。漢初，劉邦未入蜀時，多行「楚制」，「漢承秦制」是在劉邦入關之後才逐漸形成

〔註28〕傳世有「鄂君啓節」，另文獻《說苑・善說》有鄂君子晳，楊寬認爲乃一人，見《戰國會要》，第579～580頁。

〔註29〕《史記》卷七十八《春申君列傳》，第2387～2399頁。

〔註30〕《戰國策・楚策四》莊辛謂楚襄王章，「莊辛謂楚襄王曰：『君王左州侯右夏侯。」第555頁。

〔註31〕〔晉〕常璩撰，任乃強補注：《華陽國志校補圖注》卷一《巴志》，上海：上海古籍出版社，1987年，第11頁。

〔註32〕《戰國策・齊策六》，第474頁。

〔註33〕《戰國策・楚策一》，第497頁。

〔註34〕《史記》卷四十三《趙世家》，第1826頁；又見於《戰國策・趙策一》，文字略有區別：「請以三萬戶之都封太守，千戶封縣令，諸吏皆益爵三級，民能相集者，賜家六金。」第619頁。

的，〔註35〕因此，從劉邦麾下一些重要大臣的立功授爵情況可以看出戰國晚期楚系統之爵制。觀之史書記載，其中以樊噲之授爵情況最爲詳細，從斬首、捕虜級數到破城殺將之數目，皆清晰可見，故以之爲代表，另夏侯嬰與曹參之封爵情況雖不詳細，但與樊噲稍異，今一併將之列出，排比如下表：

漢初爵號表〔註36〕

樊　噲		夏侯嬰、曹參		
爵稱	軍　功	軍功（夏侯嬰）	軍功（曹參）	爵稱
國大夫	噲以舍人從攻胡陵、方與，還守豐，擊泗水監豐下，破之。復東定沛，破泗水守薛西。與司馬尼戰碭東，卻敵，斬首十五級，賜爵國大夫。			
列大夫	常從，沛公擊章邯軍濮陽，攻城先登，斬首二十三級，賜爵列大夫。	上降沛一日，高祖爲沛公，賜爵七大夫，以嬰爲太僕，常奉車。	高祖爲沛公也，參以中涓從。擊胡陵、方與，攻秦監公軍，大破之。東下薛，擊泗水守軍薛郭西。復攻胡陵，取之。徙守方與。方與反爲魏，擊之。豐反爲魏，攻之。賜爵七大夫。	七大夫
上聞	從攻城陽，先登。下戶牖，破李由軍，斬首十六級，賜上聞爵。			

〔註35〕 羅新：《從蕭曹爲相看所謂「漢承秦制」》，《北京大學學報》（哲社版）1996年5期，第79～85頁。又西嶋定生（《中國古代帝國的形成與結構》，第108頁）、朱紹侯（《劉邦施行過楚爵制已有實證》，載於其《軍功爵制考論》，北京：商務印書館，2008年，第210～215頁）、李開元（《漢帝國的建立與劉邦集團》，三聯書店2000年，第37～38頁）、董平均（《出土秦律漢律所見封國食邑制度研究》，第128～129頁）等先生均同意劉邦初爲楚制，但認爲其向秦制轉變的時間卻不一致。如李開元先生和羅新先生意見一致，認爲乃劉邦入漢中時即改制；但朱紹侯、董平均等先生卻認爲在漢五年左右。

〔註36〕 表中內容基本錄自《漢書》，〔漢〕班固、〔唐〕顏師古注，北京：中華書局，1962年。樊噲與夏侯嬰見《漢書》卷四十一《樊酈滕灌傅靳周傳第十一》，第2067～2070頁；曹參見《漢書》卷三十九《蕭何曹參傳第九》，第2013～2015頁。

樊 噲		夏侯嬰、曹參		
爵稱	軍 功	軍功（夏侯嬰）	軍功（曹參）	爵稱
五大夫	後攻圍都尉、東郡守尉於成武，卻敵，斬首十四級，捕虜十六人，賜爵五大夫。	從攻胡陵，嬰與蕭何降泗水監平，平以胡陵降，賜嬰爵五大夫。	北擊司馬欣軍碭東，取狐父、祁善置。又攻下邑以西，至虞，擊秦將章邯車騎。攻轅戚及亢父，先登。遷爲五大夫。	五大夫
卿	河間守軍於杠里，破之。擊破趙賁軍開封北，以卻敵先登，斬候一人，首六十八級，捕虜二十六人，賜爵卿。	從擊秦軍碭東，攻濟陽，下戶牖，破李由軍雍丘，以兵車趣攻戰疾，破之，賜爵執帛。	北救東阿，擊章邯軍，陷陳，追至濮陽。攻定陶，取臨濟。南救雍丘，擊李由軍，破之，殺李由，虜秦候一人。章邯破殺項梁也，沛公與項羽引而東。楚懷王以沛公爲碭郡長，將碭郡兵。於是乃封參執帛，號曰建成君。	執帛
賢成君	從攻破揚熊於曲遇。攻宛陵，先登，斬首八級，捕虜四十四人，賜爵封號賢成君。	從擊章邯軍東阿、濮陽下，以兵車趣攻戰疾，破之，賜爵執圭。	從攻東郡尉軍，破之成武南。擊王離軍成陽南，又攻杠里，大破之。追北，西至開封，擊趙賁軍，破之，圍趙賁開封城中。西擊秦將楊熊軍於曲遇，破之，虜秦司馬及御史各一人。遷爲執珪。	執珪
重封（封）	從攻長社、轘轅，絕河津，東攻秦軍尸鄉，南攻秦軍於犨。破南陽守齮於陽城。東攻宛城，先登。西至酈，以卻敵，斬首十四級，捕虜四十人，賜重封。	又擊秦軍雒陽東，以兵車趣攻戰疾，賜爵封，轉爲滕令。		
列侯	攻武關，至霸上，斬都尉一人，首十級，捕虜百四十六人，降卒二千九百人。……後數日，項羽入屠咸陽，立沛公爲漢王。漢王賜噲爵爲列侯，號臨武侯。		從西攻陽武，下轘轅、緱氏，絕河津。擊趙賁軍尸北，破之。從南攻犨，與南陽守齮戰陽城郭東，陷陳，取宛，虜齮，定南陽郡。從西攻武關、嶢關，取之。前攻秦軍藍田南，又夜擊其北軍，大破之，遂至咸陽，破秦。項羽至，以沛公爲漢王。漢王封參爲建成侯。	列侯

　　上表中「重封」並非一獨立爵稱，正如顏師古所言「重封者，加二號耳」〔註37〕，即當時功勞過大，劉邦方爲「沛公」，對樊噲已經封無可封，故加尊號，以待以後，隨後劉邦爲漢王，樊噲即被封侯。夏侯嬰「賜爵封」當亦爲「重封」。由上表我們可以看出，樊噲封爵經歷「國大夫——列大夫——上聞——五大夫——卿——君——列侯」這個一種升遷軌跡，而夏侯嬰和曹參則爲「七大夫——五大夫——執帛（君）——執珪——列侯」，其中重複者有「五大夫、列侯」兩種爵稱，這兩種或爲一個爵秩系統，或有些爵等有兩種稱呼，如「執珪」或爲「卿」之稱。具體如何，不得而知。

附：戰國爵號表

國名	爵　名					
	封　君	卿		大　夫		其他
齊	君、侯	上卿	客卿	上大夫	中大夫	
楚	君、侯、通侯	上卿			五大夫、三閭大夫	執珪（圭）
趙	君、列侯、萬戶侯、侯	上卿	客卿	上大夫	五大夫	
魏	君、侯、關內侯	上卿		上大夫	中大夫	五大夫、公大夫、國大夫	公乘
韓	君		客卿	大夫		
燕	君	上卿 亞卿	客卿	大夫		
衛		上卿				
中山				大夫		

第二節　秦之二十等爵制

　　秦國之爵制，商鞅變法前基本無考，《左傳》雖有「不更」、「庶長」之名，但無法確定其爲官稱或爵稱。孝公時，秦國面臨很大的危難：

〔註37〕《漢書》卷四十一《樊酈滕灌傅靳周傳第十一》，第2069頁注十九。

　　昔我繆公自岐雍之間，修德行武，東平晉亂，以河爲界，西霸
戎翟，廣地千里，天子致伯，諸侯畢賀，爲後世開業，甚光美。會
往者厲、躁、簡公、出子之不寧，國家內憂，未遑外事，三晉攻奪
我先君河西地，諸侯卑秦、醜莫大焉。獻公即位，鎮撫邊境，徙治
櫟陽，且欲東伐，復繆公之故地，修繆公之政令。寡人思念先君之
意，常痛於心。賓客羣臣有能出奇計強秦者，吾且尊官，與之分土
〔註38〕。

從孝公之言中我們可以看出，當時秦國的主要問題有兩個：一是維持國內政
局的穩定，削弱原有宗室的權力，加強君權；二是扭轉秦軍對外作戰不力的
狀況，避免亡國之危險。所以他任命商鞅對秦國進行徹底的變革，這其中新
爵制的制定是其變革的核心部份。因爲一旦新爵制推廣開來，從上層政權來
說，一些外來有能力的人就可以憑此積累軍功進入高層，從而削弱了原有當
權宗室的力量；同時，「宗室非有軍功論，不得爲屬籍」，這就使得宗室任官
人數的增長受到限制。從廣大的社會階層來看，軍功授爵，打破了以往以親
親爲主的選拔人才的方式，無論身份高低，出身貴賤，均站在同一起跑線上，
晉升的唯一途徑就是軍功，這一方面使得人們勇於公戰，另一方面社會的流
動性加強，層級分明，庶民可以進入特權階層，使得他們對於國家的向心力
和凝聚力大大加強。因爵制與社會身份、等級待遇息息相關，「有功者顯榮，
無功者雖富無所芬華」，這樣人人奮勇爭先，社會就呈現出一種積極向上的趨
勢。而其他制度，如新的田制，是伴隨軍功爵制的制定而實行；獎罰法令的
出現是爲了強化這一爵制體制的形成，總之，以新的爵制爲核心，秦由此建
立起一種嶄新而有效的社會秩序，這種秩序能更有效的整合所有社會資源，
秦國之崛起就理所當然的了。

　　正如上面所述，和其他國改革的爵制相比，秦國的變革無疑是最徹底的，
他國同樣強調以功賞爵，強調以賢授爵，但更多的是在原有的社會秩序中加
以補充，原有既得利益的集團很難得到觸動〔註39〕。從文獻中來看，這種補

〔註38〕《史記》卷五《秦本紀》，第 202 頁。
〔註39〕據沈長雲等先生對趙國新爵制的研究發現，趙國的新爵制有不完善的一面，
　　　　一是存在「親戚受封，而國人計功」的弊病，二是在對國人及遊士賜爵時，
　　　　往往又有爵祿不一致的弊病。從這兩方面來看，其與秦軍功爵制的徹底成鮮
　　　　明的對比。見沈長雲等《趙國史稿》，第 369 頁。又《史記·平原君虞卿列傳》
　　　　載公孫龍對平原君的一番話：「且王擧君而相趙者，非以君之智慧爲趙國無有

充非常具有主觀性和隨意性，魏、趙、楚在戰國初期的改革就非常具有君主的個人色彩，一旦庸碌的君主即位，原有的權力階層就重新把持政權，新興階層的勢力不足以影響國家的發展，這些國家的發展勢頭就會受阻，甚至變得衰弱下去。而秦的變革，將新爵制的內容從上到下貫穿到社會的每個角落，並由此出現了一個由軍功而崛起的貴族集團，新階層的出現及其勢力的不斷擴張，以及這種將整個社會階層囊括進去的秩序體制，使得他們足以主動的將之維護下去。這就是秦與他國爵制的最大不同。

以前由於史料的局限，我們對於商鞅變法創立軍功爵的具體內容，如爵名、原則、特權等，都缺乏相應的瞭解。上個世紀，《睡虎地秦墓竹簡》、《秦瓦書》以及大量戰國彝銘等地下資料之出土，提供了新的證據，使得我們對這些問題都有了更深的瞭解。楊寬、朱紹侯〔註 40〕、高敏、董平均等諸位先生均對這一問題有新的見解，非常值得我們參考借鑒，下面我們就吸收諸位先生的研究成果，結合傳世文獻和出土文字資料，著重論述秦新爵名的來源，後從爵制的賜予程序、擁有的特權等一些方面對秦國的新爵制做一簡單概述，以期對秦之爵制有更多的瞭解。

一、二十等爵的爵稱

傳世文獻中對秦爵制的系統性記載大概有如下四種：

《商君書・境內篇》：

> 其有爵者乞無爵者以為庶子，級乞一人。其無役事也，其庶子役其大夫月六日；其役事也，隨而養之軍。爵自一級已下至小夫，命曰校、徒、操，出公爵。自二級已上至不更，命曰卒。其戰也，五人來簿為伍，一人羽而輕其四人，能人得一首則復。五人一屯長，百人一將。其戰，百將、屯長不得，斬首；得三十三首以上，盈論，百將、屯長賜爵一級。……能攻城圍邑，斬首八千已上，則盈論；野戰，斬首二千，則盈論。吏自操及校以上，大將盡賞行間之吏也。

也。割東武城而封君者，非以君為有功也，而以國人無勳，乃以君為親戚故也。」此言平原君之受封是因宗室之緣故，與秦宗室無軍功甚至不得著籍成鮮明對比。

〔註 40〕見朱紹侯《商鞅變法與秦國早期軍功爵制》及《統一後秦帝國的二十級爵制》中對相關的文獻有詳盡的分析，見其《軍功爵制考論》，北京：商務印書館，2008 年，第 27～52 頁。

故爵公士也，就爲上造也。故爵上造，就爲簪裊。〔故爵簪裊〕，就爲不更。故爵〔不更，就〕爲大夫。爵吏而爲縣尉，則賜虜六，加五千六百。爵大夫而爲國治，就爲〔官〕大夫。故爵〔官〕大夫，就爲公大夫。〔故爵公大夫〕，就爲公乘。〔故爵公乘〕，就爲五大夫，則稅邑三百家。故爵五大夫，〔就爲左右庶長。故爵左右庶長，就爲左更。故爵三更也，就爲大良造〕〔註41〕。皆有賜邑三百家，有賜稅三百家。爵五大夫，有稅邑六百家者，受客。大將、御、參皆賜爵三級。故客卿相，論盈，就正卿。〔註42〕

《漢書・百官公卿表序》：

爵：一級曰公士（師古曰：言有爵命，異於士卒，故稱公士也），二上造（師古曰：造，成也，言有成命於上也），三簪裊（師古曰：以組帶馬曰裊，簪裊者，言飾此馬也），四不更（師古曰：言不豫更卒之事也），五大夫（師古曰：列位從大夫），六官大夫，七公大夫（師古曰：加官、公者，示稍尊也），八公乘（師古曰：言其能乘公家之車也），九五大夫（師古曰：大夫之尊也），十左庶長，十一右庶長（師古曰：庶長言爲眾列之長也），十二左更，十三中更，十四右更（師古曰：更言主領更卒，部其役使也），十五少上造，十六大上造（師古曰：言皆主上造之士也），十七駟車庶長（師古曰：言乘駟馬之軍而爲眾長也），十八大庶長（師古曰：又更尊也），十九關內侯（師古曰：言有侯號而居京畿，無國邑），二十徹侯（師古曰：言其爵位上通天子），皆秦制，以賞功勞。徹侯，金印、紫綬。避武帝諱曰通侯，或曰列侯。改所食國令長名相；又有家丞、門大夫、庶子。〔註43〕

〔註41〕原文作「大庶長」實「左右庶長」之合稱。高亨認爲「大」字可能爲「左右」二字合寫而誤，見《商君書注譯》（北京：中華書局，1974 年）第 150 頁注 38；蔣禮鴻指出「左右庶長」合稱爲「大庶長」，二者意同，見《商君書錐指》第 118～119 頁。另，若此處爲「大庶長」的話，在《境內篇》十六級爵中才任第十級，這與其最早期在秦國歷史中的地位十分不襯，故爲「左右庶長」很是恰當。此外，「又三更」原文作「四更」，誤，「三更」即左更、中更、右更也，同見上二書。

〔註42〕《商君書・境內篇》基本摘自高亨：《商君書注譯》，第 146～149 頁。略有改動。

〔註43〕《漢書》卷十九上《百官公卿表序》，第 739～740 頁。

劉劭《爵制》：

> 商君爲政，備其法品爲十八級，合關內侯，列侯凡二十等，其制因古義。古者天子寄軍政於六卿，居則以田，警則以戰，所謂入使治之，出使長之，索信者與眾相得也。故啓伐有扈，乃召六卿，大夫之在軍爲將者也。及周之六卿，亦以居軍，在國也則以比長、閭胥、族帥、黨正、州長、卿大夫爲稱，其在軍也則以卒伍、司馬、將軍爲號，所以異在國之名也。秦依古制，其在軍賜爵爲等級，其帥人皆更卒也，有功賜爵，則在軍吏之例。自一爵以上至不更四等，皆士也。大夫以上至五大夫五等，比大夫也。九等，依九命之義也。自左庶長以上至大庶長，九卿之義也。關內侯者，依古圻內子男之義也。秦都山西，以關內爲王畿，故曰關內侯也。列侯者，依古列國諸侯之義也。然則卿大夫士下之品，皆放古，比朝之制而異其名，亦所以殊軍國也。古者以車戰，兵車一乘，步卒七十二人，分翼左右。車，大夫在左，御者處中，勇士居右，凡七十五人。一爵曰公士者，步卒之有爵爲公士者。二爵曰上造，造，成也。古者成士陞於司徒曰造士，雖依此名，皆步卒也。三爵曰簪裊，御駟馬者。要裊，古之名馬也。駕駟馬者其形似簪，故曰簪裊也。四爵曰不更。不更者，爲車右，不復與凡更卒同也。五爵曰大夫。大夫者，在車左者也。六爵爲官大夫，七爵爲公大夫，八爵爲公乘，九爵爲五大夫，皆軍吏也。吏民爵不得過公乘者，得貰與子若同產。然則公乘者，軍吏之爵最高者也。雖非臨戰，得公卒車，故曰公乘也。十爵爲左庶長，十一爵爲右庶長，十二爵爲左更，十三爵爲中更，十四爵爲右更，十五爵爲少上造，十六爵爲大上造，十七爵爲駟車庶長，十八爵爲大庶長，十九爵爲關內侯，二十爵爲列侯。自左庶長已上至大庶長，皆卿大夫，皆軍將也。所將皆庶人、更卒也，故以庶、更爲名。大庶長即大將軍也，左右庶長即左右偏禆將軍也。（《後漢書·百官志五》《注》引）〔註44〕

《漢官舊儀》下卷：

〔註44〕 〔南朝宋〕范曄撰、〔唐〕李賢等注：《後漢書》志第二十八《百官志五》，北京：中華書局，1965 年，第 3631～3632 頁。

漢承秦爵二十等，以賜天下。爵者，祿位也。公士一爵。賜爵
一級爲公士，謂爲國君列士也。上造二爵。賜爵二級爲上造，上造
乘兵車也。簪褭三爵。賜爵三級爲簪褭。不更四爵。賜爵四級爲不
更，不更主一車四馬。大夫五爵。賜爵五級爲大夫。官大夫六爵。
賜爵六級爲官大夫。官大夫領車馬。公大夫七爵。賜爵七級爲公大
夫，公大夫領行伍兵。公乘八爵。賜爵八級爲公乘，與國君同車。
五大夫九爵。賜爵九級爲五大夫，以上次年德爲官長將率。秦制生
以爲祿位，死以爲號謚。左庶長十爵，右庶長十一爵，左更十二爵，
中更十三爵，右更十四爵，少上造十五爵，大上造十六爵，駟車庶
長爲十七爵，大庶長十八爵，侯十九爵，列侯二十爵。秦制二十爵，
男子賜爵一級以上，有罪以減，年五十六免；無爵爲士伍，年六十
乃免，老有罪，各盡其刑。……令曰，秦時爵大夫以上，令與亢禮。
〔註45〕

我們根據以上引文，將文獻中所引秦爵的基本情況列表如下〔註46〕：

爵級	爵名	《商君書·境內篇》	劉劭《爵制》	《漢舊儀》	《漢書》顏師古注
一	公士	公士	一爵曰公士者，步卒之有爵爲公士者。	公士一爵。賜爵一級爲公士，謂爲國君列士也。	言有爵命，異於士卒，故稱公士也
二	上造	故爵公士也，就爲上造也。	二爵曰上造，造，成也。古者成士陞於司徒曰造士，雖依此名，皆步卒也。	上造二爵。賜爵二級爲上造，上造乘兵車也。	造，成也，言有成命於上也
三	簪褭	故爵上造，就爲簪褭。	三爵曰簪褭，御駟馬者，要褭，古之名馬也。駕駟馬者其形似簪，故曰簪褭也。	簪褭三爵。賜爵三級爲簪褭。	以組帶馬曰褭，簪褭者，言飾此馬也

（第二、三欄中間跨列：自一爵以上至不更四等，皆士也。）

〔註45〕〔漢〕衛宏撰、〔清〕孫星衍集校：《漢官舊儀》下卷，王雲五主編《叢書集成初編》本，北京：商務印書館，1939年，第17～18頁。

〔註46〕和楊寬《戰國史》中的列表類似，略有改動。

爵級	爵名	《商君書・境內篇》	劉劭《爵制》		《漢舊儀》	《漢書》顏師古注
四	不更	〔故爵簪裊〕，就爲不更。		四爵曰不更。不更者，爲車右，不復與凡更卒同也。	不更四爵。賜爵四級爲不更，不更主一車四馬。	言不豫更卒之事也
五	大夫	故爵〔不更，就〕爲大夫。爵吏而爲縣尉，則賜虜六，加五千六百。		五爵曰大夫。大夫者，在車左者也。	大夫五爵。賜爵五級爲大夫。大夫主一車，屬三十六人	列位從大夫
六	官大夫	爵大夫而爲國治，就爲〔官〕大夫。		六爵爲官大夫	官大夫，六爵。賜爵六級爲官大夫。官大夫領車馬。	加官、公者，示稍尊也
七	公大夫	故爵〔官〕大夫，就爲公大夫。	大夫以上至五大夫五等，比大夫也。	七爵爲公大夫	公大夫七爵。賜爵七級爲公大夫，公大夫領行伍兵。	
八	公乘	〔故爵公大夫〕，就爲公乘。		八爵爲公乘。……然則公乘者，軍吏之爵最高者也。雖非臨戰，得乘公卒車，故曰公乘也。	公乘八爵。賜爵八級爲公乘，與國君同車。	言其能乘公家之車也
九	五大夫	〔故爵公乘〕，就爲五大夫，則稅邑三百家。		九爵爲五大夫，皆軍吏也。吏民爵不得過公乘者，得貰與子若同產。	五大夫九爵。賜爵九級爲五大夫。以上次年德爲官長將率。秦制生以爲祿位，死以爲號諡。	大夫之尊也
十	左庶長	故爵五大夫，就爲左右庶長。	九等，依九命之義也。自左庶長以上至大庶長，九卿之義也。	十爵爲左庶長。	左庶長十爵。	庶長言爲眾列之長也

爵級	爵名	《商君書·境內篇》	劉劭《爵制》		《漢舊儀》	《漢書》顏師古注
十一	右庶長			十一爵爲右庶長。	右庶長十一爵。	
十二	左更	故爵左右庶長，就爲左更。		十二爵爲左更。	左更十二爵。	更言主領更卒，部其役使也
十三	中更			十三爵爲中更。	中更十三爵。	
十四	右更	三更？		十四爵爲右更。	右更十四爵。	
十五	少上造		九等，依九命之義也。自左庶長以上至大庶長，九卿之義也。	十五爵爲少上造。	少上造十五爵。	言皆主上造之士也
十六	大上造	故爵三更也，就爲大良造		十六爵爲大上造。	大上造十六爵。	
十七	駟車庶長			十七爵爲駟車庶長。	駟車庶長爲十七爵。	言乘駟馬之軍而爲眾長也
十八	大庶長			十八爵爲大庶長。……自左庶長以上至大庶長，皆卿大夫，皆軍將也，所將皆庶人、更卒也，故以庶、更爲名。大庶長即大將軍也；左右庶長即左右偏裨將軍也。	大庶長十八爵。	又更尊也
十九	關內侯		關內侯者，依古圻內子男之義也。	十九爵爲關內侯。……秦都山西，以關內爲王畿，故曰關內侯也。	侯十九爵。	言有侯號而居京畿，無國邑

爵級	爵名	《商君書·境內篇》	劉劭《爵制》	《漢舊儀》	《漢書》顏師古注
二十	徹侯	列（徹）侯者依古列國諸侯之義也。	二十爵爲列侯。	列侯二十爵。	言其爵位上通天子。
備註	客卿、正卿				

根據所列的這個表格，我們可以看出，文獻所記的二十等爵的名稱和順序，除了《商君書·境內篇》外，其他三個基本一致。不同之處有以下幾點：

1.《商君書·境內篇》中所記爵共十六級〔註47〕，最高是「大良造」，尚無「關內侯」、「徹侯」此二爵，其他均爲二十級。

2.《商君書·境內篇》所記秦爵有明確名稱的有「公士」、「上造」、「簪褭」、「不更」、「大夫」、「官大夫」、「公大夫」、「公乘」、「五大夫」、「左右庶長」、「左更」、「大良造」等十三種。與其他三處相比，少了「中更」、「右更」、「少上造」、「駟車庶長」、「大庶長」、「關內侯」、「徹侯」七級。

3.《漢書·百官公卿表》中的「徹侯」，劉劭《爵制》和《漢官舊儀》均作「列侯」。該文已有解釋：「避武帝諱曰通侯，或曰列侯。」

〔註47〕 儘管有朱紹侯（《商鞅變法與秦國早期軍功爵制》，《零陵學院學報》，2004 年 5 期）等學者以《商君書·境內篇》「爵自一級已下至小夫，命曰校、徒、操，出公爵」的記載，認爲一級以下還有「校、徒、操」三級爵，但從下文「自二級已上至不更，命曰卒」來看，「校、徒、操」與「卒」對應，不應該爲爵稱。故李零（《〈商君書〉中的土地人口政策與爵制》，《李零自選集》，桂林：廣西師範大學出版社，1998 年，第 189 頁）和仝衛敏（《〈商君書〉研究》，北京師範大學 2007 年博士學位論文）兩位先生認爲其乃「由高到低排列的軍中小吏」，這是正確的。故我們認爲《商君書·境內篇》實際提到的爵級仍是十六級。當然，除了傳統二十等爵的說法外，對《境內篇》這段引文的不同意見導致諸多學者對此尚有其他不同看法，如董平均先生認爲乃十四級（董平均《出土秦律漢律所見封君食邑制度研究》，第 55～69 頁），安作璋、熊鐵基兩位先生認爲是十五級（安作璋、熊鐵基《秦漢官制史稿》（下），濟南：齊魯書社，1985 年，第 435 頁），守屋美都雄先生以爲十七級（守屋美都雄《作爲漢代爵制源流看待的商鞅爵制之研究》），高敏等先生認爲是十八級（高敏《商鞅的賜爵制非二十等爵說》，《秦漢史探討》，鄭州：中州古籍出版社，1998 年，原載《中國古代史論叢》第 3 輯，福州：福建人民出版社 1981 年；柳春藩《秦漢封國食邑賜爵制》，瀋陽：遼寧人民出版社 1984 年，第 21 頁注 1）。

4. 劉劭《爵制》與《漢書・百官公卿表》中的「關內侯」，《漢官舊儀》稱作「侯」。當是省略的緣故。又關內侯又被稱爲「倫侯」〔註48〕。

5. 劉劭《爵制》將「二十等爵」與周時爵制對應，分爲諸侯、卿、大夫、士四級。其中諸侯分爲列國諸侯及畿內「子男」小國諸侯兩類。

6.《商君書・境內篇》在「二十等爵」外尚有「客卿」、「正卿」之稱。此二者是否爲爵稱？與二十等爵是何關係？

胡三省認爲：「秦有客卿之官，以待諸侯來者，其位爲卿而以客禮待之也。」〔註49〕即客卿是各諸侯國爲吸引他國人才而特意設置的一種官職，之所以稱爲「客」，是由於尚未被看作是本國的正式官員。「正卿」則對「客卿」而言，「客卿」立功後，則升爲正卿。胡大貴等先生則認爲：「正卿非爵稱也非官名，而是一種官階」。〔註50〕似乎不大妥，秦時官、爵制度井然有序，若以後世官階來稱，僅此二級，史書中也見不到其他等級。此外，朱紹侯等先生則認爲，二者均爲爵稱。〔註51〕我們從後來文獻中的相關記載來看，二者不見於後世系統的「二十等爵制」，同時往往與官、爵等混稱，〔註52〕但在《商君書・境內篇》中卻和之前所提到的爵稱並列，因此我們認爲在當時爲爵稱的可能性最大。

〔註48〕 《史記》卷六《秦始皇本紀》載秦始皇二十八年，在琅琊刻石，中記隨行官員有「列侯武城侯王離、列侯通武侯王賁、倫侯建成侯趙亥、倫侯昌武侯成、倫侯武信侯馮毋擇……」，「倫侯」緊隨「列侯」之後；又《索隱》曰：「爵卑於列侯，無封邑者。倫，類也，亦列侯之類。」其言「無封邑者」與顏師古注「關內侯」「言有侯號而居京畿，無國邑」相合，可見「倫侯」當爲「關內侯」無疑。見《史記》第246～247頁。又魏亦有「關內侯」之稱，可見劉劭「以關內爲王畿，故曰關內侯也」之言不符合秦時情況。朱紹侯先生也有同樣的意見，見其《軍功爵制考論》第51頁。

〔註49〕 《資治通鑑》卷二周紀二顯王三十六年胡注，第68頁。

〔註50〕 胡大貴：《商鞅制爵二十級獻疑》，《史學集刊》1985年1期，第7～10頁；又全衛敏《〈商君書〉研究》第143～144頁。

〔註51〕 朱紹侯：《軍功爵制研究》，上海：上海人民出版社，1980，第39頁；朱紹侯：《商鞅變法與秦國早期軍功爵制》，《零陵學院學報》2004年5期，第68～72頁；高敏：《秦的賜爵制度試探》，第11頁；董平均：《出土秦律漢律所見封君食邑制度研究》，哈爾濱：黑龍江人民出版社，2007年，第65～66頁。

〔註52〕 《秦始皇本紀》九年條《正義》引《說苑》「立焦茅爲傅，又爵之上卿」，可見爲「卿」爲爵稱，但同書二十八年條把「丞相王綰、卿李斯、卿王戊、五大夫趙嬰」並列，官名和爵稱並稱，《史記・蒙恬列傳》「事秦昭王，官至上卿」，此「上卿」又爲官稱，可見頗爲混亂。

　　至於二者是否在商鞅制定的爵等序列中，朱紹侯先生認爲，「客卿爲第十級，正卿爲十一級，十二級爲大庶長。」〔註 53〕董平均先生也將之與其他爵稱並列，認爲客卿在大良造之後，最高級是正卿。〔註 54〕我們從相關文獻中來看，「三十三年，客卿胡陽攻魏卷，……三十八年，中更胡陽攻趙閼與」，〔註 55〕「客卿」在「中更」之下，又「（昭襄王）十六年，左更錯取軹及鄧。」此事在《六國年表》中記爲「（昭襄王）十八。客卿錯擊魏，至軹，取城大小六十一」，當爲「客卿」與「左更」地位相近而誤。由此可知，「客卿」的地位應該與「左更」相近，而處於「中更」之下。然而從上面引文可以看出，「客卿」、「正卿」雖然同是爵稱，但並沒有進入前面正式爵稱行列。因此二者更應該是對招徠他國人才而特別設立的一種爵稱，其地位相當於左更、中更。它並沒有打亂原有的爵制系統，而如同「以粟拜爵」和「賜民爵」對「軍功授爵」的補充一般，二者是固有二十等爵制的補充。

　　從上面的分析中我們可以看出，《商君書・境內篇》所記要遠早於其他三種文獻，它反映的情況基本是商鞅變法時所建立的軍功爵制。這從當今學者對《境內篇》的成文時間的研究也可以得到印證〔註 56〕。由此可見，劉劭《爵制》中說商鞅時已「備其法品」、「凡二十等」並不準確，「二十等爵制」是在秦逐漸統一六國的漫長過程中逐漸形成的，最終在秦統一時完全確立，並隨後爲漢所沿用。〔註 57〕

〔註 53〕　朱紹侯：《軍功爵制研究》，第 25 頁。

〔註 54〕　董平均：《出土秦律漢律所見封君食邑制度研究》，第 65 頁。

〔註 55〕　《史記・秦本紀》，第 213 頁。胡大貴及仝衛敏引此文來證明，「客卿」立功之後邁「正卿」以正式賜爵來表示。但下文引司馬錯之事可以表明，若客卿爲外來士人初參加軍政事務所授之官，那麼以其「（惠文王）九年，司馬錯伐蜀，滅之」，「（昭襄王六年）司馬錯定蜀」這等功勞，定不會在昭襄王十八年仍以「客卿」身份領兵擊魏；另外，《秦本紀》及《秦始皇本紀》中，昭襄王五十年白起獲罪之前，稱呼領兵之人往往前冠以爵稱，如「大良造白起」、「五大夫賁」、「五大夫陵」等，但五十年之後，若在人名前冠以官爵，則明確稱「將軍XX」，如「將軍摎」、「將軍蒙驁」等，因此，「客卿」這個稱呼也不例外。

〔註 56〕　目前多數學者都認爲《境內篇》是商鞅遺著，如陳啓天先生認爲：「商鞅所行法令殘留部份」（《商鞅評傳》，臺北：商務印書館，1980 年，第 132 頁）；郭沫若先生認爲：「係當時法令」（《前期法家的批判》，載於《十批判書》，北京：科學出版社，1956 年，第 321 頁）；鄭良樹先生稱其爲「變法條令的草案」（《商鞅及其學派》，臺北：學生書局，1987 年，第 33 頁）；此外持此觀點的還有張林祥（《〈商君書〉研究》，西北師範大學 2006 年博士學位論文，第 48 頁）和仝衛敏（《〈商君書〉研究》，第 50～55 頁）。

〔註 57〕　早期一些學者直接引《漢書・百官公卿表序》來說明商鞅制爵制爲「二十等」，

二、由「庶長」的演變看新爵稱的來源

我們從《商君書・境內篇》中也可以看到後世「二十等爵制」的大概面貌。除了和後世相同的部份，從《境內篇》行文來看，已提到「三更」，且更高級尚有「大良造」這一爵稱，當時當已有「中更」、「右更」兩種爵稱。至於其他幾種爵稱，「關內侯」和「徹侯」的等級地位最高，自秦孝公時開始也能見到一些端倪。如早在孝公二十二年商鞅被封為「商君」〔註58〕，惠文王時公子通被封為「蜀侯」〔註59〕，昭襄王時魏冉被封為「穰侯」〔註60〕等等，這些雖不常見，在史書記載中也沒見到當時已經出現「關內侯」和「徹侯」這樣規律化的爵稱，但至少我們可以認為乃這兩種爵稱的前身。當然，這幾種孝公時尚不具備如此高的爵稱也與秦國自身的發展緊密相連的，依商君法令，一定的爵級對應一定的軍功，也只有在後期秦動輒舉行滅國大戰時，軍功過高的人增多時，才有可能將這幾種高等級的爵稱固定下來。至於「少上造」則明顯是「大良造」（大上造）所分出的爵稱，而「駟車庶長」和「大庶長」明顯和「左右庶長」一樣由「庶長」這一官稱所演化而來的。

商鞅變法時的爵制又起源於何處呢？從文獻中我們可以看到，這些爵稱的來源，大概分兩個方面：一是如上文所述，吸收了山東諸國的一些爵稱，尤其是近鄰的魏國，關內侯、五大夫、公大夫、國大夫（官大夫）、公乘等，約占商鞅變法時建立爵稱的三分之一。另一方面則是源自國內的官名。馬非

例如李亞農《李亞農史論集》，上海：上海人民出版社，1962年，第1043～1047頁；林劍鳴：《秦史稿》，上海：上海人民出版社，1981年，第184頁；漆俠：《二十等爵制與封建制度》，載於《求實集》，天津：天津人民出版社，1982年，第40頁。但後來的學者已經基本達成共識，即從商鞅時制定的爵制到後世「二十等爵制」最終形成，有一個逐漸發展的過程，可參高敏《從雲夢秦簡看秦的賜爵制度》，載於《雲夢秦簡初探》，鄭州：河南人民出版社，1979年，第174頁；《秦的賜爵制度試探》，載於《秦漢史論集》，鄭州：中州書畫社，1982年，第9～11頁；胡大貴《商鞅制爵二十級獻疑》，載於《史學集刊》1985年1期，第7～10頁；西嶋定生《中國古代帝國的形成與結構——二十等爵制研究》，第106～107頁；董平均《出土秦律漢律所見封君食邑制度研究》，第45頁。

〔註58〕《史記》卷五《秦本紀》，第204頁；《史記》卷六十八《商君列傳》，第2233頁。

〔註59〕〔東晉〕常璩撰，任乃強補注：《華陽國志校補圖注》卷三《蜀志》，第128頁；《史記》卷五《秦本紀》，第210頁。

〔註60〕《史記》卷五《秦本紀》，第210頁；《史記》卷七十二《穰侯列傳》，第2325頁。

百先生認為：「至庶長一爵，最初亦似為官名。……在孝公以前，庶長每有擅權廢立之事。至孝公、武王時，王權漸盛，庶長失去權威，始由官名分化為左、右、駟車及大庶長等四種爵位耳。」〔註61〕此言及庶長的演變雖有可商榷之處，但稱其由官名分化為爵名則甚是恰當。二十等爵中，與「庶長」有關的就有四位，其在秦國國內的地位和發揮的作用也是其他無法比擬的，因此其中以「庶長」一稱的變化最為典型，其相關的材料也相對「不更」等豐富的多。故下面我們就以「庶長」為例討論一下秦爵制的來源。

　　自上文引劉劭等意見我們即可看出，他們儘管在解釋每一爵稱時有歧義，但無一例外均以為其來自軍職，是軍中等級之名。如孝公前史書所載的不更、庶長等稱呼均與軍事活動有關，如《左傳》成公十三年「秦師敗績，或秦成差及不更女父」，襄公十一年「秦庶長鮑、庶長武，帥師伐晉以救鄭」，《史記》卷一五《六國年表》屬共公二十六年，有「左庶長城南鄭」的記載。

　　劉劭《爵制》將二十等爵與周爵比附，指出一至四級爵比「士」，五至九級比「大夫」，十至十八級比「卿」，關內侯、列侯比古之「圻內子男」和「列國諸侯」，大概包含士、大夫、卿、諸侯四個等級。李學勤先生指出：「秦的爵制雖然複雜，從名稱看來，容易發現其由爵制蛻變而來的痕跡。如『士』、『大夫』、『侯』等字樣，仍按貴賤次第在二十級中循序出現。……這四段正好和周制的士、大夫、卿、諸侯相對應。所以，秦爵是在周爵的基礎上發展而來的，它的特點是同軍制結合得更緊密。」〔註62〕閻步克先生認為「軍功爵與周爵在士、大夫、卿等字面上的相似，也許只是借用而已；更重要的在於：二十等爵所確定的仍是個人身份、地位，它依然是一種『品位分等』之制，這與周爵的性質一脈相承。」〔註63〕實際上我們從現有的秦史資料來看，秦確實有和周爵類似的等級制度，如文獻中出現的上大夫等爵稱〔註64〕。又從現有的文獻來看，其二十等爵中大量的爵名當是採用山東諸國而來，而從根源上來說，這些國家的爵稱基本是沿用自周爵，正如閻步克先生所言，其性質仍為等級劃分，但其中的意義發生了變化，被用來獎勵軍功，授予庶人，這就脫離了原有以德授爵的原則。

〔註61〕馬非百：《秦集史》，第 876 頁。

〔註62〕李學勤：《東周與秦代文明》（增訂本），文物出版社，1991 年，第 209 頁。

〔註63〕閻步克：《品位與職位：秦漢魏晉南北朝官階制度研究》，中華書局，2002 年，第 88 頁。

〔註64〕如秦穆公時封蹇叔為「上大夫」，見《史記·秦本紀》，第 186 頁。

（一）秦「庶長」的研究綜述及在文獻中的基本情況

　　先秦時期的官爵稱呼中，「庶長」僅爲秦所特有，文獻中最早見於《左傳》，〔註65〕後多出現在《史記》所載的秦事中。從中我們可以看到，秦國君位繼承中的動亂基本都與「庶長」有關，在孝公前尤甚，可見其在秦政治制度中地位之重要。然而「庶長」之稱爲「官名」抑或「爵名」？若爲官名，其地位如何？職掌如何？任職的身份如何？若爲爵名，其何時出現？等級如何？這些問題，早在《史記》中就語焉不詳，三國劉劭《爵制》講的也不大清楚〔註66〕，直至今日諸多學者仍眾說紛紜，莫衷一是。大體上這些觀點可分三類，一類是繼承劉劭意見認爲乃爵稱；〔註67〕一類則認爲初期爲官稱，後方轉變爲爵稱，〔註68〕在這一類中，也有認爲其初期官爵不分〔註69〕，另外關於其官稱的職掌、轉變的時間等也有不同意見。〔註70〕最後一類也是對這一問題討論最爲詳細的是胡大貴先生的《庶長考》〔註71〕一文，他認爲「庶長」此

〔註65〕《左傳・襄公十一年》：「十一年（秦景公十五年），秦庶長鮑、庶長武帥師伐晉以救鄭」。見《春秋左傳正義》，第1951頁。

〔註66〕見上引劉劭《爵制》：「自左庶長已上至大庶長，皆卿大夫，皆軍將也。所將皆庶人，更卒也。故以庶更爲名。大庶長，即大將軍也，左右庶長，即左右偏裨將軍也。」由其稱呼知，所論顯然乃商鞅爵制改革後的爵制內容，並未涉及之前庶長的職掌及演化。

〔註67〕持此類觀點的有《左傳・襄公十一年》杜預注；孫楷著、徐復訂補：《秦會要訂補》，北京：中華書局，1959年，第229頁；陳直：《秦漢爵名考》，《居延漢簡研究》，天津：天津古籍出版社，1986年，第61～68頁；張金光：《秦制研究》，上海：上海古籍出版社，2004年，第744頁。

〔註68〕林劍鳴：《秦史稿》，上海：上海人民出版社，1981年，第84頁；〔日〕佐竹靖彥：《出子出公考》，《佐竹靖彥史學論集》，北京：中華書局，第137頁；樊志民：《戰國秦漢農官制度研究》，《史學月刊》，2003年第5期，第13～20頁；馬非百：《秦集史》，第876頁。

〔註69〕林劍鳴：「實際上春秋時期秦國的官、爵不分」，見其《秦史稿》第84頁；〔日〕西嶋定生：「秦爵並非必與官名相脫離」，見其《中國古代帝國的形成與結構——二十等爵制》，第72頁。

〔註70〕在官稱職掌上，林劍鳴先生認爲「庶長是秦國建立不久就出現的一個官職，原爲武官。」同上；樊志民則認爲其初期爲農官；而日人佐竹靖彥則認爲乃「庶族之長」。在轉變的時間上，馬非百先生認爲至孝公、武王時開始轉變「至庶長一爵，最初亦似爲官名。……孝公以前，庶長每有擅權廢立之事。至孝公、武王時，王權漸盛，庶長失去權威，始由官名分化爲左、右、駟車及大庶長等四等爵位耳。」見《秦集史・封爵表》，第876頁；而林劍鳴先生認爲至昭襄王時秦置秦相後「庶長僅成爲爵位名稱」，見《秦史稿》，第217頁。

〔註71〕胡大貴：《庶長考》，《四川師範大學學報》，1990年第4期，第59～64頁。本文中所引胡先生觀點均出自此文。

稱從秦初設置到秦昭王初年廢罷期間始終爲官名。此論頗爲精當，但尚有可商榷補充的地方，因此下文擬從文獻和出土銘文入手，對胡先生文章做進一步的補充闡發，並就某些問題提一些個人意見。

有關庶長的材料可分爲兩種，一種爲傳世的文獻資料，另一種爲出土的文字銘文資料。其具體內容詳見下表：

秦庶長表〔註72〕

階段	在位國君	庶長姓名	相關事蹟	出 處
孝公前	憲公、出子、武公	弗忌、威壘、三父	寧公（憲公）卒，大庶長〔註73〕弗忌、威壘、三父廢太子而立出子爲君。 出子六年，庶長弗忌、威壘、三父等復共令人賊殺出子，立故太子武公。 武公三年，誅三父等而夷三族，以其殺出子也。	《史記·秦本紀》《史記·秦始皇本紀》
	景公	鮑、武	魯襄公十一年（秦景公十五年），庶長鮑、庶長武帥師伐晉以救鄭。……武濟自輔氏，與鮑交伐晉師，秦、晉戰於櫟，晉師敗績。	《左傳·襄公十一年》《史記·十二諸侯年表》
		無地	魯襄公十二年（秦景公十六年），楚子囊、秦庶長無地伐宋。	《左傳·襄公十二年》
	厲共公	？〔註74〕	十年，庶長將兵拔魏城。	《史記·六國年表》

〔註72〕 馬非百《秦集史·封爵表》（第 889 頁）「庶長」一欄中還援引《奇觚室吉金文選》中一銘文「四年，邗令辂、庶長工師郢，……」，證明還有一位名爲「郢」的庶長，但觀《殷周金文集成》11335，此拓片圖，「庶」字下應至少還有一「上」字；另見張亞初《殷周金文集成引得》（北京：中華書局，2001 年，第170 頁）中的釋文。可證此「庶長郢」並不存在。

〔註73〕 馬非百在《秦集史·封爵表》中將弗忌列入「大庶長」封爵內，筆者認爲：其一，目前所見秦時文獻材料中「大庶長」的稱呼僅此一現，當時還沒有完善的軍功爵制，不能簡單將弗忌列入「大庶長」這一封爵內，以漢制來解秦制；其二，《秦始皇本紀》後引《秦記》當爲司馬公所見到的第一手資料，可靠性應在其正文之上，其文記錄這段歷史爲：「庶長弗忌、威壘、三父三人，率賊賊出子鄙衍」，「三庶長伏其罪」（《史記》卷六《秦始皇本紀》，第 285 頁）。可見，三人均爲庶長，當時庶長和大庶長在官位上應是相同的，稱「大」可能表示尊稱，其地位應高於另二人。

〔註74〕 此庶長姓名無考。

階段	在位國君	庶長姓名	相關事蹟	出　處
孝公前	懷公	鼌	四年，庶長鼌與大臣圍殺懷公。	《史記‧秦本紀》《史記‧六國年表》
	出子	改（菌改）	二年，庶長改迎靈公之子獻公於河西而立之。殺出子及其母，沉之淵旁。	《史記‧秦本紀》《史記‧六國年表》《呂氏春秋‧當賞》
	獻公	國	趙成侯十三年（秦獻公二十三年），秦獻公使庶長國伐魏少梁，虜其太子、痤。	《史記‧趙世家》
孝公	孝公	鞅	十九年大良造庶長鞅之造殳。犛鄭。十□年大良造庶長鞅之造殳。雍驕□。	《十九年大良造鞅殳鐏考》〔註75〕
孝公後	惠文王	游（樛斿）	四年，周天子使卿夫（大夫）辰來致文武之酢（胙）。冬十壹月辛酉，大良造庶長游出命曰：取杜才（在）酆邱到於滴水，以爲右庶長歜宗邑。乃爲瓦書，卑（俾）司御不更頡封之。曰：「子＝孫＝，以爲宗邑。」顗以四年冬十壹月癸酉封之。自桑障之封以東，北到桑匽（堰）之封，一里廿輯。	《秦陶券與秦陵文物》〔註76〕
		操	惠文君七年，義渠內亂，庶長操將兵定之。惠文王四年，相邦張義、庶長□操之造□界戟。	《史記‧六國年表》《西漢南越王墓》〔註77〕
		樗里疾	惠文王七年，韓、趙、魏、燕、齊帥匈奴共攻秦。秦使庶長疾與戰修魚，虜其將申差，敗趙公子渴、韓太子奐，斬首八萬二千。八年，爵疾右更。	《史記‧秦本紀》《史記‧樗里子甘茂列傳》

〔註75〕 王輝：《十九年大良造鞅殳鐏考》，《考古與文物》，1996 年第 5 期，第 22～27 頁。

〔註76〕 陳直：《秦陶券與秦陵文物》，《西北大學學報》（哲社版），1957 年第 1 期，第 68～70 頁。

〔註77〕 廣州市文物管理委員會、中國社會科學院考古研究所、廣東省博物館：《西漢南越王墓》，北京：文物出版社，1991 年，圖版二二.1。李學勤先生對此器有詳細的釋讀，見其《秦孝公、惠文王時期銘文研究》，《中國社會科學院研究生院學報》，1992 年第 5 期，第 21～23 頁。

階段	在位國君	庶長姓名	相關事蹟	出　處
孝公後	惠文王	樗里疾	十二年，庶長疾攻趙，虜趙將莊。十三年，楚圍雍氏，秦使庶長疾助韓而東攻齊，到滿助魏攻燕。	
		魏章	惠文王十三年，庶長章擊楚於丹陽，虜其將屈匄，斬首八萬；又攻楚漢中，取地六百里，置漢中郡。	《史記・秦本紀》《史記・六國年表》
	武王	封	三年秋，使甘茂、庶長封伐宜陽。	《史記・秦本紀》
	昭王	壯	三年，庶長壯與大臣、諸公子為逆，皆誅。〔註78〕	《史記・秦本紀》
		奐	六年，庶長奐伐楚，斬首二萬。	《史記・秦本紀》

依據上面材料我們可以從以下幾個方面來看待這個問題。

（二）「庶長」為官稱抑或爵稱？

在文獻中，除了單純的「庶長」一稱外，還有「大庶長」、「左庶長」、「右庶長」等稱呼。「大庶長」在文獻中僅憲公時一現〔註79〕，「左庶長」於孝公前後均有出現〔註80〕，而「右庶長」僅見於惠文王時一瓦書。此三稱為爵稱或官稱？早期其身份不明，商鞅改制後顯然為爵稱，之前卻因材料緣故無法確定，或為爵稱、或為官稱、或二者兼備。

至於「庶長」一稱，胡先生在《庶長考》中曾引文獻及金文證「庶長」

〔註78〕 中華書局版《史記》（第210頁）此處斷句為「庶長壯與大臣、諸侯、公子為逆，皆誅」；〔日〕瀧川資言《史記會注考證》（上海古籍出版社，1986年，第135頁）：「古鈔本無侯字，《通鑑》亦無；《穰侯傳》『集解』引《本紀》無諸侯二字」。「諸公子」與「公子」意相似，故斷句如上。

〔註79〕 見上表格。

〔註80〕 「左庶長」一稱最早見於《史記・六國年表》「厲共公二十六年」（「左庶長城南鄭」），後孝公時商鞅以左庶長之身份主持變法（《史記・秦本紀》：「乃拜鞅為左庶長」；《史記・商君列傳》：「以衛鞅為左庶長，卒定變法之令」），最後則見於昭襄王時白起和王齕立功得授左庶長（《史記・白起王翦列傳》：「昭王十三年，而白起為左庶長，將而擊韓之新城」，「四十七年，秦使左庶長王齕攻韓，取上黨」）。

在孝公前後均爲官稱，此說甚是。文獻和金文材料中仍有可進一步證明這點的內容，補充如下：

第一，從文獻上來看，若爲爵稱，那麼《史記》的記載就有矛盾之處。主要體現在以下兩條：

一是從《秦本紀》知，樗里疾在惠文王七年到十三年之間一直帶有「庶長」之名，而其列傳卻載「（惠王）八年，爵疾右更」〔註81〕，此是一大矛盾。馬非百先生的《秦集史》在十二年條下刪去庶長二字，其理由「八年已爲右更，不得十二年又降爲庶長。必有誤，故刪之。」〔註82〕若依此，那十三年同樣需刪去，以己意來改文獻，不妥。另外，樗里疾在這七年間數有軍功，卻一直爲「庶長」，同樣「操」在惠文君七年到稱王後四年近十年時間也一直帶「庶長」之稱，若此「庶長」爲爵稱，則與軍功授爵的原則不符，故唯有釋其爲官稱才可說的通。

二是《秦本紀》載「（昭襄王二年）庶長壯與大臣、諸公子爲逆，皆誅，……」；該年《六國年表》載「桑君爲亂，誅」〔註83〕；《穰侯列傳》則記爲「誅季君之亂」〔註84〕，隨後「索隱」稱「季君即公子壯」。從中可以得出，雖不知公子壯爲「季君」或「桑君」，但其自然與白起「武安君」、樗里疾「嚴君」類似，乃封君一級的高級爵稱，若「庶長」亦爲爵稱，那麼這也是很大的矛盾。

第二，從傳世秦文字「大良造庶長」這一稱呼的辨析來看，其亦爲官稱無疑。「大良造庶長」這一稱呼分別見於三件器物，涉及「鞅」、「游」二人，具體可參見上表。這兩個稱呼該如何解釋？對帶「游」銘文的解釋大概有五種意見：一是大良造爲官名，庶長爲爵名〔註85〕；二是大良造爲爵名，庶長爲官名〔註86〕；三是大良造和庶長均爲爵名，雙爵連稱，以示地位尊貴〔註

〔註81〕《史記》卷七十一《樗里子甘茂列傳》，第 2307 頁。

〔註82〕馬非百：《秦集史》，第 163 頁。

〔註83〕《史記》卷十五《六國年表》，第 735 頁。

〔註84〕《史記》卷七十二《穰侯列傳》，第 2323 頁。

〔註85〕袁仲一：《讀秦惠文王四年瓦書》，《秦文化論叢》（第一輯），西安：西北大學出版社，1993 年，第 275～286 頁。

〔註86〕韓養民：《秦置相邦丞相淵源考》，《人文雜誌》，1982 年第 2 期，第 30～34 頁；郭子直：《戰國秦封宗邑瓦書銘文新釋》，《古文字研究》（十四），北京：中華書局，1986 年，第 177～196 頁。

〔註87〕王輝：《十九年大良造鞅殳鐓考》，第 22 頁。

87〕；四是二者分別爲二人爵稱，其一瓦書失其名〔註88〕；五是「大良造庶長」乃「大良造」的全稱，「大良造」即「大良造庶長」之省〔註89〕。此瓦書乃官方正式行文，銘文清晰，中失其名可能性不大；又之前兩件商鞅器物銘文也爲二者連稱，故張金光先生的說法不可取。雙爵連稱太過牽強，除此三器，無論文獻還是出土文字從未見一人同時任雙爵者，再說，此和商鞅所定以軍功獎勵授爵的原則不相符合，故同爲爵稱亦不可取。另外，「省稱」固然可備一說，但亦僅見於此三器，若此說成立，那麼文獻中爲何有如此多單列的「庶長」之稱，而不見一處全稱呢？亦爲不妥。

文獻中大良造之稱最早見於商鞅，《秦本紀》載「十年，衛鞅爲大良造」，傳世也有「大良造鞅戟」〔註90〕，胡先生在《庶長考》中曾引後世學者之言證其爲爵名。而同時期〔註91〕的《商君書・境內篇》載「故爵五大夫，〔就爲大庶長；故爵大庶長，就爲左更；故四更也，就爲大良造〕。」〔註92〕史載商鞅六年爲左庶長，十年爲大良造，其也與進爵次序相當。可見「大良造」當時應爲最高級爵名。另外傳世「四年相邦樛斿戈」銘文：「四年相邦樛斿之造，櫟陽工上造間。吾。」〔註93〕若依諸多學者意見此樛斿即上文提到「大良造庶長斿」的話，〔註94〕樛斿以最高級爵先任庶長後隨之任相邦，也是情理之中的事情。如此，「大良造」顯然爲爵名，那麼只有釋「庶長」爲官名，「大良造庶長」此稱就可以解釋得通了。

〔註88〕 張金光：《秦制研究》，第 743～748 頁。

〔註89〕 杜正勝：《編戶齊民——傳統政治社會結構之形成》，臺北：聯經出版事業公司，1990 年，第 330～331 頁；楊寬：《商鞅變法》，上海：上海人民出版社，1955 年，第 37 頁。

〔註90〕 《殷周金文集成》11279，其銘爲：「十三年，大良造鞅之造戟」。

〔註91〕 關於《境內篇》的成文，絕大多數學者都認爲此篇是商鞅遺著。如陳啓天「商鞅所行法令殘留部份」（《商鞅評傳》，臺北：商務印書館，1980 年，第 132 頁）；郭沫若「係當時法令」（《前期法家的批判》，載於《十批判書》，北京：科學出版社，1956 年，第 321 頁）；鄭良樹「變法條令的草案」（《商鞅及其學派》，北京：中華書局，1989 年，第 33 頁）。此外還有張林祥（《〈商君書〉研究》，西北師範大學 2006 年博士學位論文，第 48～51 頁），仝衛敏（《〈商君書〉研究》，北京師範大學 2007 年博士學位論文，第 50～55 頁）等人。

〔註92〕 高亨：《商君書注譯》，第 149 頁。

〔註93〕 《殷周金文集成》，11361。

〔註94〕 見韓養民：《秦置相邦丞相淵源考》，第 31 頁；郭子直：《戰國秦封宗邑瓦書銘文新釋》，第 191 頁注 5；袁仲一：《讀秦惠文王四年瓦書》，第 277 頁；王輝：《十九年大良造鞅殳鐏考》，第 27 頁注 2。

　　由以上通過對胡先生文章的補充我們可以明確，「庶長」在孝公變法前後至昭襄王初年爲一官名，因爲只有這樣，上面提到的種種問題就可迎刃而解。下面我們就可據此來考察一下庶長的身份及其職能的演變。

（三）庶長的身份及地位

　　關於庶長的職掌及地位，胡先生說的很好：「文武兼攝，總領朝政」，但其稱庶長源自周代「庶尹、庶正」之官則不夠確切。「庶尹、庶正」在文獻中並非固定的官職稱呼。「庶」字之意，經典多訓爲眾、侈、膠，其本義應爲眾多。「尹」、「正」則多互訓，爲古代官吏的泛稱。〔註95〕至於胡先生所引《尚書・皋陶謨》：「夔曰：『於！予擊石拊石，百獸率舞，庶尹允諧。』」〔註96〕《尚書・酒誥》：「越在內服，百僚、庶尹、惟亞、惟服、宗工……」〔註97〕《漢書・韋賢傳》：「庶尹群后，靡扶靡衛，五服崩離，宗周以墜。」〔註98〕此「庶尹」與「百僚」、「百獸」、「群后」並列，明顯爲「群官」或「眾首長」之意。「庶尹允諧」，《史記・夏本紀》記爲「百官信諧」〔註99〕即爲明證。至於《詩經・大雅・雲漢》：「鞫哉庶正，疚哉冢宰。」〔註100〕此「庶正」與「冢宰」對應，故鄭箋：「眾官之長也。」但觀周官制，並無此固定官稱，所以其乃一統稱。胡先生將「庶長」比做「庶尹、庶正」，且認爲其乃仿周制而設，明顯是欠考慮的。

　　綜觀以上18名庶長，從文獻僅能看出四人的身份：商鞅、樗里疾、魏章、壯，其中商鞅乃衛人〔註101〕，魏章乃魏人〔註102〕；樗里疾即爲惠王的異母弟〔註103〕，庶長壯爲昭王異母弟〔註104〕，後二人明顯爲秦宗室之人，且爲庶出。其他人雖不知其身份，但我們可以從兩方面來考慮：一是若非宗室之人，何以在秦早期擁有改立國君的權力？縱觀孝公以前秦國歷史，除了秦穆公外，

〔註95〕　張亞初、劉雨：《西周金文官制研究》，第55～57頁。

〔註96〕　〔清〕孫星衍：《尚書今古文注疏》，第132頁。

〔註97〕　〔清〕孫星衍：《尚書今古文注疏》，第380頁。

〔註98〕　《漢書》卷七十三《韋賢傳》，第3101頁。

〔註99〕　《史記》卷二《夏本紀》，第81頁。

〔註100〕　《毛詩正義》，《十三經注疏》本，第562頁。

〔註101〕　《史記》卷六十八《商君列傳》，第2227頁。

〔註102〕　《史記》卷四十四《魏世家》「索隱」，第1852頁。

〔註103〕　《史記》卷七十一《樗里子甘茂列傳》，第2307頁。

〔註104〕　方詩銘、王修齡：《古本竹書紀年輯證・魏紀》，上海：上海古籍出版社，2005年，第162頁；馬非百：《秦集史・人物傳二之三》，第119頁。

並無其他任用外人執政的記載。而西周乃至春秋前期仍是血緣宗法社會，能掌握實權的絕大多是與國君有血緣關係之人〔註105〕，秦國應也不例外。孝公變革爵制後，即使偶而有商鞅、魏章這樣的外人為庶長，但此職也多由像樗里疾、公子壯這樣的宗室來擔任；二是這些人均不見其姓，故佐竹靖彥認為他們乃秦宗室庶出，且為「庶族之長」〔註106〕。如上所述，「庶」之本義應為眾多，先秦古籍中沒有訓「庶」為支庶之義的，所謂旁出、卑賤、渺小之義皆庶字後來的引申用法。所謂嫡庶之庶，初時亦僅基於庶子相對嫡子數量為眾這一點說的。〔註107〕因此從其本義上講，顏師古釋庶長為「眾列之長」〔註108〕也是有一定道理的。由此可知庶長一職應主要由秦宗室之人擔任，至於是否為「庶族之長」，現有的材料還不能得出肯定的回答。

而與「庶長」類似的列國官職有春秋時期晉國的「公族大夫」和楚國的「莫敖」。此三官名雖不同，但其職能頗為類似。晉「公族大夫」為「卿」一級大官，初為掌公族及卿大夫子弟之官，後衍生出教育子弟、統率子弟兵的雙重職能，地位非常重要。此職在晉獻公之前為同姓的公族子弟擔任，但由於獻公、驪姬驅逐群公子，此官職因無群公子出任而廢。晉成公時雖然將之恢復，但同時開了任用非公族的異姓卿族子弟擔任「公族大夫」的先例。〔註109〕除此之外，「公族大夫」此職亦可同時由多人共同擔任，這些都與秦之「庶長」一職很是類似。而楚國的「莫敖」一職也同樣由楚之公族「屈氏」的成員擔任，亦具有教育子弟和掌軍的職能，但和庶長、公族大夫不同的是，其從未有異姓充任，從這方面也可以看出三國上層統治結構之不同。〔註110〕

〔註105〕 何懷宏：《世襲社會及其解體：中國歷史上的春秋時代》，北京：三聯書店，1996年，第101～118頁。

〔註106〕 〔日〕佐竹靖彥：《出子出公考》，第137頁。

〔註107〕 沈長雲：《釋〈大盂鼎〉銘「人鬲自馭至於庶人」》，《上古史探研》，北京：中華書局，2002年，第219～231頁。

〔註108〕 《漢書》卷十九《百官公卿表上》，第740頁。

〔註109〕 晉成公時的「公族大夫」趙括為異姓，見《左傳·宣公二年》，《十三經注疏》本，第1868頁；晉悼公時「荀家、荀會、欒黶、韓無忌為公族大夫」，其中荀氏為異姓，見《左傳·成公十八年》，第909頁；另晉平公時「祁奚、韓襄、欒盈、士鞅為公族大夫」，其中士鞅為異姓，見《左傳·襄公十六年》，第1963頁。

〔註110〕 關於公族大夫和莫敖的論述，最為詳細的是王準的《春秋時期晉楚家族比較研究》一文（華中師範大學2008年博士學位論文，第38～45頁）。另亦可參見楊伯峻《春秋左傳注》「宣公二年注」（北京：中華書局，2005年，第664

（四）「庶長」在秦國歷史的演變

胡先生在《庶長考》中曾將庶長地位及職掌的變化過程分三個階段，提出了其權力由掌握軍政大權到文武分職被削弱，最後純粹成爲軍事首領這樣的論斷，並稱其變化反映了秦官制的變革，我們非常贊同。但他並沒有注意到庶長宗室身份在其中的演變，我們結合以上論述，將庶長身份及權力的演變大概分爲四個階段。

第一階段，孝公之前，爲庶長掌握秦國大權時期。庶長一職或來源於秦「庶係王族之長」這一稱呼，或與晉「公族大夫」類似，以公族身份身居高位，故在領兵出征之外，能掌握國內政治大權。據目前已知史料，孝公之前，在 8 位國君的歷史記載中，出現了 10 個庶長（見上表），這其中有 5 人主導了 5 位國君的廢立，其地位可想而知。而庶長職掌國家大權，也反映了當時軍政不分的狀況。至於有學者稱其爲「庶人」的統治者，並帶領他們務農、耕戰的觀點〔註111〕，應是採納了劉劭「所將皆庶人，更卒也，故以庶更爲名」的說法。我們從上表可以看出，這種觀點並無更多文獻上的證據。而胡先生以秦此時君位繼承之混亂來證明秦的落後，由此來稱此時爲「奴隸主貴族聯合專政」，也不是很恰當的。與其說是秦落後，還不如說是社會發展到這一時期，血緣因素在周王朝所有諸侯國統治階層中的凸顯，而隨之從血緣到地緣關係的轉變正是當時社會發展的趨勢所在。

第二階段屬於過渡階段，孝公對秦國政治進行變革，外人開始擔任庶長一職，庶長對國內政局的影響有所削弱。孝公時，君權趨於穩定，鑒於「會往者厲、躁、簡公、出子之不寧，國家內憂，未遑外事」〔註112〕的教訓，始將「庶長」之權交予變法成功、威望卓著之商鞅，由此開了將「庶長」之權授予外人的先河。雖然這一途徑與晉將「公族大夫」等官授予趙氏一族的理由不同，但結果一致：均由此打破了之前宗室把持政權的局面，避免了因宗室勢力過大而威脅君權的事情發生。而這一階段相關記載出現在商鞅身上的「大良造庶長」一稱，便成了這一階段秦最高執政者的稱呼。

頁），楊寬《西周史》（上海：上海人民出版社，2003 年，第 355 頁），姜亮夫《屈子職任與朝中幾個職官的辨析》（《中國古代史論叢》，1981 年第三輯，福州：福建人民出版社，1982 年，第 150～160 頁）等。

〔註111〕林劍鳴《秦史稿》，第 84 頁；樊志民：《戰國秦漢農官制度研究》，第 13～20 頁。

〔註112〕《史記》卷五《秦本紀》，第 202 頁。

　　第三階段，惠文王四年至昭襄王八年，「相邦」的出現及文武分職的初始，使「庶長」自身的權力得到削弱，並逐漸淪爲單一的軍事首領。惠文王四年，秦始出現「相邦」一職，直至秦王政十年後即將統一全國時才改稱爲「丞相」。〔註113〕在先秦兩漢文獻中，「相邦」此稱由於漢時避高祖劉邦諱而作「相國」，〔註114〕統常簡稱爲「相」，全稱則僅出現於出土的文字材料。對秦國來說，文獻中最早見於惠文君十年「張儀相秦」，〔註115〕而出土材料最早的則數上文提到的「四年相邦樛斿戈」。之前商鞅職掌秦國大權，其權勢相當於「相邦」無疑，然文獻和出土材料均不見如此稱呼，應是當時尚無相邦此職，與此相當的則是「大良造庶長」一稱。那麼上面材料看似矛盾（惠文君四年樛斿即有「大良造庶長」頭銜，又有「相邦」官職），但從另一方面，也恰好說明了至惠文君四年，秦才仿他國開始置相，並將「大良造庶長」改稱爲「相邦」。而這個和他國「接軌」的舉措，估計也是爲招徠他國人才方便而設。這樣做有兩方面好處：一是由於相邦的設置，庶長從此失去了對朝政的掌控，逐漸淪爲一純粹的軍事長官；二是秦國官制由此開始進入文武分職的歷史時期，庶長權力得到限制，相權亦未能獨大〔註116〕，君權隨之得到了加強。由此可見，「庶長」權力的變革明顯是秦官制變革中重要的一環。此後，史書所載的這些「庶長」中，除樗里疾身兼相位而位高權重、掌控朝政外，其他即使有「庶長壯」之類的叛亂，也掀不起任何波浪，與孝公前廢立國君之輝煌有雲泥之別。

　　第四階段，昭王時，秦國官制逐漸走向完善，開始和六國相類，有了統一天下的氣象。在《史記・秦本紀》中，昭襄王六年「庶長奐伐楚」後就沒有了

〔註113〕李學勤：《戰國時代的秦國銅器》，《文物參考資料》，1957 年第 8 期，第 38～53 頁；韓養民：《秦置相邦丞相淵源考》，第 33 頁。

〔註114〕王國維：《匈奴相邦印跋》，《觀堂集林》卷十八，北京：中華書局，1959 年，第 914 頁。

〔註115〕《史記》卷五《秦本紀》，第 206 頁。

〔註116〕秦始皇之前秦爲相者共 13 人（樛斿、張儀、樂池、樗里疾、甘茂、向壽、樓緩、魏冉、田文、壽燭、范睢、蔡澤、呂不韋）。這些人中，樛斿身份不明，樗里疾爲秦庶係王族，魏冉和向壽兩人雖爲宣太后族人，但和其他 9 人一樣均爲他國之人。而這 11 人中，除了魏冉、呂不韋因後宮干政而獲大權外，其他 9 人雖偶而有領兵的時候，但多是在決策和外交上發揮作用，這些人並無掌實權的機會，拜相易，罷相亦易。如《史記・秦本紀》載「（武王）三年秋，使甘茂、庶長封伐宜陽。」甘茂彼時爲相，庶長封能和他並列，一同出征，可見其權力的有限。

「庶長」的記載，而隨之昭襄王八年「使將軍芊戎攻楚」〔註117〕。可見，庶長這一秦所特有的官職，從此由職權相同的「將」所代替，隨之退出了歷史舞臺。

「庶長」權力的演變，不僅可以反映出秦宗室力量的變化，也能從中看到秦官制的完善及君權的加強。從史實上看，憲公之後，庶長三父等人廢太子而立幼君；懷公到獻公時，亦是庶長鼌、改等人操縱國君廢立，這說明了當時庶長權力及秦宗室勢力的強大。孝公時，開始任用外人衛鞅擔任庶長一職進行變法，從而打破了宗室把持朝政的局面。此後在秦歷史中，雖也有昭襄王時庶長壯之亂、始皇帝時成蟜之亂這兩例宗室的動亂，但都沒成任何氣候〔註118〕。秦宗室的力量經過商鞅變法後，雖然也和以前一樣能掌握「庶長」之類的軍事大權，卻仍需依授爵的原則來靠軍功謀職，樗里疾就是一個很好的例子。因此商鞅變法在此處的意義不是直接剝奪了秦宗族的權利，而在於確定了一個統一的選拔官吏的標尺：秦宗族可以憑血緣獲得一個較高的起點，但其地位進一步的提升卻和他人一般需要一定的功勞。而從此大量非宗室人物或憑計謀言辭（如張儀、甘茂、范睢等人），或憑軍功（如王翦、楊端和、蒙驁、蒙武等人）逐漸進入秦政權高層，稀釋了血緣在統治階層中的地位和作用〔註119〕，從而保障了秦國君主集權的確立。

三、賜爵的程序

傳世文獻中並沒有詳細記載秦爵之賜爵程序，但我們可以從《商君書》和《睡虎地秦墓竹簡》的記載中，推測出大概的模樣。

《商君書・境內篇》：

> 以戰故，暴首三，乃校三日，將軍以不疑致士大夫勞爵。〔失勞爵，其縣三日有不致士大夫勞爵，能〕其縣四尉，訾由丞尉。〔註120〕

〔註117〕　《史記》卷五《秦本紀》，第210頁。
〔註118〕　庶長壯之亂時宣太后及其弟魏冉掌權，而成蟜之亂時呂不韋掌權，其境遇也說明了當時宗室實力的薄弱。
〔註119〕　在這個變革的過程中，血緣的因素並非消失，而應是正如本文所說，是「稀釋」，是受到更多的制約。對於秦的統治高層來說，血緣仍然是一個重要的紐帶，宗室一直是可信任的一股力量，是其統治的支柱，因此在秦後期的掌權者中，仍能不時見到秦宗室的身影。而這一點一直在後世兩千多年的傳統社會中，也沒有多大的改變。
〔註120〕　原「夫勞爵，其縣三日有不致士大夫勞爵，能」在上文，據《商君書注譯》改。見第151頁。

《商君書·境內篇》：

> 五人一屯長。百人一將。其戰，百將、屯長不得斬首；得三十
> 三首以上，盈論，百將、屯長賜爵一級。〔註121〕

> 能攻城圍邑，斬首八千已上，則盈論；野戰，斬首兩千，則盈
> 論。〔註122〕

《睡虎地秦墓竹簡·軍爵律》：

> 從軍當以勞論及賜，未拜而死，有罪法耐遷其後；及法耐遷者，
> 皆不得受其爵及賜。其已拜，賜未受而死及法耐遷者，予賜。〔註123〕

從上面我們可以看出，秦以「首級」為判定軍功的基本標準，依軍功賜爵大概有「勞」、「論」、「賜」這三種程序。這在高敏〔註124〕、朱紹侯〔註125〕等先生的論著中均有詳細的論述，下面我們綜合前人的研究，對秦爵賜爵的程序做簡單的概述：

（一）勞

「勞」，即勞績〔註126〕，《漢書·司馬遷傳》載司馬遷在給任安書中有文「……不能累日積勞，取尊官厚祿，以為宗族交遊光寵……」〔註127〕，「積勞」即是官吏積攢「勞績」、「功勞」、「資歷」之義。從上引文來看，在賜爵程序中，「勞爵」，以功勞而獲得爵位，「勞」，即原有的戰功，具體來說就是「首級」，這是沒任何疑問的。

但同樣出於睡虎地秦墓的《秦律雜抄·中勞律》云：「敢深益其勞歲數者，貲一甲，棄勞。」《注》：「中勞，常見於漢簡，如《居延漢簡甲編》114 有『中勞二歲』，2359 有『中勞三歲六月五日』。中勞律，應為關於從軍勞績的法律。」〔註128〕《廄苑律》：「以四月、七月、十月、正月膚田牛。卒歲，以正月大課

〔註121〕 高亨：《商君書注譯》，第 147 頁。
〔註122〕 高亨：《商君書注譯》，第 149 頁。
〔註123〕 睡虎地秦墓竹簡整理小組：《睡虎地秦墓竹簡》，北京：文物出版社，1978 年，第 92 頁。
〔註124〕 朱紹侯：《頒賜軍功爵賞的程序及管理機構》，載於《軍功爵制考論》，北京：商務印書館，2008 年，第 53～64 頁。
〔註125〕 高敏：《秦的賜爵制度試探》，《秦漢史論集》，鄭州：中州書畫社，第 1～32 頁。
〔註126〕 《睡虎地秦墓竹簡》，第 92 頁注 2。
〔註127〕 《漢書》卷六十二，第 2727 頁。
〔註128〕 《睡虎地秦墓竹簡》，第 135 頁。

之，最，賜田嗇夫壺酉（酒）束脯，爲旱〈皂〉者除一更，賜牛長日三旬；殿者，誶田嗇夫，罰冗皂者二月。其以牛田，牛減絜，治（笞）主者寸十。有（又）里課之，最者，賜田典日旬；殿，治（笞）卅。」此處有「賜牛長日三旬」及「賜田典日旬」之言，《注》：「古時勞績常以日計算，有功時即『賜勞』若干日，有過則罰若干日，如《居延漢簡甲編》1542：『功令第卅五：士吏、候長、烽燧長常以令秋試射，以六爲程，過六，賜勞矢十五日。』此處賜日三旬和簡文下面的罰二月等，都指勞績而言。」〔註129〕可見，「勞」還能以「日」和「歲」來計算。

那麼「勞」的內容除了「首級」之外，還須以「日」來計算，即以從軍時間的長短來計算。這也是符合常理的，畢竟在戰場上，一名經受過長期訓練和戰火洗禮的老卒所起到的作用是新兵所無法比擬的。所以上引《中勞律》中就有對更改「勞歲數」的嚴厲處罰。

（二）論

接著要依據這些「勞」來進行評定，或賞或罰，即「論」。「論」即評定、判定之意，如《睡虎地秦墓竹簡·金布律》：「縣、都官坐效、計以負賞（償）者，已論，嗇夫即以其直（值）錢分負其官長及冗吏，而人與參辨券，以儌少內，少內以收責之。其入贏者，亦官與辨券，入之。其責（債）毋敢隃（逾）歲，隃（逾）歲而弗入及不如令者，皆以律論之。」〔註130〕此處之「論」即判定之意。

但在賜爵的程序中，「論」即評定所立的軍功，以功授爵。如上引文《軍爵律》，對「論」注爲：「論功授爵。」〔註131〕早在商鞅變法時即提到「論」，如《史記·商君列傳》：「宗室非有軍功論，不得爲屬籍。」〔註132〕此處之「論」當亦作「以功授爵」講。

在秦簡的記錄中我們可以發現，秦國在對「爵」封賜的「論」中十分謹慎，這可以理解，畢竟「爵」是秦軍隊乃至社會的等級基礎，「爵級變成軍隊組織的靈魂，社會階級的結構，和人生追求的目標。爵不僅是秦人的第二生命，甚至比生命還寶貴。它是個人社會地位的權衡，田宅產業的憑依，職官

〔註129〕　《睡虎地秦墓竹簡》，第30～31頁。
〔註130〕　《睡虎地秦墓竹簡》，第61～62頁。
〔註131〕　《睡虎地秦墓竹簡》，第92頁注2。
〔註132〕　《史記》卷六十八《商君列傳》，第2230頁。

權力之所出，名譽榮辱之所繫，若欲出人頭地，則非具備高爵不可。」〔註133〕
既然其如此重要，那麼，對「賜爵」過程的嚴苛細緻就是必然的了。

從文獻我們可以看到，一般最爲正常和普遍的「論」的儀式首要是對軍
功爵根本──「首級」的認定上：

《商君書・境內篇》：「以戰故，暴首三，乃校三日，將軍以不疑致士大
夫勞爵。〔失勞爵，其縣三日有不致士大夫勞爵，能〕其縣四尉，訾由丞尉。
〔註134〕

高亨先生注爲：「暴首，把戰士所得敵人首級的數目公佈出來；或是陳列
耳級。校，檢閱，檢查。以此爲論功行賞的依據。」〔註135〕公佈出殺敵的首
級數，並公示三天，等任何人沒有疑問方才能算作真實的「勞」。在軍中檢查
完首級的情況和數目後，其結果要提供給士卒籍貫所在縣，由該縣根據國家
相關規定授予相應的爵位。公示後「論」必須迅速，不得超過三日，否則就
要免去縣中四個尉官的職位，改由縣丞縣尉來親自判定。〔註136〕可見其過程
之嚴密。

秦簡中即記錄了兩則「爭奪首級」有關的案例，其中一件甲、丙二人爭
首之事最爲典型：

《睡虎地秦墓竹簡・封診式》：「□□□□□某爰書：某里士五（伍）甲、
公士鄭才（在）某里曰丙共詣斬首一，各告曰：『甲、丙戰刑（邢）丘城，此
甲、丙得首殹（也），甲、丙相與爭，來詣之。』診首□鬚髮，其右角痏一所，
袤五寸，深到骨，類劍跡；其頭所不齊胅胅然。以書譔首曰：『有失伍及菌（遲）
不來者，遣來識戲次。」〔註137〕兩人爭一個首級，在沒有特別人證的情況下，
軍中負責驗首之人對首級的毛髮、傷痕以及頸部的刀口都一一進行詳細的檢
驗，最後還要用文書來徵求掉隊和遲到部隊的成員來駐地辨認。可見其對「論」
這一過程的重視以及認真的工作程度。

〔註133〕杜正勝：《編戶齊民》，第358頁。
〔註134〕原「夫勞爵，其縣三日有不致士大夫勞爵，能」在上文，據《商君書注譯》
　　　　改。見第151頁。
〔註135〕高亨：《商君書注譯》，第151頁注44。
〔註136〕與之類似，後世二十等爵制的身份形成最終也要在地方的縣甚至「里」中進
　　　　行。見西嶋定生：《中國古代帝國的形成與結構──二十等爵制研究》，第349
　　　　～367頁。
〔註137〕《睡虎地秦墓竹簡》，第257～258頁。

商鞅變法中，「賞」與「罰」是互爲表裏的，有「賞」必有「罰」，這樣才能使民眾「樂於公戰」。「論」除了基本的對「首級」的判定之外，尚有對避戰和造假者的處罰。如：

《睡虎地秦墓竹簡・秦律雜抄・敦（屯）表律》：「軍新論攻城，城陷，尚有棲未到戰所，告曰戰圍以折亡，叚（假）者，耐；敦（屯）長、什伍智（知）弗告，貲一甲；稟伍二甲。伍二甲。」〔註138〕

即在軍中就最近攻城的功績進行「論」時，若發現有城陷時遲到沒有進入戰場的，或虛報說在圍城作戰時死亡的士兵，一經發現，處以耐刑；屯長、同什的人知情不報，罰一甲；同伍的人加倍，罰二甲。

此外，若該士兵戰死，其所擁有的「勞績」照常可以「論」其後人。如：

《睡虎地秦墓竹簡・秦律雜抄》：「戰死事不出，論其後。有（又）後察不死，奪後爵，除伍人；不死者歸，以爲隸臣。」《注》：「論其後，將因軍功應得的爵授予其子。」〔註139〕

另外，上文對「勞」的論述我們可以得知，「勞」至少有「首級」和「資歷」兩種標準，那麼與之相聯繫的「論」除了以上對軍功「首級」有關的內容外，還應有和「資歷」等內容相關的一系列記載。只是限於資料，我們不得而知。不過，單從對軍功的「論」的寥寥幾則材料中，我們就能感受到秦在這方面的嚴謹和認真。在賜爵程序中，「論」畢「勞」後，就該相應的獎賞「賜」了。

（三）賜

所謂「賜」，自然是賜予爵位及相關的其他物質和政治方面的賞賜。賜的含義及其內容，相關的文獻多爲論者所引，下面簡單整理如下：

「賜」的過程，僅能從上引《軍爵律》中見到一二。

《軍爵律》：「從軍當以勞論及賜，未拜而死，有罪法耐遷其後；及法耐遷者，皆不得受其爵及賜。其已拜，賜未受而死及法耐遷者，予賜。」

這段話說明了兩個問題：一，從獲得軍功到被拜爵是有一定的時間的，而在已經「勞」、「論」完畢，但尚未「賜」的這段時間內，一旦犯罪「法耐遷」，就剝奪應有的賜爵和賞賜。同理，若此人戰死，當「論其後」，在這個過程中「其後」犯罪，也當剝奪其應有的爵位和上次。二，「拜爵」與「賜物」

〔註138〕《睡虎地秦墓竹簡》，第145頁。

〔註139〕《睡虎地秦墓竹簡》，第146頁。

並不都是同時下來的，往往「拜爵」在前；但二者是統一的，只要「拜爵」，其「賞賜」就應該隨之而來。上面的情況中，若犯罪前已經「拜爵」，還沒得到「賞賜」時，儘管有罪在身，但依法仍當給予「賞賜」。

除了賜爵外，這些賞賜的內容，文獻和秦簡中的記載都比較簡略，但基本如《史記‧商君列傳》載：

> 有軍功者，各以率受上爵；為私鬥者，各以輕重被刑大小。僇力本業，耕織致粟帛多者復其身。事末利及怠而貧者，舉以為收孥。宗室非有軍功論，不得為屬籍。明尊卑爵秩等級，各以差次名田宅，臣妾衣服以家次。有功者顯榮，無功者雖富無所芬華。〔註140〕

無外乎田宅、奴隸、財物等，依各人軍功多少而獲賜爵位，爵等不同，隨之而來的田畝、宅地面積、所能擁有的奴隸都有一定的等差。如《商君書‧境內篇》載：

> 能得甲首一者，賞爵一級，益田一頃，益宅九畝，一除庶子一人，乃得入兵官之吏。〔註141〕

即對斬「甲首」對應的「爵」、「田」、「宅」、「庶子」及「官」均有明確的規定。這些「賞賜」，正是將「軍功爵」在秦國的地位提到了無以復加的地位，「勞大者其祿厚，功多者其爵尊」〔註142〕，人人「勇於公戰」，隨著時間的推移，建立了一個龐大的軍功利益集團，由此奠定了秦國軍力和國力強盛的基礎。

四、擁有的特權

由上文可知，秦通過「勞、論、賜」，將爵位與秦人各種政治地位和社會生活緊密相連起來。不同的爵級對應不同的政治地位和生活待遇，有爵者可以任官為吏，可以獲得相應的田宅，可以「乞庶子」、擁有一定數量的奴僕，可以用爵來抵自身和近親所犯的罪行，甚至在出差飲食上也有相應的等級規定，死後亦可以根據等級往墓上「封樹」等等，這樣就在秦國構成了一個龐大的特權階層。下面將這些特權分而述之：

〔註140〕《史記》卷六十八《商君列傳》，第2230頁。
〔註141〕高亨：《商君書注譯》，第152頁。
〔註142〕《史記》卷七十九《范雎蔡澤列傳》，第2404頁。

（一）獲得任官的資格

《商君書‧境內篇》載：「能得甲首一者，⋯⋯乃得入兵官之吏。」
〔註 143〕

對此記載的更爲明白的是《韓非子‧定法》：

> 商君之法曰：「斬一首者爵一級，欲爲官者，爲五十石之官。斬
> 二首者爵二級，欲爲官者，爲百石之官。官爵之遷與斬首之功相稱
> 也」。〔註 144〕

即一定的軍功對應一定的爵級，而一定的爵級也可擔任一定的官吏職位。

當時的基本情況文獻中並沒有更詳細的描述，但從「爵吏而爲縣尉」、「爵
大夫而爲國治」〔註 145〕來看，當時已經具備了「官爵合一」的特徵，〔註 146〕
有爵者至少具備了做官和吏的資格。這是我們可以想像得到的，一方面，做
官或吏儘管有固定的薪俸，也有以「勞績」來升遷的途徑，但當時社會的各
種待遇均依「爵」而來，做官並不能如同軍士一般有快速獲爵的途徑。且「官」、
「吏」均需要一定的專業知識，對年輕的士卒來說，並沒有太大的吸引力。
這個規定，只是表示了對「爵」的重視；另一方面，大量擁有爵位的士卒
退役後，如果擁有一定的專業知識，即可以依據此規定去爲官或作吏。同時，
在秦晚期對外的擴張中，其攻城掠地太過迅速，自身文官系統培養的人才肯
定遠跟不上其擴張的速度，而大量擁有爵位的軍官可迅速進入到官制體系
中，來維持原有社會秩序的穩定和國家機器的運轉。

（二）獲得田宅及爲其服務的庶子

《商君書‧境內篇》規定：

> 能得甲首一者，賞爵一級，益田一頃，益宅九畝。一除庶子一
> 人〔註 147〕。

即隨著爵位的提高，其所擁有的田地和建房的宅地也隨之增多。

〔註 143〕高亨：《商君書注譯》，第 152 頁。
〔註 144〕陳奇猷：《韓非子集解》，第 907 頁。
〔註 145〕高亨：《商君書注譯》，第 149 頁。
〔註 146〕高敏：《秦的賜爵制度試探》，第 16 頁；朱紹侯：《商鞅變法與秦國早期軍功
　　　　爵制》，第 72 頁；西嶋定生：《中國古代帝國的形成與結構——二十等爵制研
　　　　究》，第 72 頁。
〔註 147〕高亨：《商君書注譯》，第 152 頁。

　　至於「庶子」，《境內篇》同樣有言「其有爵者乞無爵者以爲庶子，級乞一人。其無役事也，其庶子役其大夫月六日；其役事也，隨而養之軍。」〔註148〕從這段話來看，「庶子」並非僕人，而是「無爵者」之平民，因此也不是由國家所賜予的，從「級乞一人」可知，有爵位者是自己尋找那些無爵者自願任其「庶子」，有點類似魏晉時期的「蔭客」，但地位要高於「蔭客」。「庶子」每月爲其「大夫」服役六日，若另外有事超出服役日子的，主人須供給相應的食糧和報酬。「一除庶子一人」也是同樣的道理，一級爵位可以請求一個「庶子」，爵位的等級不同，其可擁有「庶子」的數量也隨之不同。對有爵者來說，「乞庶子」可以租種他由戰功獲得的田地，同時戰時可以隨軍成爲處理軍中雜事的輔助兵種，這樣有爵的軍士就可以將全部的精力放入到國家的戰爭中來；而對那些「庶子」來說，其一方面可以得到更多的田地可以耕種，另一方面託庇到有爵者戶下，其權益也相應會有一定的保障。

（三）可以爲自身或近親抵罪、免刑

　　秦有爵者的特權不僅體現在外在體面的生活中，在法律範圍內，也擁有相應的特權。如上引《漢官舊儀》稱：

　　　　秦制二十爵，男子賜爵一級以上，有罪以減，年五十六免；無爵爲士伍，年六十乃免，老有罪，各盡其刑。

這說明有爵與無爵者在刑法和徭役中有著不同的待遇，有爵者不僅可以減罪，且其免於徭役的歲數也要比無爵者小。這在秦簡中也有類似的記載，如《睡虎地秦墓竹簡・法律答問》：

　　　　將上不仁邑里者而縱之，何論？當係作如其所縱，以須其得；有爵，作官府。〔註149〕

這段話意思是對押送在鄉里作惡的人而將之放走的論處，無爵者，則須判處他放走罪犯的「拘禁勞作」罪行，直到捕獲罪犯爲止；而如果有爵的人，則僅需在官府服役即可。又因罪服同等勞役的人，在服刑中也是分有爵與否的。如《睡虎地秦墓竹簡・司空律》：

〔註148〕高亨：《商君書注譯》，第146頁。
〔註149〕《睡虎地秦墓竹簡》，第178頁。

　　　公士以下居贖刑罪、死罪者，居於城旦舂，毋赤其衣，勿枸櫝

欙杕。鬼薪白粲，群下吏毋耐者，人奴妾居贖貲責（債）於城旦，

皆赤其衣，枸櫝欙杕，將司之；其或亡之，有罪。〔註150〕

由此可見，公士在服「城旦、舂」勞役時，不用穿紅色囚服，不施加木械、

黑索和脛鉗這些刑具，但無爵的人卻必須穿囚服，戴刑具。

　　又對有爵者來說，爵的等級不同，其在法律中的特權也是有等差的。如

《商君書・境內篇》：

　　　其獄法：高爵訾下爵級。高爵能，無給有爵人隸僕。爵自二級

以上，有刑罪則貶。爵自一級以下，有刑罪則已。〔註151〕

從中我們可以可以看出，首先，高爵對低爵有審判權；其次，擔任高爵的人

如果犯罪被罷免，是不會給其他有爵人作奴僕的，這當是保障有爵者的尊嚴，

維護「爵」之神聖性；最後，爵可以拿來抵罪，擁有二級以上爵位的，如果

犯了刑罪，就以其相應的爵級抵罪，而一級以下的，即爵無更多等級可抵的，

就直接剝奪他的爵位。這種爵級不同，在犯罪時待遇不同，秦簡中也同樣有

記載。如《睡虎地秦墓竹簡・秦律雜抄・遊士律》：

　　　有為故秦人出，削籍，上造以上為鬼薪，公士以下刑為城旦。

〔註152〕

「鬼薪」、「城旦」都是刑徒之名，「鬼薪」，「取薪給宗廟」，服刑三年〔註153〕；

「城旦」，築城，服刑四年〔註154〕。「鬼薪」明顯比「城旦」輕鬆的多，且服

刑時間更短。可見，針對同樣的犯罪，在判定時，爵高的明顯要輕，爵低的

要重，其特權可見一斑。

　　如上所述，有爵者在犯罪時，可以依據爵位的高低享有減免刑罰、抵罪

等特權。除此之外，在司法上，有爵者還可用「爵」來替近親贖罪。如《睡

虎地秦墓竹簡・秦律十八種・軍爵律》載：

〔註150〕　《睡虎地秦墓竹簡》，第84～85頁。

〔註151〕　高亨：《商君書注譯》，第152頁。

〔註152〕　《睡虎地秦墓竹簡》，第130頁。

〔註153〕　《史記》卷六《秦始皇本紀》，第229頁注十七，《集解》：「應劭曰『取薪給

宗廟為鬼薪也。』如淳曰：『《律說》鬼薪作三歲。』」

〔註154〕　《史記》卷六《秦始皇本紀》，第255頁注七，《集解》：「如淳曰：《律說》『論

決為髡鉗，輸邊築長城，晝日伺寇虜，夜暮築長城』。城旦，四歲刑。」

> 欲歸爵二級以免親父母爲隸臣妾者一人，及隸臣斬首爲公士，
>
> 謁歸公士而免故妻隸妾一人者，許之，免以爲庶人。〔註155〕

從簡文來看，有爵者「爵」之特權可延伸至其親父母和妻子身上，同時又分兩種情況：一是普通有爵之人，可以用兩級爵來贖回自己爲「隸臣妾」的父母其中一人；另一種爲自身並不是普通的戰士，而是身份低下的「隸臣」，他立軍功當授「公士」之爵的，可以「公士」此爵來贖回爲「隸妾」的妻子。這在文獻中也有所體現，如《墨子·號令》：「其不欲爲吏而欲以受賜賞爵祿，若贖出親戚，所知罪人者，以令許之。」〔註156〕正是簡文中記載的基本寫照。

（四）傳食待遇

有爵者的特權不僅體現在以上的幾個方面，甚至在日常生活中也隨處可見其特權及等級差別來。如《睡虎地秦墓竹簡·秦律十八種·傳食律》中就記載了在官吏出差時，有爵與無爵、爵高與爵低等之間飲食待遇的差別：

> 御史卒人使者，食粺米半斗，醬駟（四）分升一，采（菜）羹，給之韭蔥。其有爵者，自官士大夫以上，爵食之。使者之從者，食糲（糲）米半斗；僕，少半斗。〔註157〕
>
> 不更以下到謀人，粺米一斗，醬半升，采（菜）羹，芻稾各半石。宦奄如不更。〔註158〕
>
> 上造以下到官佐、史母（無）爵者，及卜、史、司御、寺、府，糲（糲）米一斗，有采（菜）羹，鹽廿二分升二。〔註159〕

我們根據其中的規定，列表如下：

〔註155〕《睡虎地秦墓竹簡》，第93頁。
〔註156〕《墨子閒詁》卷十五，第610頁。
〔註157〕《睡虎地秦墓竹簡》，第101頁。
〔註158〕《睡虎地秦墓竹簡》，第102頁。
〔註159〕《睡虎地秦墓竹簡》，第103頁。

爵	官	傳　食		
官士大夫以上		爵食之		
不更以下到謀人（簪褭）〔註160〕	宦奄	粺米一斗	醬半升	采（荣）羹	芻稾各半石
	御史卒人使者	粺米半斗	醬駟（四）分升一	采（荣）羹	給之韭蔥
上造以下	官佐、史毋（無）爵者，卜、史、司御、寺、府	糲（糲）米一斗	鹽廿二分升二	有采（荣）羹	
	使者之從者	糲（糲）米半斗			
	僕	糲（糲）米少半斗			

　　從簡文中我們可以看到，官士大夫以上爵級以及更高等級的官員的飲食標準沒有詳細的記載，僅有「爵食之」三字，即按其爵級規定供應飯食，當有更詳盡和精美的飲食。大夫以下爵級的分爲兩個檔次，爵級高低的待遇差別還是相當明顯的。

（五）死後的特權

　　有爵者不僅生前享有以上所述的種種特別待遇，其死後也享受著相關的特權：低爵者可以「墓樹」，即根據爵位的等級，在墓上可植樹的數目不同。《商君書·境內篇》載：

　　　　小夫死，以上至大夫，其官級一等，其墓樹級一樹。〔註161〕

「小夫」，前文有言「自一級已下至小夫」，位在一級爵之下。自「小夫」開始，到「大夫」爵，其死去後，爵級每高一級，即可多植一棵樹。其他人可根據每人墓上樹木的多少，輕易判斷此人生前的爵級。這就使得有爵者在死後仍能繼續享受到「爵」所帶給他們及後人的榮耀，從而可以達到激勵人們奮戰，立功獲爵的欲望。至於「大夫」爵以上的情形，目前尚未見到相關的記載，但想來有更高更奢華的等級標準。

〔註160〕《睡虎地秦墓竹簡》，第102頁注「謀人，據簡文當爲秦爵第三級簪褭的別稱。」
〔註161〕高亨：《商君書注譯》，第153頁。

小　結

　　作爲周代貴族間等級秩序的內外爵系統，在春秋時期開始發生變異。周王室名存實亡，規範諸侯之間秩序的「五等爵制」不復存在，但其中一些爵稱，如「侯」被吸收進各國新爵制之中。原有的「卿大夫士」內爵體系也有一定的改變，但大的框架並未有太大的觸動。戰國時期社會各方面發生遽變，從而帶動了原有以血緣關係爲主的爵制體系轉向了新的「以功授爵」的爵制體系。在這個過程中，秦國以外諸國基本以原有爵制系統爲基礎進行修改和補充，在一定程度上均適應了戰國時期各國劇烈爭鬥的需要，但和秦國相比，其爵制變革的系統性和公平公開性要相差很多。

　　秦國孝公變法時，商鞅根據秦國原有的官職體系，結合關東諸國的爵制體系，建立起系統的軍功爵制，其授予對象主要是軍士，授爵的條件基本是「斬首之功」〔註162〕。商鞅變法時，其級別初爲十餘種，後逐漸演進爲完備的「二十等爵」，並一直爲漢時所沿用。秦賜爵有一套完整的程序，大概包括「勞、論、賜」三項。對於有爵者來說，其在秦社會生活中擁有種種特權，依據其爵位等級的不同，其在獲得任官資格、田宅、「乞庶子」中有不同的權益，同時司法甚至在出差飲食上也有相應的等級特權，死後亦可以根據等級往墓上「封樹」等等。正是因爲秦國新爵制的系統性和完善性，才使得秦國力和軍事實力穩步增長，最終統一了六國。戰國時期新爵制的出現，既適應了新社會形勢的發展，又從社會等級結構來看，其推動了社會從血緣貴族等級社會向平民流動性等級社會的轉變。

〔註162〕除了以「首級」來授爵這一基本原則外，秦尚有在特殊情況下授予一些群體以爵位，如解決糧食問題的「納粟拜爵」，《商君書·靳令篇》云「民有餘糧，使民以粟出官爵，官爵必以其力，則農不息。」見高亨《商君書注譯》，第103頁。此外尚有授予「民爵」的情況，如《史記·白起王翦列傳》（第2334頁）載昭襄王四十七年，即長平之戰時：「秦王聞趙食道絕，王自之河內，賜民爵各一級。發年十五以上，悉詣長平，遮絕趙救及糧食。」這是在非常時期，國家以「爵」來調動人民響應國家號召積極性的舉措。我們同時也可以看到，這些情況在秦史中畢竟是少數，秦建立爵制的基礎仍是軍功，故往往稱之爲「軍功爵制」。

第六章　爵制與周代貴族等級秩序
——以春秋時代爲例

　　通過我們對周代爵制的論述，我們可以看出，爵制從產生就開始具備了「等級性」的屬性，爵與爵之間的等級昭顯著個人在社會中的等級地位。那麼如此，作爲等級差別的爵制與個人相關的「官制」、「軍制」乃至「祿邑制度」等有什麼樣的關係？爵制在整個社會體系中又起著怎樣的作用呢？就周代社會來看，西周時期的文獻資料太少，金文資料過於零碎，又因爲解釋的不同，各家存在不同的意見。戰國時代的材料亦如此，秦之情況比較特殊，一般將之獨立出來研究，且隨著秦漢簡帛的出土，相關的研究廣度和深度的程度已經很深。春秋時期，文獻資料相對比較豐富，同時春秋時代是爵制轉變的前夜，故我們將春秋時期作爲周代之代表，集中論述這個時期內爵制與「官制」、「軍制」、「祿邑制度」等相關政制的關係，以期來看爵制在周代社會的地位和作用。

　　對春秋時期來說，從文獻中我們可以看出此時仍有公侯伯子男和卿大夫士之類的爵稱，同時他們之間還存在有一定的等級關係。那麼這些爵位和日常政治生活有什麼樣的聯繫呢？從文獻中我們歸納出其與常見的官制、軍制以及諸侯的貢賦、卿大夫的祿邑等幾個方面。

第一節　爵制與官制

一、概論

　　爵與官的關係可分兩部份來看，一是外爵諸侯擔任周王室的執政「卿士」

一職。這方面在春秋經傳中記載很少，就有限的材料來看，有畿外諸侯也有畿內諸侯入周王室爲卿士者，如《左傳・隱公三年》：「鄭武公、莊公爲平王卿士。」〔註1〕《左傳・隱公九年》：「鄭伯爲王左卿士」〔註2〕，《襄公十年》「單靖公爲卿士以相王室」〔註3〕。具體關係不甚清楚，初期似乎尚有類似鄭國這樣的大國之君擔任王之卿士，後似乎要麼由畿外小國如虢的國君，要麼基本由畿內小國諸侯如「單頃公」、「甘簡公」、「劉獻公」等來擔任。

二是在諸侯國內，卿大夫士的任官情況。一般來說，爵位等級比較高的往往會擔任高的官職，如宋國六卿一般擔任「右師、左師、司馬、司徒、司城、司寇」等高官，《左傳・文公七年》載「夏，四月，宋成公卒。於是公子成爲右師，公孫友爲左師，樂豫爲司馬，鱗矔爲司徒，公子蕩爲司城，華御事爲司寇。……六卿和公室……」〔註4〕此六卿即指以上所述公子成等人。

《國語・周語中》載晉國卿郤至到周王室向天子報告鄢之戰的喜訊時，郤至流露出想當晉執政的意思，並就自己爵稱不高的情況找了一些先例：「昔先大夫荀伯自下軍之佐以政，趙宣子未有軍行而以政，今欒伯自下軍往。是三子也，吾又過於四之無不及。若佐新軍而升爲政，不亦可乎？」〔註5〕從中我們可以看到，在高層「卿」之間，晉並不是嚴格的遵守等級的。但當時人卻對此有頗多看法：「今郤至在七人之下而欲上之，是求蓋七人也，其亦有七怨。怨在小醜，猶不可堪，而況在侈卿乎？其何以待之？」〔註6〕對郤至在「七人之下而欲上之」的不滿，也可說明當時這種從下位（低等卿）直接欲居執政之高位是不正常的，是受當時人譴責的。因此，我們從中可以看出，當時大概的情況是官爵一一對應的，但在一些差別不是很大的爵位和地位重要的官位之間，並沒有十分嚴格的執行。

而爵位等級低的則擔任次要的官職。魯昭公七年，鄭國罕朔因罪逃亡到晉國，在安置他職位的問題上，晉國執政韓宣子向鄭國子產徵求意見，子產稱「（左傳・昭七年傳）朔於敝邑，亞大夫也，其官，馬師也。」後來「宣子

〔註1〕 《春秋左傳正義》，第 1723 頁。
〔註2〕 《春秋左傳正義》，第 1734 頁。
〔註3〕 《春秋左傳正義》，第 1949 頁。
〔註4〕 《春秋左傳正義》，第 1845 頁。
〔註5〕 《國語集解》，第 74 頁。
〔註6〕 《國語集解》，第 74～75 頁。

爲子產之敏也，使從變大夫」。〔註7〕從上文可以看到，亞大夫爲大夫爵位中間一等，而馬師此官，除此之外，僅現一次：「（襄公三十年）癸丑，晨，（伯有）自墓門之瀆入，因馬師頡介於襄庫，以伐舊北門。」〔註8〕從這可以看出其職掌與武器裝備有關，可能爲司馬的下屬〔註9〕。由此可知，官與爵是息息相關的，一定的爵等擔任一定的官職。而從晉國安置罕朔的結果來看，授予爵位並未任官，可見相關的待遇和地位應由「爵等」來決定，官職則是具體處理政務的職位。有如《左傳·哀公十四年》：「司馬牛致其邑與珪焉而適齊，向魋出於衛地，公文氏攻之，求夏后氏之璜焉。與之他玉，而奔齊，陳成子使爲次卿。」〔註10〕也是使之爲卿而非直接任官。

二、爵制與官制的個案分析——以春秋時期魯國爲例

　　先秦文獻記載各人職位時，並沒有清晰的指出何爲官，何爲爵，這一問題長時間未得到解決。因此，學者在論述先秦時期的官爵稱謂時，往往官爵連稱，很少加以區分。對於西周時期的官爵制度，有楊寬先生《西周王朝公卿的官爵制度》、王貽梁《概論西周內服職官的爵位判斷》等專論。而春秋時期的官爵制度，並未見專文論述，僅卜憲群《秦漢官僚制度》一書第五章第二節《賜爵制與官僚制》、閻步克《從爵本位到官本位——秦漢官僚品位結構研究》、日人吉本道雅《先秦時期國制史》及松井嘉德《周的國制——以封建制與官制爲中心》〔註11〕等籠統涉及，此外一些學者在論述這一時期官制時亦涉及一二，但並未對春秋各國的官爵關係進行明確而詳細的闡述。我們就以春秋時期魯國爲例，將文獻中記載魯國貴族的官職與其爵等一一對應，來看二者之間的關係。

〔註7〕　《春秋左傳正義》，第 2050 頁。

〔註8〕　《春秋左傳正義》，第 2013 頁。

〔註9〕　趙曉斌：《春秋官制研究》，浙江大學博士學位論文，2009 年，第 320～321
頁；又許秀霞認爲其與《周禮》中國師一官類似，見其《〈左傳〉職官考述》，
臺灣師範大學博士學位論文，2000 年，第 64 頁。

〔註10〕　《春秋左傳正義》，第 2174 頁。

〔註11〕　楊寬：《西周王朝公卿的官爵制度》，第 93～119 頁；王貽梁：《概論西周內服
職官的爵位判斷》，第 23～37 頁；卜憲群：《秦漢官僚制度》，第 150～170 頁；
閻步克：《從爵本位到官本位——秦漢官僚品位結構研究》；吉本道雅：《先秦
時期國制史》，第 48～69 頁；松井嘉德：《周的國制——以封建制與官制爲中
心》，第 70～87 頁。

由於這一時期文獻較爲詳細，相關的金文數量較少，因此本文的論述則以《左傳》和《國語》爲主，並佐以相關金文。此外，「《周禮》一書，在客觀上爲我們保存許多珍貴的古代職官制度的史料」〔註12〕，許秀霞在《〈左傳〉職官考述》中將《左傳》中出現的職官與《周禮》一一對應，發現《周禮》所載諸官，列國相似或相同者甚多，其中爲魯國爲最。〔註13〕因此在行文中，《周禮》記載與二者不合者，以二者爲準；若不明爵稱，則以《周禮》爲參考。

（一）卿

卿這一等級內部的分級，大致可分爲上下二等。如《左傳・桓公三年》：「凡公女，嫁於敵國，姐妹，則上卿送之，以禮於先君；公子，則下卿送之。」細分之，可分爲上、中、下三等。《左傳・成公三年》載臧宣叔曰：「次國之上卿，當大國之中，中當其下，下當其上大夫。小國之上卿，當大國之下卿，中當其上大夫，下當其下大夫。」由「古之制也」可知，卿分三等可能自西周以來就有之，直至春秋時各國仍能見到這樣的記載。

魯國卿分上中下三等。《左傳・昭公四年》：「叔孫未乘路，葬焉用之，且冢卿無路，介卿以葬，不亦左乎？」杜注：「冢卿謂季孫，介，次也。」〔註14〕介卿也稱亞卿，《左傳・昭公五年》載卜楚丘謂叔孫得臣曰：「吾子，亞卿也。」依昭公四年傳，魯三桓以季孫氏爲上卿，任司徒；叔孫氏次之，任司馬；孟孫氏更次之，任司空。《左傳・昭公三十二年》記史墨云，魯季友「既有大功於魯，受費以爲上卿」，季孫氏既世代爲上卿，叔孫氏爲亞卿，那麼孟孫氏自然爲下卿。可見魯在春秋時期卿是分上中下三等的。

從《左傳》的記載來看，文公以前，展氏、厚氏、眾氏、東門氏都曾爲卿，文公後，季孫、叔孫、孟孫三桓世掌魯政，此外臧孫氏、子叔氏亦爲卿，但並未進入魯國的權力中心。和這些卿有關的官職有太宰、司徒、司空、司馬等。

〔註12〕 張亞初、劉雨：《西周金文官制研究》，第41頁。

〔註13〕 許秀霞：《〈左傳〉職官考述》，第299～301頁。沈長雲、李晶：《春秋官制與〈周禮〉比較研究——〈周禮〉成書年代再探討》，《歷史研究》，2004年第6期，第3～26頁。

〔註14〕 《春秋左傳正義》，第2036頁。

1. 太宰。太宰之官，爲《周禮》中天官之長。《左傳·定公四年》曾述武王時事：「武王之母弟八人，周公爲太宰，康叔爲司寇，聃季爲司空。」〔註15〕以周公爲首任太宰，可見當時太宰確爲百官之長。太宰在魯國的文獻上僅出現一次，《左傳·隱公十一年》：「羽父請殺桓公，將以求大宰。」《正義》曰：「天子六卿，天官爲太宰。諸侯則並六爲三，而兼職焉。昭四年傳稱，季孫爲司徒；叔孫爲司馬；孟孫爲司空，則魯之三卿無太宰。羽父名見於《經》，已是卿矣，而復求太宰，蓋欲令魯設是官，以榮己耳，以後更無太宰，知魯竟不立之。」〔註16〕但魯傳世銅器有「魯太宰原父簋」，表明魯國確曾設有太宰一職。從文獻來看，春秋初年魯繼承西周之制，太宰地位很高。〔註17〕另郭克煜先生稱：「魯器中既然有自銘『太宰』之器，還是承認魯曾設有此職爲當。其職掌當以佐君治理公室爲主，類後世的公室總管。春秋初魯可能還仍有此官，其後公室衰微，尤其是三桓三分公室以後，其職已不受重視，故不見於經傳也不足爲奇。」〔註18〕很是確切。

2. 司徒。司徒爲《周禮》地官之首。司徒一職在宣公以前不見於文獻，見於金文的有「子仲白」、「厚氏元」等人，其中司徒似乎還分「左右」，應爲「大司徒」之副職，「厚氏元」在擔任大司徒之前可能還曾任「左司徒」一職。〔註19〕魯文公後期以後，季孫氏世代擔任正卿，執掌魯政，把持司徒這一職務。那麼自此之後司徒一職對應的爵位自然爲正卿。如《國語·魯語上》：「季文子相宣、成，無衣帛之妾，無食粟之馬。仲孫它諫曰：『子爲魯上卿，相二君矣，妾不衣帛，馬不食粟，人其以子爲愛，且不華國乎！』」

〔註15〕童書業在《春秋左傳研究·西周官制》中提出「此所言官制大致合乎春秋前期，似尚未盡合西周舊制」。按，春秋之時，除官制不明的吳國外，不見有大宰居高位的記載，故童説不妥。又若此言爲實，那麼春秋前期，大宰地位應不亞於司寇、司空，明顯爲執政之官，與本文所述正合。

〔註16〕《春秋左傳正義》，第1737頁。

〔註17〕太宰（或冢宰）在西周時期本爲王室官，因職司所掌，其同時也具有「卿」一級的高位。魯國在春秋早期仍當繼承西周之制，後則逐漸衰微。關於太宰地位及其後世的演變，可參見楊寬：《西周史》，第352～354頁；李峰：《西周的政體：中國早期的官僚制度和國家》，第72～76，96，248，252，316～317頁；卜憲群：《周代職官制度與秦漢官僚制度的形成》，《南都學壇》（哲社版），2000年第1期；謝乃和：《〈周禮〉「冢宰」與金文所見西周王家之宰》，《古代文明》，2007年第3期。

〔註18〕郭克煜：《魯國史》，北京：人民出版社，1994年，第157頁。

〔註19〕馬承源：《商周青銅器銘文選》，第518～520頁。

〔註 20〕又《國語・魯語下》：「平丘之會，晉昭公使叔向辭昭公，弗與盟。子服惠伯曰：『晉信蠻、夷而棄兄弟，其執政貳也。貳心必失諸侯，豈唯魯然？夫失其政者，必毒於人，魯懼及焉，不可以不恭。必使上卿從之。』季平子曰：『然則意如乎！……』」〔註 21〕可見季孫氏以上卿之爵世居司徒之官。

　　3. 司馬。司馬爲《周禮》夏官之首。春秋早期不見於文獻，中晚期，叔孫氏世襲司馬之職。如《左傳・昭公四年》叔孫豹之臣杜泄曰：「夫子爲司馬，與工正書服。」《左傳・哀公十一年》：「將戰，吳子呼叔孫曰：『而事何也？』對曰：『從司馬。』王賜之甲、劍鈹。」《左氏會箋》曰：「自言其官爲司馬耳。故下文曰：『奉爾軍事』云云。《晉語》董安于曰：『耆其股肱，以從司馬，亦言爲趙司馬也。』三桓之官，季孫爲司徒，叔孫爲司馬，孟孫爲司空，出昭四年。又昭五年杜泄云：『夫子爲司馬』，杜注：『夫子，叔孫也。』是叔孫世爲司馬，從者，謙辭也。猶《論語》從大夫之後也。」〔註 22〕其爵位應爲介卿，即亞卿或次卿。《左傳・昭公四年》載叔孫豹去世後，「公使杜泄葬叔孫。……杜泄將以路葬，且盡卿禮。南遺謂季孫曰：『叔孫未乘路，葬焉用之？且冢卿無路，介卿以葬，不亦左乎？』」杜注：「冢卿謂季孫。介，次也。」〔註 23〕可見，季孫氏以亞卿之爵世居司馬之官。

　　4. 司空。司空之官，應爲《周禮》冬官之屬。如上文所引，司空聃季在周初位於太宰周公和司寇康叔之後，可見其地位之高。魯國司空之官最早見於《左傳・隱公二年》：「司空無駭入極。」杜注：「魯司徒、司馬、司空皆卿也。」〔註 24〕經文有無駭之名，可見其爲卿無疑。故楊注：「無駭，魯國之卿。」但因早期不明，不知其具體等級。春秋中晚期，孟孫氏世襲司空之官。昭四年傳：「孟孫爲司空，以書勳。」〔註 25〕其位於司徒季孫氏和司馬叔孫氏之後，應爲下卿無疑。據《史記・孔子世家》，孔子也曾擔任司空。但當時孟孫氏並未去職，故孔子所任當爲小司空或地方司空。

〔註 20〕　《國語集解》，卷四《魯語上》，第 173 頁。
〔註 21〕　《國語集解》卷五《魯語下》，第 189 頁。
〔註 22〕　〔日〕竹添光鴻：《左氏會箋》，成都：巴蜀書社，2008 年影印本，第 1942 頁。
〔註 23〕　《春秋左傳正義》卷四十二，第 2037 頁。
〔註 24〕　《春秋左傳正義》，第 1718 頁。
〔註 25〕　《春秋左傳正義》，第 2037 頁。

5. 司寇。司寇爲《周禮》秋官之屬。司寇爲掌刑之官。司寇之設也起於周初。如上文，司寇康叔僅次於周公，看來地位很高。〔註26〕西周金文中司寇最早出現在恭王時期的《南季鼎》，鼎銘中有「俗父司寇」。俗父又見於《衛鼎》，作「伯俗父」；亦見於《永盂》，作「師俗父」。從相關銘文的記述看，俗父在當時王朝的執政中排在最末位（第 6 或第 7 位）。〔註27〕由此看來西周司寇在執政中的地位雖不高，但仍相當於卿一級。魯司寇一職春秋前期不見記載，春秋後期有臧孫氏世襲司寇。如《左傳·襄公二十一年》載：「季孫謂臧武仲曰：『子爲司寇，將盜是務去。』」〔註28〕《國語·魯語上》載臧孫辰謂魯侯曰：「國有飢饉，卿出告糴，古之制也。辰也備卿，辰請如齊。」〔註29〕可見魯之司寇亦爲卿。昭、定時期，臧氏因擁護昭公討伐季氏而流亡國外，暫時去職，由孔子出任大司寇。

另外，魯國世卿之家還有子叔氏，自子叔嬰齊之後世爲魯卿，子叔氏世代見於《經》文，頻繁參與帥師、朝聘會盟、送葬等卿一級官員才能擔當的重要事務。如《春秋·成公二年》：「季孫行父、臧孫許、叔孫僑如、公孫嬰齊帥師會晉郤克、衛孫良夫、曹公子首及齊侯戰於鞍。」孔疏：「此書四卿，昭、定之世或書三卿，或書二卿，皆謂重兵，故書之。」〔註30〕可見子叔氏亦爲卿，地位在季孫、叔孫、孟孫三家之下，但其官不詳。

（二）大夫

大夫之爵，處於卿之下、士之上，是統治集團的中間階層。其內部也分等級，春秋時期的鄭國即分爲上、中、下三等。如《左傳·昭公元年》載，鄭子產指責大夫子南：「子皙，上大夫，女，嬖大夫，而弗下之，不尊貴也。」楊伯峻注：「晉、鄭、吳皆謂下大夫爲嬖大夫。」〔註31〕另《左傳·昭公七年》載鄭子產言：「朝於敝邑，亞大夫也⋯⋯」，〔註32〕可見鄭國有上大夫、亞大

〔註26〕彭林先生對此有不同意見，他認爲周初司寇爲蘇忿生，春秋時司寇的職責不定。見《〈周禮〉主體思想與成書年代研究》（修訂本），北京：中國人民大學出版社，2009 年，第 151～152 頁。

〔註27〕張亞初、劉雨：《西周金文官制研究》，第 25 頁。

〔註28〕《春秋左傳正義》卷三十四，第 1970 頁。

〔註29〕《國語集解》卷四《魯語上》，第 148 頁。

〔註30〕《春秋左傳正義》，第 1893 頁。

〔註31〕楊伯峻：《春秋左傳注》，第 1213 頁。

〔註32〕《春秋左傳正義》卷四十四，第 2050 頁。

夫、嬖大夫三等之分。上大夫有時也作卿講，如莊公十四年鄭屬公謂原繁：「納我而無二心者，吾皆許之上大夫之事。」〔註33〕《禮記·王制》曰：「諸侯之上大夫卿。」鄭注「上大夫曰卿」。〔註34〕《周禮》或許是採用這個說法，故序官中唯有中、下大夫。至於魯國的大夫之等級，據上文臧宣叔之言，分上、下二等。《國語·魯語上》：「自是，子服之妾衣不過七升之布，馬餼不過稂莠。文子聞之，……使為上大夫。」〔註35〕文獻中類似這樣有具體記載的，僅子服惠伯（仲孫它）一人，且不知具體的官職。因此，下文僅略舉幾例官職，對應的爵等則列《周禮》以作參照。

1. 隧正。《左傳·襄公七年》載：「南遺為費宰，叔仲昭伯為隧正，欲善季氏，而求媚於南遺，謂遺曰：『請城費，吾多與而役。』故季氏城費。」杜注：「隧正，主役徒」，孔疏：「九年注云：『隧正，官名，五縣為隧』，則隧正當《周禮》之遂人也。掌諸遂之政令，徒役出諸遂之民，故為主徒役者也。」〔註36〕叔仲氏為魯叔孫氏側室，見於《左傳》者有叔仲惠伯（叔彭生）〔註37〕、叔仲昭伯（叔仲帶）、叔仲穆子（叔仲小）〔註38〕、叔仲志〔註39〕，世為魯大夫。《周禮·地官司徒》：「遂人，中大夫二人。」〔註40〕也是與之相合的。

2. 左右司馬。《史記·孔子世家》：「（子曰）『古者諸侯出疆，必具官以從。請具左右司馬。』定公曰：『諾。』具左右司馬。」〔註41〕《周禮·夏官司馬》：「大司馬卿一人。小司馬中大夫二人。軍司馬下大夫四人。」〔註42〕從這裡我們可以看出，左右司馬應為司馬之副職，其職與《周禮》中「小司馬」和「軍司馬」相當，爵應為大夫。

〔註33〕 《春秋左傳正義》卷九，第 1771 頁。
〔註34〕 《禮記注疏》，第 1321 頁。
〔註35〕 《國語集解》卷四《魯語上》，第 173 頁。
〔註36〕 《春秋左傳正義》，第 1938 頁。
〔註37〕 見《左傳》文公七年、文公九年、文公十一年經傳、文公十四年經、文公十五年。
〔註38〕 《左傳》昭公十二年。
〔註39〕 《左傳》定公八年。
〔註40〕 《周禮注疏》卷十五，第 740 頁。
〔註41〕 《史記》卷四十七《孔子世家》，第 1915 頁。
〔註42〕 《周禮注疏》卷二十八，第 830 頁。

3. 少司寇。魯傳世器有「魯少司寇封孫宅盤」〔註43〕，這說明魯還設有少司寇一職，並且任官者同樣是姬姓貴族。文獻上未見魯少司寇一職，但有宋國少司寇的記載。《左傳·成公十五年》載「秋，八月，葬宋共公。於是華元爲右師，魚石爲左師，蕩澤爲司馬，華喜爲司徒，公孫師爲司城，向爲人爲大司寇，鱗朱爲少司寇，……」〔註44〕相比照而言，少司寇應當是大司寇的副職或下屬。《周禮·秋官司寇》：「大司寇卿一人。小司寇中大夫二人。」〔註45〕魯少司寇應即「小司寇」，爵亦當爲大夫。

魯少司寇盤銘文

4. 士師。《論語·微子》：「柳下惠爲士師，三黜。」《子張》：「孟氏使陽膚爲士師。」集解均曰「士師，典獄之官。」〔註46〕《左傳·僖二十八年》：「士榮爲大士」，孔疏：「《周禮》獄官多以士爲名，鄭玄云：『士，察也。主察獄訟之事者。」〔註47〕魯國青銅器中有「士」一官，可能是士師或大士的別稱，〔註48〕也可能是士師或大士的屬官。《周禮·秋官司寇》：「士師下大夫四人。」從史籍對柳下惠的相關記載看，柳下惠所任士師之職地位不高，故孔子指責臧文仲「知柳下惠之賢而不與立也」〔註49〕，因此其爵如《周禮》爲「下大夫」也是合適的。

5. 宗伯。《左傳·文公二年》載：「秋八月丁卯，大事於大廟，躋僖公，逆祀也。於是夏父弗忌爲宗伯。」杜注：「宗伯掌宗廟昭穆之禮。」〔註50〕「宗伯」可簡稱爲「宗」，如《國語·魯語上》載此事：「夏父弗忌爲宗，蒸，將躋僖公。宗有司曰：『非昭穆也！』曰：『我爲宗伯，明者爲昭，其次爲穆，

〔註43〕《集成》，16.10154。
〔註44〕《春秋左傳正義》卷二十七，第1914頁。
〔註45〕《周禮注疏》卷三十四，第867頁。
〔註46〕《論語注疏》，第2528、2532頁。
〔註47〕《春秋左傳正義》卷十六，第1827頁。
〔註48〕郭沫若：《兩周金文辭大系圖錄考釋》（二），《郭沫若全集·考古編》第八卷，北京：科學出版社，2002年，第419頁。
〔註49〕《論語注疏》卷十五《衛靈公》，第2517頁。
〔註50〕《春秋左傳正義》卷十八，第1839頁。

何常之有？』」〔註51〕王貴民先生稱：「《周禮・春官》的宗伯，西周金文尙未出現，只出現於春秋的《桓子孟姜壺》。西周金文中的『公族』，近人以爲相當於宗伯。宗伯是『掌邦禮』，主要是祭禮，以禮的形式維護統治宗族包括王朝與同姓封國之間的團結，職務相當重要。」〔註52〕從現有材料看，周代僅周王室與魯國有「宗伯」一稱，其他列國稱「宗」或「宗人」。楊朝明先生以爲：「魯國在當時諸侯國中有特殊地位。……如周王室的職官『宗伯』、『太宰』、『大司徒』等，魯即有之。」〔註53〕這「特殊地位」應該是魯爲周公之後，且受周禮浸染最深的緣故。《周禮・春官宗伯》：「大宗伯卿一人，小宗伯中大夫二人。」〔註54〕在魯國，所任官之卿已如上文所述，因此宗伯一職爵當爲大夫中地位較高者。

6. 大史。史官是周初封建時魯國從王室獲賜的職官之一。《左傳・定公四年》載，伯禽受封時，周室分之以「土田陪敦，祝、宗、卜、史，備物、典策，官司、彝器」等。〔註55〕「史」之一類，《周禮・春官宗伯》中即分「大史」、「小史」、「內史」、「外史」、「御史」、「史」等多個職位。文獻中魯亦有「大史」和「外史」的記載，其中魯大史見於史傳者有大史克（文十八年）、大史固（哀十一年）。其職能有掌管天象曆法，如《左傳・昭公十七年》：「夏六月甲戌朔，日有食之。祝史請所用幣……大史曰：『在此月也，日過份而未至，三辰有災，於是乎百官降物，君不舉，辟移時，樂奏鼓，祝用幣，史用辭。』」也掌圖書典籍，如《左傳・昭公二年》：「晉侯使韓宣子來聘，且告爲政，而來見，禮也。觀書於大史氏，見《易》、《象》與《魯春秋》。」〔註56〕同時因爲知識淵博而常被魯君備問，如《左傳・文公十八年》：「公問其故，季文子使大史克對曰：『先大夫臧文仲教行父事君之禮，行父奉以周旋，弗敢失墜……』」〔註57〕可見其也具有一定的地位。《周禮・春官宗伯》：「大史下大夫二人。上士四人。」史官之長的大史爵爲下大夫，也算妥當。

〔註51〕《國語集解》卷四《魯語上》，第 164 頁。
〔註52〕王貴民：《商周制度考信》，臺北：明文書局，1990 年，第 191～192 頁。
〔註53〕楊朝明：《魯國的歷史地位與魯國史研究》，《史學集刊》，1995 年第 4 期，第 4 頁。
〔註54〕《周禮注疏》卷十七，第 752 頁。
〔註55〕《春秋左傳正義》卷五十四，第 2134 頁。
〔註56〕《春秋左傳正義》卷四十八，第 2082 頁。
〔註57〕《春秋左傳正義》卷二十，第 1861 頁。

7. 行人。爲魯之外交官，有專職和兼職之分。如《左傳‧文公四年》載：「衛甯武子來聘，公與之宴，爲賦《湛露》及《彤弓》。不辭，又不答賦。使行人私焉。」〔註58〕這是專職的行人在國內負責與他國使者的外交辭令；《左傳‧昭公六年》：「夏，季孫宿如晉……武子退，使行人告曰：……」〔註59〕這是專職行人隨使者出使在外，負責雙方應對之辭的傳達。至於兼職的行人，《春秋‧昭公二十三年》載：「晉人執我行人叔孫婼。」〔註60〕這明顯是卿兼任行人。顧棟高曰：「行人見於《經》者六，並以見執書。是乃一時奉使，非專官。」〔註61〕其所指即此類行人。《周禮‧秋官》有大行人中大夫二人，「掌大賓之禮及大客之儀，以親諸侯」；又有小行人下大夫四人，「掌邦國賓客之禮籍，以待四方之使者……使適四方，協九儀賓客之禮。」〔註62〕魯國專職行人之職，與小行人大致相當；其以卿兼職的行人之職則似與大行人相當。

此外，爵爲大夫的官職尚有司馬之屬官工正，大夫之泛稱亞旅，與大史同類的大師、大祝，與公車相關的戎御、戎右，爲魯公養馬的校人，地方公邑之長的邑大夫等等，不再一一具列。

（三）士

「士」在先秦時期的含義極爲複雜，可作男子、武士、官長、法官、知識分子等稱謂。〔註63〕西周宗法分封制推行之後，士就有了作爲卿、大夫之下最低級貴族的含義。如《左傳‧桓公二年》載：「諸侯立家，卿置側室，大夫有貳宗，士有隸子弟。」〔註64〕即指出了春秋時期統治階層的等級。士在當時國家政權中亦有一定的職司。如《國語‧周語上》載內史過曰：「諸侯春秋受職於王以臨其民，大夫、士日恪位著以儆其官，庶人、工、商各守其業以共其上。」〔註65〕另外，士亦有一定的等級劃分。上等爲列士（上士、元

〔註58〕《春秋左傳正義》卷十八，第1840～1841頁。
〔註59〕《春秋左傳正義》卷四十三，第2044頁。
〔註60〕《春秋左傳正義》卷五十，第2101頁。
〔註61〕〔清〕顧棟高：《春秋大事表》，北京：中華書局，1993年，第1073頁。
〔註62〕《周禮注疏》卷三十七，第890、892頁。
〔註63〕詹子慶：《先秦士階層的演變及其歷史地位》，《史學月刊》1984年第6期，第1～6頁；呂文郁：《春秋時期的士》，《史學集刊》1984年第3期，第11～16頁；沈少英：《論周代士人身份的演變》，碩士學位論文，陝西師範大學歷史文化學院，2006年，第2～6頁。
〔註64〕《春秋左傳正義》卷五，第1744頁。
〔註65〕《國語集解》卷一《周語上》，第33頁。

士），下等爲庶士（下士）。《國語‧魯語下》：「卿之內子爲大帶，命婦成祭服，列士之妻加之以朝服，自庶士以下，皆衣其夫。」韋注：「列士，元士也。……庶士，下士也。」〔註66〕但或許因爲士之地位比較低，在文獻中並沒有具體官爵對應的體現。士一般任一些職司並不重要的官職或大夫一級官職的屬官。下面亦略舉幾種官職，同樣以《周禮》爲參考。

1. 虞人。《左傳‧定公八年》載：「陽虎前驅，林楚御桓子，虞人以鈹盾夾之。」〔註67〕又《左傳‧哀公十四年》：「春，西狩於大野。叔孫氏之車子鉬商獲麟，以爲不祥，以賜虞人。」杜注：「虞人，掌山澤之官。虞人掌山林，故又稱山人。」〔註68〕《周禮》亦提到每一山均有虞人若干，與《左傳》相合。因不同虞人管理的具體對象不同，又細分爲水虞、獸虞或山虞、澤虞。《國語‧魯語上》魯大史里革曰：「古者大寒降，土蟄發，水虞於是乎講罛罶，取名魚，登川禽，而嘗之寢廟，行諸國，助宣氣也。鳥獸孕，水蟲成，獸虞於是乎禁罝羅，獵魚鱉以爲夏槁，助生阜也。」〔註69〕至於其爵級，《周禮‧地官司徒》：「山虞每大山中士四人，下士八人，府二人，史四人，胥八人，徒八十人。中山下士六人，史二人，胥六人，徒六十人。小山下士二人，史一人，徒二十人。」〔註70〕則虞人之爵爲士無疑。

2. 司里（里人）。《國語‧魯語上》：「文公欲弛孟文子之宅，……對曰：……若罪也，則請納祿與車服而違署，唯里人所命次。」韋注：「里人，里宰也。有罪去位，則受舍於里宰。」又此里人又稱「司里」，如「公欲弛郈敬子之宅，亦如之，對曰：先臣惠伯以命於司里……今命臣更次於外，爲有司之以班命事也，無乃違乎！」〔註71〕可見，司里（里人）是「里」的行政長官。「里是國中分片的居民區，管理『里』的官員在魯國稱爲司里。司里又稱里人，西周以前又稱里君。在其他國家還有里旅、里長、里正、里宰等稱呼。春秋時期的里，其規模大約爲五十家。」〔註72〕以此等規模，《周禮‧地官司徒》稱「每里下士一人」是合適的。

〔註66〕《國語集解》卷五《魯語下》，第197～198頁。
〔註67〕《春秋左傳正義》，第2143頁。
〔註68〕《春秋左傳正義》，第2173頁。
〔註69〕《國語集解》卷四《魯語上》，第167～170頁。
〔註70〕《周禮注疏》卷十六，第747頁。
〔註71〕《國語集解》卷四《魯語上》，第163～164頁。
〔註72〕董巧霞：《〈周禮〉所見地方行政組織考察》，博士學位論文，東北師範大學歷史文化學院，2009年，第53～54頁。

3. 賈正。《左傳‧昭公二十五年》載，臧昭伯從弟臧會因偷竊得罪於臧氏，「奔郈，郈魴假使爲賈正焉，計於季氏」。孔疏：「賈正，如《周禮》之賈師也。『賈師二十四則一人』，其職云：『各掌其次之貨賄之治，辨其物而均平之。禁貴儥者，使有恆賈。』此郈邑大夫使爲賈正，使爲郈市之賈正也。郈在後爲叔孫私邑，此時尚爲公邑。故使賈正通計簿於季氏。」〔註73〕季氏時任司徒，則賈正爲司徒屬官，與《周禮》中「賈師」一職相當。至於其爵等，《周禮‧地官》有司市下大夫二人，「掌市之治教、政刑、量度、禁令……市師蒞焉，而聽大治大訟；胥師賈師，蒞於介次，而聽小治小訟……」鄭注：「市師，司市也。」〔註74〕可見賈師應爲司市之下屬官，那麼其地位應在司市之下，爵應爲士。

4. 巫（司巫）。《周禮》中關於巫的職官，分別是司巫中士二人，男巫無數，女巫無數。祝、巫、卜、史四官爲魯國初封之時周天子賞賜的官職，其地位在春秋初期至少應與上文「大史」一般同爲大夫。《左傳‧莊公三十二年》載：季友以君命命叔牙待於鍼巫家，「使鍼季鴆之」。杜注：「鍼巫氏，魯大夫。」〔註75〕此鍼巫或仍爲大夫。但後來，巫的地位已大大下降，如《左傳‧僖公二十一年》：「夏大旱，公欲焚巫尫。」因大旱而遭焚，此時巫絕非大夫。可作爲佐證的是祝、史地位的下降，《左傳‧昭公二十年》載：「齊侯疥，遂痁，期而不瘳，諸侯之賓問疾者多在。梁丘據與裔款言於公曰：『吾事鬼神豐，於先君有加矣。今君疾病，爲諸侯憂，是祝史之罪也。諸侯不知，其謂我不敬，君盍誅於祝固、史嚚以辭賓？』」〔註76〕將國君久病不愈而歸罪於祝、史，並建議殺之，可見原來職司宗教的「祝、巫、卜、史」等官的地位在春秋後期已經下降到何等地步！故《周禮‧春官宗伯》所載：「司巫中士二人。」在此時是妥當的。

此外，爵爲「士」的官職尚有宗伯之屬官宗人、掌館舍之館人、掌記惡臣罪狀及其盟辭的外史、魯侯之衛士虎臣等等。

另卿大夫的封邑內也有一系列仿國家的官職。如家宰（老）、邑宰、司馬（馬正）、司徒、司宮、豎、祝宗、宗老、圉人、閽人、工師、車（車士）、御騶、饔人、車右等。這些均爲卿大夫的私臣，得不到國君的冊命，也自然沒有爵位。春秋時期權力下移，不少國家的實際權力掌握在卿大夫手中。而

〔註73〕《春秋左傳正義》，第2110頁。
〔註74〕《周禮注疏》，第734頁。
〔註75〕《春秋左傳正義》，第1784頁。
〔註76〕《春秋左傳正義》卷四十九，第2092頁。

同樣，隨著時間的發展，卿大夫的權力也逐漸下移到其家臣的手中，一度發展到「陪臣執國命」的地步。儘管如此，因爲「爵」之授予權掌握在君主手中，爵位的獲得則需要君主進行「爵命」。故朝廷之官、公室之官基本都有爵位，而卿大夫之「家臣」，無論其地位如何之高，都不可能擁有爵位，如季氏之家宰陽虎，一度職掌魯國大權，但仍不見其有爵位之記載。

（四）小結

由上所述，我們可以試著總結魯國官制與爵制的關係如下：

1. 一般來說，春秋時期魯國爵等與官職的高低是一一對應的。高爵任高官，這是一個基本的原則。春秋初期，其執政官「太宰」即由卿擔任，魯宣公後期，季孫氏世代以上卿任「司徒」一官，叔孫氏、孟孫氏分別以介卿和下卿任司馬、司空之職，此外尚有臧孫氏以卿爵世任司寇一職。這也體現了魯國在春秋後期形成世卿政治的特點，其政權長期爲三桓把持，在統治上層流動性較小，遠低於齊、晉等國，這或許是魯國勢力弱小的一個原因。

大夫之爵所擔任之官職均位於六司之下屬，其職權也有限。如隧正爲司徒之屬官，左右司馬爲司馬之屬官，少司寇爲司寇之屬官等等。士一級爵因位卑微，文獻所載不多，但從有限的材料也可看出其所任官職或爲大夫之屬官，或爲負責管理一些基層事務的低級小官。這些與《周禮》一書所載大體是一致的。

但是，爵等與官職的對應並不是固定不變的。春秋時期長達三百年間，魯國的官職有所變化，爵等有時也隨之小有變動。首先有官職之間位置的變動，尤其以執政卿所任的官職最易更替。這在宋國最爲突出，如孔父嘉以大司馬、華督以大宰、華元以右師、向戌以左師、樂毅以司城執政等等。魯國的變動則小的多。初期以太宰爲執政，以卿爵任之。魯文公後期以後，季孫氏以上卿之爵世任司徒一官，此時司徒自然成爲魯官職之長，而太宰則湮沒不見，自然不可能爲卿來擔任。其次，亦有同一官職爵等之變動。如上文所述掌宗教之「祝、巫」等官，初期爲周天子所賞賜之官，地位重要，當由大夫擔任，但隨著其地位在國家生活中的下降，任職人員相應的則降爲《周禮》所載士一級爵。

2. 爵位明顯居於官位之上。這可從兩方面來看：一是魯執政三卿的日常政治活動並不限於其任官的職能。司徒本爲掌徒役、掌鄉里之政，司馬掌軍政，司空掌工程、司勳之事，但三卿都有率軍出征的軍事活動，如《春秋·

定公八年》：「季孫斯、仲孫何忌帥師侵衛。」《春秋‧成公三年》：「叔孫僑如帥師圍棘。」《春秋‧成公六年》：「孟獻子、叔孫宣伯侵宋。」亦均有朝聘會盟等參與重大禮儀活動的記錄，如《左傳‧文公六年》：「季文子聘於陳，……秋，季文子將聘於晉。」《左傳‧文公十六年》：「使季文子會齊侯於陽谷。」《左傳‧成公十一年》載，叔孫僑如聘於齊。襄公十四年，叔孫宿與諸侯會吳於向。《左傳‧昭公九年》：「孟僖子如齊殷聘，禮也。」《春秋‧定公三年》：「仲孫何忌及邾子盟於拔。」而這些一致的活動顯然不是其官職所具有的職能，而是卿這一級爵所共有，《左傳‧昭公三十年》載：「唯嘉好、聘享、三軍之事，於是乎使卿。」〔註77〕即是其證明。由此看來，至少在卿爵這一等級的官中，爵的重要性明顯是高居官之上的。

　　二是從一些與這些人物相關等級排序中也可看出。在禮儀場所及相關活動中是以爵等來決定地位。如祭祀所建之廟數有嚴格的規定：「天子七廟，諸侯五，大夫三，士二。」〔註78〕下葬的時間和會葬的規模的等級區別：「天子七月而葬，同軌畢至；諸侯五月，同盟至；大夫三月，同位至；士逾月，外姻至。」〔註79〕這是在卿大夫士等級之間的規定，在同一等級中細分的爵等也同樣有禮儀之別。《國語‧魯語上》載，因魯君爲衛侯求情，而「自是晉聘於魯，加於諸侯一等，爵同，厚其好貨也。」〔註80〕可見聘問時以爵爲等差。同時，發生在齊國管仲身上一事亦可佐證。《左傳‧僖公十二年》載，齊侯使管仲平戎於周王時，周天子以上卿之禮饗管仲，管仲辭曰：「臣，賤有司也。有天子之二守國、高在，若節春秋，來承王命，何以禮焉？陪臣敢辭。」〔註81〕最後受下卿之禮而還。管仲官爲齊國執政，但在宴饗之禮中卻最後受下卿之禮，可見在禮儀活動中貴族地位的排序是以爵等而非官職爲依據的。

　　此外，在外交場合中的地位排序亦由爵來定，上文所引成公三年臧宣叔之言即可證明，又《左傳‧成公十八年》載晉國士魴到魯國乞師以救宋。季文子向臧武仲徵求意見，臧武仲引用前例：「伐鄭之役，知伯實來，下軍之佐也。今魴季亦佐下軍，如伐鄭可也。」魴季即士魴，同知伯地位一樣，均爲

〔註77〕《春秋左傳正義》卷五十三，第2125頁。
〔註78〕《春秋穀梁傳注疏》卷八，第2397頁。
〔註79〕《春秋左傳正義》卷二，第1717頁。
〔註80〕《國語集解》卷四《魯語上》，第153頁。
〔註81〕《春秋左傳正義》卷十三，第1802頁。

下卿，可用同等的規格來對待。二人官職亦同爲「下軍之佐」，但臧武仲的出發點卻是爵等：「事大國，無失班爵而加敬焉，禮也。」〔註82〕

由此可見，就魯國的官爵關係來看，春秋時期官的作用更多是職司上的，是職能的分配，而當時的地位是由「爵」的高低來決定的。故有學者形象的稱周代的品位結構的基本特點爲「爵本位」〔註83〕，以和後世專制社會的「官本位」相區別，從這方面來看，還是有一定道理的。

第二節　爵制與軍制

從天子到士的等級差別，也體現在軍制中，如《國語・魯語下》載：虢之會上，楚公子圍二人違背了軍禮，穆子感歎到：「不然。天子有虎賁，習武訓也；諸侯有旅賁，禦災害也；大夫有貳車，備承事也；士有陪乘，告奔走也。今大夫而設諸侯之服，有其心矣。若無其心，而敢設服以見諸侯之大夫乎？」〔註84〕（五6）可見，從天子到諸侯、大夫、士，其配屬的護衛名稱和數目都是有嚴格區別的。

爵與軍的關係也可分諸侯爵位和卿大夫爵位來判斷。首先從各諸侯國可擁有軍隊的數量來說，《周禮・夏官・司馬》稱：「王六軍，大國三軍，次國二軍，小國一軍，軍將皆命卿。」〔註85〕在初封之時，大國小國之分自然應以爵爲先後。《國語・魯語下》載季武子打算在魯國建立三軍，叔孫穆子反對道：「不可。天子作師，公帥之，以征不德。元侯作師，卿帥之，以承天子。諸侯有卿無軍，帥教衛以贊元侯。自伯、子、男有大夫無卿，帥賦以從諸侯。是以上能征下，下無奸慝。今我小侯也，處大國之間，繕貢賦以共從者，猶懼有討。若爲元侯之所，以怒大國，無乃不可乎？」〔註86〕可見，從天子到各級諸侯之間，其軍制都是有一定等級差的，魯國的地位不高，「小侯也」，是不應該建立更高等級「元侯」的軍隊的。《左傳》和《穀梁傳》也有類似的記載。《左傳・襄公十四年》：「成國不過半天子之軍，周爲六軍，諸侯之大者，三軍可也」〔註87〕，《穀梁傳・襄公十一年》「古者天子六師，諸侯一軍。」〔註

〔註82〕　《春秋左傳正義》卷二十八，第1925頁。
〔註83〕　閻步克：《從爵本位到官本位：秦漢官僚品位結構研究》，第37頁。
〔註84〕　《國語集解》，第186～187頁。
〔註85〕　《周禮注疏》，第830頁。
〔註86〕　《國語集解》第181頁。
〔註87〕　《春秋左傳正義》，第1957～1958頁。

88〕但進入春秋以後，大小之別開始以國家實力來論，各諸侯國開始突破爵等限制，而根據自身實力建軍。其中晉國的重建最爲典型。曲沃代晉後，《左傳·莊公十六年》載「王使虢公命曲沃伯以一軍爲晉侯」〔註89〕，後「（閔公元年）晉侯作二軍」〔註90〕，「（僖公二十七年）於是乎蒐於被廬，作三軍」〔註91〕，幾年後設上下新軍，「（僖公三十一年）秋，晉蒐於清原，作五軍以禦狄」〔註92〕，但是「（文公六年）春，晉蒐於夷，舍二軍」〔註93〕，復改爲三軍，「（成公三年）十二月，甲戌，晉作六軍」〔註94〕，後又舍新軍，「（襄公十四年）師歸自伐秦。晉侯舍新軍，禮也」〔註95〕。晉本爲侯爵，又爲侯伯，自然爲大國，依周初禮制最多應爲三軍，但自春秋中期就開始逾制，擁有軍隊數目逐漸和爵制脫離，轉向依照自身實力來組建。但我們也可以看到，晉國軍制的反覆，一方面也說明了直到春秋晚期作爲「禮制」其中之一的爵位秩序仍然起著一定的約束作用。

其次在諸侯國內部，其軍隊一般由卿來率領，故《公羊傳·襄公十一年》稱：「三軍者何？三卿也。」〔註96〕如《國語·齊語》載齊國的軍隊分佈情況：「三軍，故有中軍之鼓，有國子之鼓，有高子之鼓。」〔註97〕即齊國三軍，一由國君領導，另二者由其上卿率領。而同時每一軍的副將也往往由卿擔任，如《左傳·襄公八年》載楚伐鄭，鄭國內部就投向晉楚的問題上出現了分歧，這時傾向晉國的子展提到當時：「晉君方明，四軍無闕，八卿和睦，必不棄鄭。」〔註98〕八卿者，據《左傳·襄公九年》，荀罃將中軍，士匄佐之；荀偃將上軍，韓起佐之；欒黶將下軍，士魴佐之；趙武將新軍，魏絳佐之。由此可見一軍之正副首領均由卿來擔任。而大夫往往居於輔佐地位，其在軍中的地位和爵

〔註88〕《春秋穀梁傳注疏》，第 2427 頁。
〔註89〕《春秋左傳正義》，第 1772 頁。
〔註90〕《春秋左傳正義》，第 1786 頁。又《國語·晉語一》載：「（晉獻公）十六年，公作二軍，公將上軍。太子申生將下軍以伐霍。」晉獻公十六年即前 661 年。見《國語集解》，第 262 頁。
〔註91〕《春秋左傳正義》，第 1822 頁。
〔註92〕《春秋左傳正義》，第 1831 頁。
〔註93〕《春秋左傳正義》，第 1843 頁。
〔註94〕《春秋左傳正義》第 1901 頁。
〔註95〕《春秋左傳正義》，第 1957 頁。
〔註96〕《春秋公羊傳注疏》，第 2304 頁。
〔註97〕《國語集解》，第 224 頁。
〔註98〕《春秋左傳正義》，第 1939 頁。

等是一致的。如《左傳・宣十二年傳》載：「荀林父將中軍，先縠佐之。士會將上軍。郤克佐之。趙朔將下軍，欒書佐之。趙括、趙嬰齊爲中軍大夫，鞏朔、韓穿爲上軍大夫。荀首、趙同爲下軍大夫。韓厥爲司馬。」〔註99〕由此可見，在軍中大夫居於卿之下就很是明顯的了。此外，並不是所有的卿都可以領軍，要視其等級高低，如《左傳・僖公三十三年》：「（晉）襄公以三命命先且居將中軍，以再命命先茅之縣賞胥臣，……以一命命郤缺爲卿，復與之冀，亦未有軍行。」〔註100〕胥臣和郤缺雖被爵命爲卿，但因二軍尚有首領而未任軍職。

第三節　爵制與貢賦和食祿

爵位的高低和各諸侯國的封國面積也是有一定關聯的，文獻中一般有兩種意見：

一種是四等封地說，如《孟子》和《禮記》中所載。《孟子・萬章下》：「天子之制，地方千里，公侯皆方百里，伯七十里，子、男五十里，凡四等。不能五十里，不達於天子，附於諸侯，曰附庸。天子之卿受地視侯，大夫受地視伯，元士受地視子、男。」〔註101〕《禮記・王制》：「天子之田方千里，公侯田方百里，伯七十里，子男五十里。不能五十里者，不合於天子，附於諸侯曰附庸。」〔註102〕即天子爲第一等，方千里；公侯爲第二等，方百里；伯第三等，方七十里；最後一等爲子、男，方五十里。此外尚有附於諸侯的附庸，其地不足五十里。

另一種五等封地說，如《周禮》所載。《周禮・夏官・職方氏》：「凡邦國千里，封公以方五百里，則四公；方四百里，則六侯，方三百里，則七伯；方二百里，則二十五子；方百里，則百男，以周知天下。」〔註103〕《周禮・地官・大司徒》：「凡建邦國，以土圭土其地而制其域。諸公之地，封疆方五百里，其食者半；諸侯之地封疆方四百里，其食者三之一；諸伯之地，封疆方三百里，其食者參之一；諸子之地，封疆方二百里，其食者四之一；諸男

〔註99〕　《春秋左傳正義》，第1878頁。
〔註100〕　《春秋左傳正義》，第1834頁。
〔註101〕　《孟子注疏》，第2741頁。
〔註102〕　《禮記注疏》，第1321～1322頁。
〔註103〕　《周禮注疏》，第863頁。

之地，封疆方百里，其食者四之一。」〔註104〕即第一等爲公，方五百里；第二等爲侯，方三百里；第三等爲伯，方二百里；第四等爲子，方二百里；第五等爲男，方百里。

　　對於這兩種說法，後世學者對此頗有爭論，如鄭玄以爲《孟子》、《王制》所言爲初封之制，《大司徒》所言爲周公後來加封之制。孫詒讓以爲《孟子》、《王制》所言非實；周初封地即如《大司徒》之制。〔註105〕鄭玄所言是爲古籍巧爲彌合，孫詒讓雖有自己看法，但仍脫不出文獻所載。這兩種看法均有想像成分，相比較而言，《孟子》、《王制》所言似更符合周初史實，而《大司徒》所言當在當時各國佔地基礎上加以想像之辭。而後世學者據此推論各國乃至卿大夫食祿狀況，均無確切依據。

　　據目前所見文獻及金文中分封冊命之辭，周天子在分封時並沒有對這些諸侯佔地有嚴格而確切的規定，僅在高層有相關管轄範圍的大概劃分，如《左傳·僖公四年》載管仲曾稱齊國先君大公的管轄範圍：「賜我先君履，東至於海，西至於河，南至於穆陵，北至於無棣」。〔註106〕至於初封之時，畿外各諸侯國所封之地均非周所實際控制範圍，處於廣大異族或荒蕪之地，疆域的劃分就顯得毫無意義。這種等差的出現，當是經過長期的發展，至西周末期春秋之時，隨著各國控制範圍的擴展、交匯而產生疆域的概念，也因此有面積之大小區分。而從各國的情況來看，其爵等幾乎伴隨其始終，而其疆域面積卻是隨著時間和國力的強弱而不斷變化的，這些記載或爲春秋乃至後世學者依據當時國家大小所做的推斷。

　　孟子所言還有兩個可能，一是這是周王對畿內封國的封賜，畢竟畿內千里之地爲周王實際控制區，其準確的劃地封賜還是有可能的，而其王畿面積的不斷縮小也爲之提供了佐證；二是如此整齊的劃分是其承擔貢賦的依據，高爵如公侯須承擔約百里之地貢賦，伯爲七十里，子男則爲五十里。區域面積尚有山川河流、土地貧瘠的區分，但制定貢賦卻不用考慮這些。高爵承擔高的貢賦，這些和初期的實際情況也是一致的。畢竟，高爵受賜豐厚，所封之地位置也較好，發展也相對容易，因此，其應當承擔更高的貢賦。而這也有相關文獻上的依據。

〔註104〕《周禮注疏》，第704頁。
〔註105〕錢玄：《三禮通論》，南京：江蘇古籍出版社，1996年，第328頁。
〔註106〕《春秋左傳正義》，第1792頁。

春秋時各諸侯對周天子和侯伯（霸主）承擔一定的貢賦，其具體情況應依《左傳・昭公十三年》八月「平丘之盟」時鄭國子產之言：「昔天子班貢，輕重以列，列尊貢重，周之制也。卑而貢重者，甸服也。」〔註107〕由此可知諸侯之貢賦乃依據兩個原則，一是甸服之外依爵之等級而定，爵高者自然貢賦就重；二是甸服之內即使爵低，比起甸服外，其貢賦也重。甸服也即周王室畿內，屬於周天子直接領地，屬於天子的附庸，貢賦重是自然的，而畿外諸侯初封之時爵高者國大，貢賦高也是符合早期情況的。所以子產稱「鄭伯，男也，而使從公侯之貢，懼弗給也。」鄭在甸服之外，爲伯爵，所以不應該承擔「公侯之貢」。但隨著春秋形勢的發展，晉楚等國群起而爭霸，周王室衰微，史書上不見各諸侯國向周天子進貢的記載，同時像魯這樣的中小國家被迫要向多個霸主進貢，而類似邾、滕這樣的附庸小國則僅向自己的宗主國進貢即可，其負擔輕重發生了變化。如《左傳・襄二十七年傳》所載，「季武子使謂叔孫以公命，曰：『視邾、滕。』既而齊人請邾，宋人請滕，皆不與盟。叔孫曰：『邾、滕，人之私也。我，列國也，何故視之？宋、衛，吾匹也。』乃盟。」〔註108〕季武子爲了減輕魯國貢賦，甘願假借公命，使魯國屈居附庸，但叔孫爲了維護魯國獨立性的尊嚴，拒絕了這一命令。由此可見附庸之貢賦要低於這些列國的。

至於貢賦的數量，諸侯國居於不同的地位，向不同的大國進貢的數目也是有區別的。《左傳・哀公七年》載魯侵邾，邾茅夷鴻求救於吳時以貢賦之事陳說：「魯賦八百乘，君之貳也；邾賦六百乘，君之私也。」〔註109〕又《左傳・哀公十三年》載吳王打算在會盟時「將以公（魯哀公）見晉侯」，以此來顯示自己的地位，子服景伯爲了維護魯國的尊嚴，就對使者說：「王合諸侯，則伯帥侯牧以見於王。伯合諸侯，則侯帥子男以見於伯。自王以下，朝聘玉帛不同。故敝邑之職貢於吳，有豐於晉，無不及焉，以爲伯也。今諸侯會，而君將以寡君見晉君，則晉成爲伯矣，敝邑將改職貢。魯賦於吳八百乘。若爲子男，則將半邾以屬於吳，而如邾以事晉。且執事以伯召諸侯，而以侯終之，何利之有焉？」〔註110〕由此我們可以看出，從向吳貢賦的數目上來說，魯雖然大於作爲附庸的邾，但從「故敝邑之職貢於吳，有豐於晉」知魯同時還要向像晉這樣其他大

〔註107〕　《春秋左傳正義》，第 2072～2073 頁。
〔註108〕　《春秋左傳正義》，第 1996 頁。
〔註109〕　《春秋左傳正義》，第 2163 頁。
〔註110〕　《春秋左傳正義》，第 2171～2172 頁。

國進貢,故稱「君之貳也」;而作爲附庸的邾僅向吳進貢即可,故稱「君之私也」。同時,從子服景伯之言可知魯爲侯爵,其需要同時向吳、晉這樣的「侯伯」進貢八百乘左右。但若吳降爲侯,魯降爲子男,則需向吳(侯)貢奉三百乘(半邾),向晉(侯伯)進貢六百乘(如邾)。這就顯出了不同等級爵位向高等級進貢的區別。同時我們還可以看出,儘管進入春秋以來,隨著形勢的發展,諸侯國實力強弱決定其地位高低,但從貢賦上來說,諸侯之間爵位的等級序列仍在發揮作用,依然是諸侯國交往的一個排序依據。

對於諸侯國內來說,其國內各階層等級不同,所獲得的祿邑收入也是不同的。《國語・晉語四》載晉文公年間的各種政治和社會情況時稱:「公食貢,大夫食邑,士食田,庶人食力,工商食官,皁隸食職,官宰食加。政平民阜,財用不匱。」〔註111〕社會各階層的收入情況很是清楚,從中也能看出當時貴族的收入是以「邑」及「田」來衡量的。

對於諸侯國內卿大夫來說,其受祿的多少也是與爵位直接掛鉤,爵的高低關係到受祿的多少,而受祿基本是以食邑爲計量單位的。如《左傳・襄公二十七年》:「(衛獻)公與免餘邑六十,辭曰:『唯卿備百邑,臣六十矣,下有上祿,亂也。』」〔註112〕可見國內臣下的祿是和爵等一致的,不能出現「下有上祿」的情況,卿祿可達到百邑,大夫則不能。又《左傳・昭公十年》載齊國內亂,陳桓子招回在外的子城、子公、公孫捷等人,「而皆益其祿。凡公子、公孫之無祿者,私分之邑。」〔註113〕也可知祿是以邑爲標準的。還有《左傳・昭公元年》載,這年秦公子鍼因避秦景公而到晉國,隨從「其車千乘」;後來由於楚國內亂,右尹子干奔晉,隨同僅車五乘。晉國叔向安排兩人同等食祿(同食),「皆百人之餼」。趙文子此時有不同的意見:「秦公子富」(以千乘對五乘,差別很明顯)。叔向解釋道:「底祿以德,德鈞以年,年同以尊。」〔註114〕《周禮・夏官・司士》:「以德詔爵」〔註115〕,《左傳・成公十八年》:「舉不失職,官不易方,爵不逾德,師不陵正,旅不逼師,民無謗言,所以復霸也。」〔註116〕可見底祿以德,即以爵量祿。《國語・晉語》記載同一事情

〔註111〕 《國語集解》,第 350 頁。
〔註112〕 《春秋左傳正義》,第 1995 頁。
〔註113〕 《春秋左傳正義》,第 2059 頁。
〔註114〕 《春秋左傳正義》,第 2025 頁。
〔註115〕 《周禮注疏》,第 848 頁。
〔註116〕 《春秋左傳正義》,第 1924 頁。

時說的更爲清楚：「夫爵以建事，祿以食爵，德以賦之，功庸以稱之，若之何以富賦祿也。」〔註117〕「祿以食爵」即祿隨爵之尊卑。《國語》在此處還解釋有：「大國之卿，祿一旅之田；上大夫，一卒之田。夫二公子者，上大夫也，皆一卒可也。」即均給二人上大夫食祿，百人之餼即一卒之田，也即爲田百頃之賦〔註118〕，和食邑相仿。

由以上所述可知，爵與祿是掛鉤的，爵高者祿厚，但有的史料從表面來看卻不是這樣。如《國語・晉語八》載叔向見韓宣子，宣子憂貧，叔向就向他道賀，韓宣子感歎道：「吾有卿之名，而無其實，無以從二三子，吾是以憂，子賀我何故？」叔向解釋到：「昔欒武子無一卒之田，其宮不備其宗器，宣其德行，順其憲則，使越於諸侯，諸侯親之，戎、狄懷之，以正晉國，行刑不疚，以免於難。及桓子驕泰奢侈，貪欲無藝，略則行志，假貸居賄，宜及於難，而賴武之德，以沒其身。及懷子改桓之行，而修武之德，可以免於難，而離桓之罪，以亡於楚。夫郤昭子，其富半公室，其家半三軍，恃其富寵，以泰於國，其身尸於朝，其宗滅於絳。不然，夫八郤，五大夫三卿，其寵大矣，一朝而滅，莫之哀也，唯無德也。今吾子有欒武子之貧，吾以爲能其德矣，是以賀。若不憂德之不建，而患貨之不足，將弔不暇，何賀之有？」〔註119〕從文中可輕易的知道韓宣子雖然爵爲卿，但仍「憂貧」；欒武子爲晉上卿時，竟然連上大夫的祿都沒有。如此，此處似乎與我們上文所述不同，但這是可以理解的。首先，稱欒武子「無一卒之田」肯定是誇張的說法，但的確從這裡可以看出，其在討論「卿之實」的時候是以「卒田」爲衡量標準的。另，若無田，其基本生活保障何來？只能說他比較節儉，與下文提到的後代「假貸居賄」對比而已，或許是僅僅擁有自己的職分田，而沒有利用職權謀取更多的田地。其次，畢竟從整個國家來看，封邑的數量是固定的，一個國家疆域的開拓總有一定的限額，卿位也是有限。左傳中曾經有致邑的記載，就是說如果不在此地爲卿，那麼相應的封邑也得收回。但也有世家大族累世或多人擔任卿大夫之位，那麼其應該有相當部份的田地是不用上繳的，那麼一旦一個世家數代把持高位，那麼其封邑的積累也是可觀的，上文稱郤氏的富足即是明證。此外，由於掌握一定的權力在手，那麼在原理上是可以據此

〔註117〕《國語集解》，第436頁。
〔註118〕《國語集解》，第436頁，注46。
〔註119〕《國語集解》，第438～439頁。

積累大量的財富。但一旦離開權力的位置，相應的封邑肯定會大大削弱。封爵並不是能固定帶來收入，即使這樣也是暫時的，因此如果要將封爵與食邑對照，那一定不能從一個國家一定時期卿大夫各自的財產來看，而是要從最初在冊命時君主對其同時的封爵來看，或從類似《左傳》那些古人的對話中來找到。

小　結

　　爵制與官制、軍制以及貢賦、食祿等都有著密切的聯繫。一般來說，爵位的高低決定了其官職和軍職的大小。周王室一直有畿內和畿外諸侯入朝爲官的先例，具體其爵位的變化在春秋經傳中體現並不明顯。而諸侯國內卿大夫的任官則稍顯端倪，擁有卿一等級的爵位往往擔任「司馬、司徒」等此類重職，職掌一國的朝政，而稍低的大夫等爵則只能擔任司馬等之下的職位。至於各諸侯國擁有軍隊的數目，春秋時期已突破爵等的約束，更多由各諸侯國的實力來決定，只是在某些情況下爵等仍然對各國有一定的制約作用。在各國內部，各軍則由諸卿統率，但並不是所有的卿均可領兵，需按照爵位高低和晉爵的先後來決定；大夫則在軍中擔任一定職位，起到輔助作用。諸侯對周天子的貢賦，一般畿內諸侯「卑而貢重」，而畿外諸侯則基本和爵之高低一致，「列尊貢重」。到春秋時期，天子衰微，諸侯對侯伯的貢賦基本仍是依照爵位高低而定。諸侯國內卿大夫的食祿在春秋時期也是與爵位等級相一致的。總體來說，儘管春秋時期社會秩序變動很大，到了後期更是「貴賤無序」，但從諸侯之間和諸侯國內部來看，爵位的高低仍在政治生活中起著維護等級秩序的作用。

結　語

　　綜上所述，我們可以看到，「爵」這一器物在夏代早已作爲飲酒器出現，成爲在飲酒、祭祀等場合中的重要器具，死後又作爲主人貴重的明器隨葬。故而「爵」在作爲酒器的同時也作爲禮器存在。「爵」之器形最初當是仿鳥（雀）的形狀而來，先爲陶器，後隨著生產的發展和青銅冶煉的出現，出現了青銅製爵。商人的飲酒之風熾盛，「爵」的貴重程度自然就水漲船高。殷商貴族在進行一些盛大的禮儀活動，如鄉飲酒禮、拜祭天地神靈、祭祀祖先等的儀式時，由於貴族之間存在身份等級的差別，而這些儀式無一不與「酒」有關係，於是這種等級差別就外在表現於「行爵」的禮儀過程中。隨著舉行儀式次數的增多及時日的推進，統治者就將這種等級差別固定下來，定名爲「爵制」。這時「爵」就由酒器和禮器而轉變爲等級制度之稱。

　　商代晚期是爵制的草創時期，西周的「五等爵制」在此時初見萌芽。殷商統治者在封賞與自己有血緣親緣關係的貴族及征服地區的部落首領時，往往會冠以相應的名號。比如血緣相近輩分低的稱之爲「子」，與商王有姻親關係的部族女性首領則被稱爲「婦」，輩分高的或年長的則稱之爲「公」、「伯」，新征服的方伯也往往被賜予「伯」的稱號，派往邊境地區主要負責警戒、安全任務的則稱之爲「侯」、「衛」，而封賞在畿內主要負責墾殖的則稱之爲「男」、「甸（田）」。這些稱呼初期或許沒有一定的等級區分；但在以血緣爲主要紐帶的傳統社會中，統治秩序尚未完善之時，血緣的遠近及輩分的高低，當是衡量其各自地位的重要標誌。因此或許「子」因爲輩分低的緣故，地位會稍低，相應的「公」、「伯」地位會較高。「侯」因爲從事軍事活動，其重要性和擁有的實力自然會超過負責墾殖的「男」、「甸」（田）等貴族。而同時，隨著

輩分的增長或職權的調動，如一些「子」會上升爲「伯」或調動爲「侯」，其地位自然隨之增長。如此一來，在尚未建立起具體秩序的初期，這些尊稱之間就存在一定的等級差別。其中「公」、「侯」、「伯」的地位要明顯高於「子」、「男」等。如此，商代晚期就出現了一些具有等級差別的固定尊稱，這應該就是「爵制」的草創階段。

周人滅商之初，因其勢小，僅能顧及商的統治中心地區，其初期就因襲商制，對畿外商人分封的諸侯承認其原有地位，並借其舊稱號，又分封了與自己有血緣和姻親關係的一系列諸侯。這時，在文獻中體現出來的多是殷商的爵制或與之類似的「公、侯、伯、子、男、甸、采、衛」等爵稱。

到了西周中期，隨著統治的鞏固，周人對國家禮制進行了系統化的變革，使之更加完善和秩序化。此時，儘管隨著周人對飲酒的限制，「爵」作爲器物基本沒落，但由「爵」衍伸而來的這種等級秩序卻被周人繼承下來並加以鞏固和系統化，由此形成了整齊而系統的五等爵制。而從目前掌握的西周材料來看，當時在周王室內部，僅見到「公——卿——大夫」等相關的稱呼，尚未體現出「內爵」的系統。但從春秋時期的記載來看，在西周中期以後，包含五等爵制在內這樣一種系統化的「內外爵」制度已經初步形成，並與一些朝聘、會盟等方面的禮制有一定的關係。西周中後期當是周代爵制的形成時期。

到春秋時期，政權下移，王室衰微，但周王朝建立起來的這種等級秩序仍體現在春秋時期的各種典籍上。春秋應是周代爵制的繼承和變異時期。從中我們可以看出，周代的爵制體系分爲兩方面，一是對畿外畿內諸侯而言的「公——侯——伯——子——男」這樣的「五等爵制」；另一則是對周王室內部官員來說的「公——卿——大夫——士」，而通過諸侯入朝擔任官職，這兩種體系之間也發生著一定的聯繫。這種體系，漢人將之稱爲「外爵——內爵」。文獻及考古資料中還顯示，這種「內外爵」的體系構成周禮中重要一環，其等級與在重大場合和日常生活中使用的器具（車馬、服飾、用具）、禮儀等是一致的。由此，在周王朝統治階層，就形成了「內爵」——「外爵」不同身份貴族間的一種等級秩序，從而形成了一個縝密而系統的等級網絡結構。「三禮」及漢人對周代爵制的認識，雖然有混亂的地方，但仍基本反映了周代的爵制情況，這對當時乃至後世影響甚大。

　　而這種秩序，尤其是「外爵」的秩序是建立在周王室自身強大的基礎之上，周王室的實力是維繫這個秩序的根本。而春秋時期王室的衰微，使得這種秩序變得混亂起來。繼之而起的春秋霸主，其維繫的也是這樣一個秩序，畢竟，無論就人們的觀念還是各國的形勢來看，這種秩序在當時還是符合人們的需求，且最具有系統性和穩定性。春秋的霸主在其中扮演了周王室原有的角色，但其依靠的是實力而非血緣和天然的地位，原有的秩序中參入了實力的因素，而實力的不確定性就導致了其固有穩定性的破壞。實際上，周王室的衰落就意味著這一秩序開始走向崩潰，春秋霸主維繫的僅是這一秩序的外在體現。「內爵」的破壞和外爵一樣，均是其根基發生了變化，諸侯國君的無力，社會的變動，尊「禮」向向「力」的轉變，使得這一秩序由初始的自下而上的破壞，到最後變得國君主動的求變，從而導致了原有爵制在戰國時代的轉變。對於舊爵制來說，春秋時期是一個繼承和變異的時代，其中體現了爵制變革的趨勢，但基本沒有相應的替代發生。

　　到了戰國時期，這種向實力的轉變加劇，周代禮制的崩壞、各國相攻伐，原有以血緣關係爲紐帶的外內爵制度先後遭到破壞。各國去爵號而稱王，撕去了原有五等爵僅存的外在表現，各國之間的交往完全憑實力而定。正由於外部局勢的遽變，同時各諸侯國內部加強君權的需要，原本「以功授爵」的方式就成爲各國主流。各國在原有「公卿大夫士」的傳統爵稱基礎上增加了新的爵名，尤其是下層爵稱的增多和細化，正是出於對立「功」的獎勵。雖然新爵制在爵名上與以往有相似之處，但這種變革並不是原來傳統的繼承與延續。授爵原則「由血緣到功勞」的改變，授爵範圍「由貴族到庶人」的擴大，獲爵對象「由封君到臣僚」的轉變等等，這些變化無一不昭顯新老爵制的不同。

　　這其中以秦國對爵制的變革最爲典型。商鞅變法中，確立了「軍功授爵」的原則，並在秦國原有官稱的基礎上，結合山東各國新出現的爵稱，設定了十幾種新的爵稱以及相關的授爵原則、獲爵特權等一系列的規定，建立起後世「二十等爵制」的雛形。秦國新爵制的出現，打破了原有血緣貴族的特權，將庶人階層納入到新體系之中，促進了社會階層的流動和君主集權的加強；同時軍功授爵的原則，使得秦國軍力和國力都有了飛快而穩定的提升，爲秦國統一六國奠定了堅實的基礎。

　　在周代，爵制是貴族之間等級秩序的重要組成部份，在這個秩序中，爵制與官制、軍制以及貢賦、食祿制等都有著密切的聯繫。以春秋時期為例，一般來說，爵位的高低決定了其官職和軍職的大小。周王室一直有畿內和畿外諸侯入朝為官的先例，但這些諸侯任官後爵位的具體變化體現並不明顯。而諸侯國內卿大夫爵制與官制的關係則相對比較清楚，擁有卿一等級的爵位往往擔任「司馬、司徒」等此類重職，職掌一國的朝政，而稍低的大夫等爵則只能擔任司馬等之下的職位。至於各諸侯國擁有軍隊的數目，春秋時期已突破爵等的約束，更多由各諸侯國的實力來決定，只是在某些情況下爵等仍然對各國有一定的制約作用。在各國內部，各軍則由諸卿統率，但並不是所有的卿均可領兵，需按照爵位高低和晉爵的先後來決定；大夫則在軍中擔任一定職位，起到輔助作用。諸侯對周天子的貢賦，一般畿內諸侯「卑而貢重」，而畿外諸侯則基本和爵之高低一致，「列尊貢重」。到春秋時期，天子衰微，諸侯對侯伯的貢賦基本仍是依照爵位高低而定。諸侯國內卿大夫的食祿在春秋時期也是與爵位等級相一致的。總體來說，儘管春秋時期社會秩序變動很大，到了後期更是「貴賤無序」，但從諸侯之間和諸侯國內部來看，爵位的高低仍在政治生活中起著維護等級秩序的作用。

　　正因為如此，當時人已充分意識到爵的重要作用。《公羊傳・莊公十年》：「州不若國，國不若氏，氏不若人，人不若名，名不若字，字不若子。」〔註1〕「子」即爵之代稱，這些名號層層遞進，故杜注解釋道：「爵最尊。」而在政治生活中，國君把握國內授爵大權，爵也就成為君主權力的體現，魯國後期政局混亂，政歸三桓，當時人發出這樣的感慨：「（左傳・昭公三十二年）是以為君慎器與名，不可以假人。」〔註2〕名即是爵號，器為車服，也與爵等有關。可見授爵之權在當時人眼中已達到和國家政權息息相關的地步，爵位的重要性可見一斑。

〔註1〕　《春秋公羊傳注疏》，第2232頁。
〔註2〕　《春秋左傳正義》卷五十三《昭公三十二年》，第2128頁。

附　表

一、金文中的「公」

稱號	年代							收錄（《殷周金文集成》）
	殷	西周早期	西周中期	西周晚期	春秋早期	春秋中期	春秋晚期	
埶公	爯公父丁卣							10.5074
兮公		孟卣						10.5399
周公		周公作文王方鼎（魯公鼎，文王鼎），塱方鼎（周公鼎、周公東征鼎），禽簋，榮作周公簋（周公簋，井侯簋），沈子它簋蓋，夨令方尊，小臣單觶，夨令方彝，延盤。	癲鍾，帥隹鼎，史牆盤，					1.251-6，4.2268，5.2739，5.2774，7.4041，8.4241，8.4330，11.6016，12.6512，16.9901，16.10067，16.10175，

稱號	年						代	收錄（《殷周金文集成》）
	殷	西周早期	西周中期	西周晚期	春秋早期	春秋中期	春秋晚期	
明公		明公簋（魯侯尊），矢令方尊，矢令方彝						7.4029，11.6016，16.9901
單公		叔作單公方鼎						4.2270
毛公		毛公旅方鼎，孟簋	班簋	毛公鼎				5.2724　，5.2841　，8.4163-64 8.4341
南公		大盂鼎		南公乎鍾，南公有司鼎				1.181　，5.2631　，5.2837
康公		□作康公彝，伋盂		合叀簋			哀成叔鼎	5.2782　，8.4197　，15.9244　，16.10309
召公		大史友甗，小臣𧻚鼎。		六年召伯虎簋（刺祖召公）		者滅鍾		1.193-198 3.915　，5.2556　，8.4293
畢公		史喑簋，獻簋					邵黛鍾	1.225-237 7.4030-31 8.4205
榮公			卯簋蓋					8.4327
應公		應公方鼎，應公鼎，應公簋，應公卣，應公尊，應公觶						4.2150-51 5.2553-54 6.3477-78 10.5177　，10.5220　，11.5841　，11.6174
豐公		豐公鼎，塱方鼎（周公鼎，周公東征鼎）						4.2152 5.2739
腹公		腹鼎						4.2061

稱號	年				代			收錄（《殷周金文集成》）
	殷	西周早期	西周中期	西周晚期	春秋早期	春秋中期	春秋晚期	
義公		叔單簋						6.3624
朕公		滕侯簋						6.3670
滕公		吾作滕公鬲						3.565
魯公		魯侯熙鬲	帥隹鼎					3.648 5.277
己公		霾鼎，西周，歔鯊方鼎（逐己公方鼎）	趩盂，（文祖己公）		異公壺			4.2413，5.2729，16.10321，15.9704
濂公		司鼎（司父鼎），厚趠方鼎（父辛鼎），窝鼎						5.2659，5.2730，5.2740-41
廬公		叔簋						8.4131
虞(虎)公父丁		宜侯矢簋						8.4320
嘗公		效尊	效卣					10.5433，11.6009
盈公		能匋尊						11.5984
甗公				甗公昏鼎				7.3919
京公		耳尊，西周早期或中期						11.6007
庾公		尊						11.6014

稱號	年				代			收錄（《殷周金文集成》）
	殷	西周早期	西周中期	西周晚期	春秋早期	春秋中期	春秋晚期	
楷公		叔㝅觶						12.6486
等公		征作等公觶						12.6487
尹公		□苜爵						14.9039，18.11701-02（大工尹公孫柠）
祖可公		美爵						14.9086-87
益公			畢鮮簋，申簋蓋，王臣簋，盠方尊，盠方彝，走馬休盤，永盂	益公鍾，訇簋，益伯歸夆簋（羌伯簋等）	曹公子沱戈			1.16，7.4061，8.4267，8.4268，8.4321，8.4331，11.6013，16.9899-9900，16.10170，16.10322，17.11120
內(芮)公			內伯壺	內公鍾，內公鍾鉤，內公鬲，內公簋蓋，內公簋壺，內公壺	內公鬲，內公鼎			1.31，1.3233，3.711123.743，4.238789 4.24756.3707-09 9.4531，15.9585，15.9596-98 17.10973
						入公戈		
蔑公			公姞鬲					3.753
井公			智壺蓋，（用作朕文考釐公）					15.9728

稱號	年代							收錄（《殷周金文集成》）
	殷	西周早期	西周中期	西周晚期	春秋早期	春秋中期	春秋晚期	
黃公			剌鼎（剌作黃公鼎）（穆王）					5.2776
宗公			□作父丁盂					16.10313
楚公				楚公逆鍾，楚公豪戈				1.42，1.43-45，1.106，17.11064
			楚公豪鍾					
郜公				郜公誠簋	郜公敄人鍾，郜公平侯鼎，上郜公敄人簋蓋，郜公簠蓋，郜公 鼎（商洛鼎）			1.59，5.2753，5.277172，8.4183，9.4569，9.4600
蘇公				蘇公簋	蘇公子簋		寬兒鼎	5.2722，6.3739，7.4014-15
鄧公				鄧公簋，鄧公簋蓋	鄧公牧簋，鄧公匜，春秋	鄧公乘鼎		5.2573，6.3590-91 7.3775-76 7.3858 7.4055，16.10228
復公				復公子簋			復公仲簋蓋，（復公仲我）	7.4011-13，8.4128
遲公				元年師旋簋				8.4279-82
恵公					恵公戈			17.11280
寺季故公				寺季故公簋				7.3817-18，
姑公				麸叔麸姬簋，遲盨				7.4062-67，9.4436

稱號	年 代							收錄（《殷周金文集成》）
	殷	西周早期	西周中期	西周晚期	春秋早期	春秋中期	春秋晚期	
晉公					晉公盆（皇祖唐公）			16.10342，18.12027-28
秦公					秦公鍾，秦公鎛，秦公簋，			1.262-3，1.264-6，1.267-269，1.270，8.4315
匽(燕)公					匽公匜，春秋			16.10229
塞公					塞公孫父匜			16.10276
浮公					浮公之孫公父宅匜			16.10278
申公					申公彭宇簋			9.4610
宋公					宋公鼎		宋公戍鎛，宋公繿鼎蓋，宋公繿簋，宋公繿戈，宋公得戈，宋公差戈	1.8-1.13，4.2233，5.2588，9.4589-90，17.11132，17.11133，17.11204，17,11281
曹公							曹公簋，曹公盤	9.4593，16.10144
許公							許公買簋	9.4617
郳公							郳公克敦	9.4641
邾公（註1）					邾公釛鍾		邾公孫班鎛，邾公	1.102，1.140，

稱號	年代							收錄（《殷周金文集成》）
	殷	西周早期	西周中期	西周晚期	春秋早期	春秋中期	春秋晚期	
							輕鍾（邾宣公），邾公華鍾（邾悼公）	1.149-152，1.245
郙公					郙公鼎，郙公簋			5.2714，7.4016-17
鵬公							鵬公劍	18.11618
銍公							銍公蘇曹戈	17.11209
虡公							虡公劍	18.11663

二、金文中的「侯」

稱號	年代							收錄（殷周金文集成）
	殷	西周早期	西周中期	西周晚期	春秋早期	春秋中期	春秋晚期	
異侯	孝卣，亞異匕辛觶，亞異侯父乙盉〔註2〕，亞異侯異父己器〔註3〕	娰方鼎，亞異侯異父乙簋，亞異侯異父戊簋，父丁亞異尊，亞異侯殘圓器	異侯弟鼎					5.2638，5.2702，6.3504，6.3513，10.5377，11.5923-24，12.6464，15.9439，16.10351，16.10559
靳侯	靳戈							17.10770
紀侯		己侯壺	己侯簋，己侯貉子簋蓋	己侯虎鍾，己侯鬲				1.14，3.600，7.3772，7.3977，15.9632

〔註2〕 亞異侯異匡侯，《集成釋文》第406頁。
〔註3〕 其侯亞異父己器，殷，《集成釋文》第286頁，當如上釋為「亞異侯異父己器」。

稱號	年							收錄（殷周金文集成）
	殷	西周早期	西周中期	西周晚期	春秋早期	春秋中期	春秋晚期	
井(邢)侯		麥方鼎，燹作周公簋，麥方尊，麥盉，井侯方彝	臣諫簋					5.2706，8.4237，8.4241，11.6015，15.9451，16.9893
康侯		康侯鬲，康侯豐鼎，作冊睘鼎，沬司土送簋，康侯觶，康侯爵，康侯矛，康侯斧，康侯刀，康侯車鑾鈴						3.464，4.2153，4.2504，7.4059，11.6173，13.8310，18.11450，18.11778-79，18.11812，18.12020
魯侯		魯侯熙鬲（魯公），明公簋，魯侯爵，魯侯盉蓋		魯侯鬲，魯侯壺，				3.545，3.648，7.4029，14.9096，15.9408，15.9579
匽(燕)侯		伯矩鬲，匽侯旨作父辛鼎，䮔方鼎，匽侯旨鼎，堇鼎，匽侯簋，復作父乙尊，匽侯盂，匽侯戈，匽侯戟2，匽侯銅泡2						3.689，4.2269，4.2505，5.2628，5.2703，6.3614，11.5978，16.10303-05，17.10887，17.10953，17.11011，18.11854，18.11860-61
陳侯		陳侯鬲		陳侯簋	陳侯作王仲媯𩰍簠，春秋，陳侯作孟姜𩰍簠，			3.705-06，5.2650，7.3815，7.3903，9.4603-04，

稱號	年　　　　　　　　　　　　代							收錄（殷周金文集成）
	殷	西周早期	西周中期	西周晚期	春秋早期	春秋中期	春秋晚期	
					春秋，陳侯盤，春秋，陳侯鼎，陳侯作嘉姬簋，陳侯壺			9.4606-07，15.9633-34 16.10157
滕侯		滕侯方鼎，滕侯簋，滕侯作滕公			滕侯鮴盨		滕侯敦，滕侯昃戈3，滕侯耆戈，	4.2154　，6.3670　，9.4428　，9.4635　，17.11018，17.11077-78 17.11079，17.11123
薛侯		薛侯鼎，西周		薛侯盤	薛侯匜			4.2377　，16.10133，16.10263，
噩(鄂)侯		噩侯馭季簋，噩侯弟馭季卣，馭季尊		噩侯鼎，禹鼎，噩侯簋				5.2810　，5.2833-34 6.3668　，7.3928-30，10.5325　，11.5912
宜(虞)侯		宜侯矢簋			虞侯政壺			8.4320　，15.9696
雞侯		且乙告田簋						6.3711
𥬉[註4]侯		中觶						12.6514
䣄侯		耳尊，西周早期或中期						11.6007
應侯				應侯見工鍾，西周中晚期，應侯簋	應侯簋			1.107-1.108 7.3860　，7.4045

〔註4〕　《引得》第879頁作「䣄」。

稱號	年代							收錄（殷周金文集成）
	殷	西周早期	西周中期	西周晚期	春秋早期	春秋中期	春秋晚期	
曾侯				曾侯簠	曾侯仲子游父鼎，曾侯戈			4.2423-24，9.4598，17.11121
蔡侯				蔡侯鼎	蔡侯朱缶，春秋		蔡侯紐鍾，蔡侯鑄，蔡侯甬鍾，蔡侯盄，蔡侯盄，蔡侯鼎，蔡侯殘鼎 2，蔡侯殘鼎蓋，蔡侯▨簠，蔡侯簠，蔡侯尊 2，蔡侯方壺，蔡侯瓶，蔡侯▨缶 2，蔡侯盤 2，蔡侯匜 2，蔡侯▨鑒，蔡侯▨戈，蔡侯產戈，蔡□□戟，蔡侯產劍，蔡侯劍	1.210-219，1.219-222，1.223，4.2215，4.2216，4.2217，4.2218-20，4.2221-24，4.2225-26，4.2441，6.3592-6.3599，9.4490-4493 11.5939，11.6010，15.9573-74 16.9976，16.9991，16.9992-4，16.10004，16.10072，16.10171，16.10189，16.10195，16.10290，17.11140-42 17.11143-44 17.11150，18.11587，18.11601
齊侯					齊侯敦，春秋；洹子孟姜壺，春秋；齊侯盤，春秋；齊侯作孟姬盤，春秋；齊侯匜，春秋		叔尸鍾，叔尸鑄，齊侯作孟姜敦，齊侯盤，齊侯匜，齊侯盂	1.272-280，1.285，9.4638-39，9.4645，15.972930 16.10117，16.10123，16.10159，16.10233，16.10242，

稱號	年				代			收錄（殷周金文集成）
	殷	西周早期	西周中期	西周晚期	春秋早期	春秋中期	春秋晚期	
					齊侯子行匜，齊侯匜			16.10272，16.10283，16.10318
耳侯		回匚戜簋						7.3826
量侯		量侯簋						7.3908
蓋侯		禽簋						7.4041
楷侯		檣侯簋蓋	檣侯壺					8.4139，15.9553
胡侯			遇甗		酓侯之孫墜鼎，春秋			3.948，4.2287
乃侯			牧簋					8.4343
垣侯			伯晨鼎					5.2816
柏侯				栢侯壺				15.9586-87
筍侯				筍侯盤	筍侯匜			16.10096，16.10232
莽侯				莽侯簋				6.3589
筥侯					酈侯少子簋，春秋			8.4152
程侯					郢侯戈			17.11202
穆侯					曾大工尹戈，春秋			17.11365
霎侯					霎侯簋			9.4561-62

三、金文中的「伯」

稱號	年代							收錄（殷周金文集成）
	殷	西周早期	西周中期	西周晚期	春秋早期	春秋中期	春秋晚期	
己(紀)伯		叔羸鬲	叡鍾2，大鼎	分仲鍾				1.65-71 ， 1.88-89 ， 1.90-1 ， 3.614 ， 5.2807-08
邵(呂)伯		呂伯觶	呂伯簋，班簋				邵黛鍾	1.225-237， 7.3979 ， 8.4341 ， 12.6503
召伯		伯穌鼎，富鼎，穌父辛爵，伯富盉	生史簋	召伯毛鬲，五年召伯虎簋，六年召伯虎簋				3.587 ， 4.2407 ， 5.2749 ， 7.4101 ， 8.4292 ， 14.9089 ， 15.9430
北伯		北伯作彝鬲，北伯作障鼎，北伯邑辛，北伯茲卣，北伯茲尊						3.506 ， 4.1911 ， 6.3672 ， 10.5299 ， 11.5890
矢伯		矢伯鬲，矢伯甗						3.514-15， 3.871
散伯		散伯卣蓋，散伯卣		散伯簋，散伯匜				7.3777-80， 10.5300 ， 10.5301 ， 16.10193
彊伯		彊伯鬲，彊伯甗，彊伯甗，彊伯簋3，彊伯鋻，	彊伯鼎，彊伯作井姬方鼎，彊伯作井姬鼎，彊伯井姬羊尊，彊伯鼎，彊伯盤					3.507 ， 3.895 ， 3.908 ， 4.2276 ， 4.2277 ， 4.2278 ， 5.2676-77， 6.3527-29， 6.3616-17， 6.3618 ，

稱號	年						代	收錄（殷周金文集成）
	殷	西周早期	西周中期	西周晚期	春秋早期	春秋中期	春秋晚期	
								11.5913，15.9409，16.10063-64
夆（逢）伯		夆作甗						3.894
潦伯		澕伯甗						3.872
尹伯		尹伯作且辛甗						3.912
伊伯		師懋壺						15.9714
戜伯		戜伯鼎						4.1913
董伯		董伯鼎，董伯器						4.2155-56，16.10571
宮伯		季籃作宮伯方鼎	戜者鼎，戜者簋					4.2340，5.2662，6.3675
免伯			師閔鼎					4.2281
閟伯		閟伯鼎						4.2041-42
珧伯		珧伯鼎						4.2109
陝伯		陝伯方鼎，陝伯簋，陝伯卣，陝伯尊，陝伯盉〔註5〕						4.2160-61 6.3524-25 10.5224-25 11.5847，15.9414
聚（註6）伯		鑄伯簋						6.3480

〔註5〕《集成釋文》（五）第362頁釋爲「陝」，觀其字形「⿰阝夾」，與前幾器基本一樣，如⿰阝夾（陝伯尊），⿰阝夾（陝伯簋），《引得》第252頁亦釋爲陝，故從之。

〔註6〕《引得》（61頁）釋爲「敔（拤）」。

稱號	年 代							收錄（殷周金文集成）
	殷	西周早期	西周中期	西周晚期	春秋早期	春秋中期	春秋晚期	
丮伯		丮伯簋						6.3482
右伯		卣伯簋		卣伯簋蓋〔註7〕				6.3719，7.3846
犰伯		枏伯罰卣						10.5317
虎伯		虎伯尊						11.5850
舟伯		亼伯壺蓋						15.9554
乂伯		伯矩盤						16.10073
艁伯		艁伯器						16.10546
發伯			攸伯鬲					3.697
單伯			裘衛盉	單伯昊生鍾，揚簋	單伯遽父鬲			1.82，3.737，8.4294-95 15.9456
榮伯			應侯見工鍾，西周中晚期，榮伯鬲，康鼎，西周中期或晚期，衛簋，同簋蓋，卯簋蓋，裘衛盉，永盂	彊伯師耤簋，輔師嫠簋，敔簋				1.107-8，3.632，5.2786，8.4209-12 8.4257，8.4270-71 8.4286，8.4323，8.4327，15.9456，16.10322
康伯			康伯簋					6.3720-21

〔註7〕 《集成釋文》中作「卣」，但觀字形 [圖]，卣伯簋中爲「[圖]」，《引得》247 頁均
釋爲「卣」，從《集成釋文》。

稱號	年				代			收錄（殷周金文集成）
	殷	西周早期	西周中期	西周晚期	春秋早期	春秋中期	春秋晚期	
微伯			微伯鬲，微伯癲匕，夷鼎，微伯癲簠					3.516-20，3.972-73，4.2490，9.4681
釐伯			叡鍾（釐伯鍾），康鼎，西周中期或晚期，□作釐伯簋	釐伯鬲				1.92，3.663-5，5.2786，6.3588
竈(郳)伯			竈伯鬲，西周中晚期		郳伯禦戎鼎，春秋			
隆伯			牟伯鬲					3.696
虢伯			虢伯甗	虢仲鬲				3.709，3.897
井伯			井伯甗，七年趞曹鼎（恭王），利鼎，師奎父鼎，五祀衛鼎（恭王），師毛父簋，羖簋蓋，豆閉簋，師瘨簋蓋，師虎簋，長由盉，永盂					3.873，5.2783，5.2804，5.2813，5.2832，8.4196，8.4243-44，8.4276，8.4283-84，8.4316，15.9455，16.10322
湅伯			利鼎					5.2804
奏伯			𢽥伯鼎					4.2044
宊伯			宊伯壺蓋					15.9702

稱號	年代							收錄（殷周金文集成）
	殷	西周早期	西周中期	西周晚期	春秋早期	春秋中期	春秋晚期	
皇祖考伯				克鍾 2，克鎛				1.204-5 ，1.206-7 ，1.209
杞伯				杞伯每匕鼎，西周晚期或春秋早期	杞伯每匕鼎，杞伯每匕簋，杞伯每匕壺，杞伯每匕盆，杞伯每匕匜，春秋			4.2494-95，5.2642 ，7.3897-902 15.9688 ，16.10255，16.10334
憲伯				揚簋				8.4294-95
郝伯				時伯鬲				3.589-91
鄭羌伯				鄭姜伯鼎	鄭羌伯鬲			3.659-60 ，4.2467
鄭登伯				鄭登伯鼎				5.2536
鄭義伯				鄭義伯盨，鄭義伯匜				9.4391 ，16.10204
鄭伯				鄭伯筍父鬲，袁鼎，袁盤	鄭伯士叔皇父鼎，春秋，召叔山父簋，鄭伯盤			3.730 ，5.2667 ，5.2819 ，9.4601-02 16.10090，16.10172
番伯				伯□子鬲，番伯鑪	番伯□孫鬲，番伯酓匜，春秋			3.612 ，3.630 ，16.9971 ，16.10259
戲伯				戲伯鬲，戲伯鼎				3.666-7 ，4.2043

稱號	年代							收錄（殷周金文集成）
	殷	西周早期	西周中期	西周晚期	春秋早期	春秋中期	春秋晚期	
芊伯碩父				畢伯碩父鬲				3.642
成伯				成伯孫父鬲，成伯邦父壺				3.680　，15.9609
宬伯				宬伯戛生壺				15.9615
魯伯				魯伯愈父盤，魯伯愈父匜，	魯伯愈父鬲，魯伯俞父簠，魯伯大父作季姬婧簋，魯伯大父作孟□姜簋，魯伯大夫作仲姬俞簋，魯伯匜	魯伯忿盨，春秋，魯伯厚父盤，春秋，魯伯者父盤，春秋		3.690-95，9.4566-68，7.3974　，7.3988　，7.3989　，9.4458　，16.10086，16.10087，16.10113-15，16.10222，16.10244
杜伯				杜伯鬲，杜伯盨				3.698　，9.4448-52
曾伯				曾伯宮父穆鬲，曾伯文簋	曾伯從寵鼎，曾伯霖簠，曾伯文鑪	曾伯陭壺，春秋		3.699　，5.2550　，7.4051-53，9.4631-32，15.9712　，16.9961
楸伯				楸伯車父鼎（散伯車父鼎）				5.2697-700
沃伯				沃伯寺簋				7.4007
文考惠伯				諫簋				8.4285
䚦伯				三年師兌簋				8.4318-19

稱號	年				代			收錄（殷周金文集成）
	殷	西周早期	西周中期	西周晚期	春秋早期	春秋中期	春秋晚期	
芉伯〔註8〕				柰伯歸夆簋（羌伯簋）				8.4331
睦伯				睦伯盨				9.4346
莫伯				𤲬伯盨				9.4347
尿伯				伯多壺				15.9613
洧伯〔註9〕				有伯君黃生匜				16.10262
邾翔伯					邾□白鼎			5.2640-41
番君酅伯					番君酅伯鬲			3.732-34
鄭登伯					鄭登伯鬲			3.597-99
深伯					深伯鼎，春秋			5.2621
劉伯					劉伯簠，春秋			9.4484

〔註8〕 《引得》釋爲荓，第249頁。

〔註9〕 《集成釋文》未釋，《引得》第253頁釋爲「洧伯」，從之。

四、金文中的「子」

稱號	年　　　　　　　　代							收錄（殷周金文集成）
	殷	西周早期	西周中期	西周晚期	春秋早期	春秋中期	春秋晚期	
宜子	成鼎							5.2694
北子	北子，父辛卣	北子作母癸方鼎，鬥簋〔註10〕，北子作蠢尊，北子望觶，北子宋盤，北子觶（西周早期或中期）						4.2329，7.3993，10.5165，11.5762，12.6476，12.6507，16.10084
唐子	唐子且乙爵							14.8834-36
女（汝）子	女子匕丁觚							12.7220
仲子〔註11〕	亞盉，仲子觥（殷或西周早期）	田告甗，仲子作日乙尊						3.889，11.5909，15.9298，15.9415
毓子		呂仲僕爵						14.9095
蔣子		繫子寶爵						14.8826-27
貉子		貉子						10.5409

〔註10〕 此器銘文爲「翏作北子耳簋」，但同一組銅簋，同名爲「鬥簋」的《集成》3994卻爲「翏作北柞簋」，見《集成釋文》第224頁。

〔註11〕 「仲子」還有一些作人名的，如《集成》4.2423-24「曾侯仲子游父鼎」，春秋早期，《集成釋文》第225頁；《集成》5.2564「曾仲子敔鼎」中的「曾仲子」，春秋早期，《集成釋文》第270頁；《集成》6.3449「赫仲子日乙簋」，西周早期，《集成釋文》第79頁。

稱號	年代							收錄（殷周金文集成）
	殷	西周早期	西周中期	西周晚期	春秋早期	春秋中期	春秋晚期	
解子		𤔲子甗，骰子作冥團宮鼎						3.874，4.2345
營子〔註12〕		熒子旅鬲，答子旅作父戊鼎，答子父戊盉						3.582-3，4.2320，15.9390-91
趨（鄒）子		趨子作父庚器						16.10575
乃子		乃子作父辛甗，乃子卣	夌方鼎，夌簋					3.924，5.2824，8.4322，10.5306
榮子		熒子旅作且乙甗，熒子旅鼎，熒子盤，榮子戈，西周：熒子鼎	熒子旅簋，熒子旅卣，熒子方尊，熒子方彝					3.930，4.2206，4.2503，6.3584，10.5256，11.5843，16.9880-81，16.10069，17.10888
黃子		黃子魯天尊，西周早期或中期			黃子鬲2，黃子鼎2，黃子豆，黃子壺，黃子鑪，黃子罐，黃子盤，黃子匜，黃子器座，黃子盉，春秋			3.624，3.687，5.2566，5.2567，9.4687，11.5970，15.9445，15.9663-64，16.9966，16.9987，16.10122，

〔註12〕《集成釋文》均釋為「榮子」，《引得》第 1396 頁釋為「營子」。按，此三器中字形為「𤇾」（3.582-3熒子旅鬲、4.2320答子旅作父戊鼎）、「𤇾」（答子父戊盉）；而《引得》釋為「榮子」的下部皆無「口」行，如「𤇾」（4.2503熒子旅鼎）等。

稱號	年代							收錄（殷周金文集成）
	殷	西周早期	西周中期	西周晚期	春秋早期	春秋中期	春秋晚期	
								16.10254，16.10355
長子		長子狗鼎					長子沫臣簠	4.2369　，9.4625
陶子			陶子盤					16.10105
單子			單子白盤		單子白盥			9.4424　，16.10070
貯(賈)子				貯子己父匜				16.10252
邿子				尋伯匜				16.10221
芮子				內子仲□鼎（西周晚期或春秋早期）				4.2517
彭子					彭子仲盆，春秋			16.10340
蔡子					蔡子匜，春秋		𢗅子鼎（春秋晚期或戰國早期）	4.2087　，16.10196
洹子					洹子孟姜壺，春秋			15.9729-30
許子					鄦子𨣞白鎛，春秋，鄦子妝簠蓋，春秋			1.153-4　，9.4616
秦子					秦子戈2，春秋：秦子矛			17.11352，17.11353，18.11547
章子					章子戈			17.11295
薛子					薛子仲安簠			9.4546-48

稱號	年代							收錄（殷周金文集成）
	殷	西周早期	西周中期	西周晚期	春秋早期	春秋中期	春秋晚期	
衛子					衛子叔□父簠			9.4499
杞子					□子〔註13〕每ㄅ鼎			4.2428
鄭子					鄭子石鼎			4.2421
曾子					曾子單鬲，曾子仲訶瓶，曾子伯諨鼎，曾子仲謰鼎，曾子仲宣鼎，曾子白父匜，春秋，曾子原彝簠，曾子缶，曾子伯岙盤		曾子遱簠，曾子馬簠，曾子□簠	3.625 ，3.943 ，4.2450 ，5.2620 ，5.2737 ，9.4488-89 9.4528-29 9.4573 ，9.4588 ，16.9996 ，16.10156，16.10207
豐子〔註14〕					宋眉父鬲			3.601
邕子					邕子良人瓶			3.945
蘇子					叔作穌子鼎			4.1926
徐子						郤子余鼎〔註15〕		4.2390
盅子							盅子聲鼎蓋	4.2286
羊子							羊子戈	17.11089-90

〔註13〕 《引得》第 1398 頁作杞子。
〔註14〕 《集成釋文》第 499 頁無釋，從《引得》釋，見第 1396 頁。
〔註15〕 《集成》5.2715-16 庚兒鼎，（徐王之子），春秋中期，「唯正月初吉丁亥徐王之子庚兒自作飤繁」見《集成釋文》第 326 頁。

稱號	年						代	收錄（殷周金文集成）
	殷	西周早期	西周中期	西周晚期	春秋早期	春秋中期	春秋晚期	
鄧子							鄧子午鼎	4.2235
息子							鄎子行盆	16.10330
邊子							鄹子𦾓臺鼎（春秋晚期或戰國早期），鄹子簠	4.2498，9.4545
楚子							楚子起鼎，楚子敦楚子睗簠，戰國早期	4.2231，9.4575-779.4637
陳子							陳子戈，戰國：陳子戈，陳子翼戈，陳子皮戈	17.11084，17.11038，17.11086-8717.11126

參考文獻

一、典籍類文獻

經　部

1. 尚書正義，〔清〕阮元校《十三經注疏》本，中華書局，1980 年影印。
2. 〔清〕孫星衍：尚書今古文注疏，中華書局，2004 年。
3. 毛詩正義，〔清〕阮元校《十三經注疏》本，中華書局，1980 年影印。
4. 〔清〕馬瑞辰：毛詩傳箋通釋，中華書局，2005 年。
5. 周禮注疏，〔清〕阮元校《十三經注疏》本，中華書局，1980 年影印。
6. 〔清〕孫詒讓：周禮正義，中華書局，2000 年。
7. 〔清〕孫詒讓：周禮政要，北京出版社，2000 年。
8. 〔清〕江永：周禮疑義舉要，商務印書館，1935 年。
9. 〔清〕王鳴盛：周禮軍賦說，上海古籍出版社，1996 年。
10. 禮記正義，〔清〕阮元校《十三經注疏》本，中華書局，1980 年影印。
11. 〔清〕孫希旦：禮記集解，中華書局，2007 年。
12. 儀禮注疏，〔清〕阮元校《十三經注疏》本，中華書局，1980 年影印。
13. 〔清〕胡培翬：儀禮正義，上海古籍出版社，1996 年。
14. 〔清〕胡匡衷：儀禮釋官，上海古籍出版社，1996 年。
15. 〔清〕秦蕙田：五禮通考，《文淵閣四庫全書》（影印本），臺北：商務印書館，1986 年。
16. 〔清〕黃以周：禮書通故，中華書局，2007 年。
17. 〔清〕邵懿行：禮經通論，王先謙《皇清經續編》，上海書店，1988 年。

18. 〔清〕俞樾：群經平議，王先謙《皇清經續編》，上海書店，1988 年。

19. 春秋左傳正義，〔清〕阮元校《十三經注疏》本，中華書局，1980 年影印。

20. 〔清〕洪亮吉：春秋左傳詁，中華書局，1987 年。

21. 〔清〕劉文淇：春秋左氏傳舊注疏證，科學出版社，1959 年。

22. 吳靜安：春秋左氏傳舊注疏證續，東北師範大學出版社，2005 年。

23. 楊伯峻：春秋左傳注，中華書局，2000 年。

24. 〔日〕竹田光鴻，左氏會箋（影印本），巴蜀書社，2008 年。

25. 春秋公羊傳注疏，〔清〕阮元校《十三經注疏》本，中華書局，1980 年影印。

26. 春秋穀梁傳注疏，〔清〕阮元校《十三經注疏》本，中華書局，1980 年影印。

27. 〔清〕鍾文烝：春秋穀梁經傳補注，中華書局，1996 年。

28. 〔清〕顧棟高：春秋大事表，中華書局，1993 年。

29. 〔漢〕董仲舒：春秋繁露，中華書局，1975 年。

30. 〔清〕陳立：白虎通疏證，中華書局，1994 年。

31. 論語注疏，〔清〕阮元校《十三經注疏》本，中華書局，1980 年影印。

32. 〔清〕劉寶楠：論語正義，中華書局，1990 年。

33. 爾雅注疏，〔清〕阮元校《十三經注疏》本，中華書局，1980 年影印。

34. 〔清〕郝懿行：爾雅義疏，上海古籍出版社，1983 年。

35. 〔清〕王念孫：廣雅疏證，南京古籍出版社，1984 年。

36. 〔清〕王先謙：釋名疏證補，上海古籍出版社，1984 年。

37. 〔清〕段玉裁：說文解字注，浙江古籍出版社，2006 年。

38. 孟子注疏，〔清〕阮元校《十三經注疏》本，中華書局，1980 年影印。

39. 〔清〕焦循注：孟子正義，上海書店出版社，1992 年。

史 部

1. 〔清〕朱右曾：逸周書集訓校釋，商務印書館，1940 年。

2. 黃懷信、張懋鎔、田旭東：逸周書匯校集注（修訂本），上海古籍出版社，2007 年。

3. 方詩銘，王修齡：古本竹書紀年輯證，上海古籍出版社，1981 年。

4. 〔清〕徐元誥撰，王樹民、沈長雲點校：國語集解，中華書局，2002 年。

5. 〔漢〕劉向集錄，范祥雍箋證，范邦瑾協校：戰國策箋證，上海古籍出版社，2006 年。

6. 馬王堆漢墓帛書整理小組：戰國縱橫家書（馬王堆漢墓帛書），文物出版社，1976 年。

7. 〔漢〕袁康：越絕書，上海古籍出版社，1985 年。

8. 〔漢〕趙曄：吳越春秋，江蘇古籍出版社，1999 年。

9. 〔漢〕司馬遷：史記，中華書局，2003 年。

10. 〔日〕瀧川資言：史記會注考證，文學古籍刊行社，1954 年影印。

11. 〔漢〕班固：漢書，中華書局，2003 年。

12. 〔清〕馬驌：繹史，中華書局，2002 年。

子　部

1. 〔清〕孫詒讓：墨子閒詁，中華書局，2001 年。

2. 吳毓江：墨子校注，中華書局，2006 年。

3. 晏子春秋校注：《諸子集成》本，中華書局，2006 年。

4. 〔清〕戴望：管子校正，中華書局，1988 年。

5. 〔清〕王先謙：荀子集解，中華書局，1954 年。

6. 〔清〕孫星衍：孫吳司馬法，上海古籍出版社，1990 年。

7. 〔清〕王先慎：韓非子集解，中華書局，2006 年。

8. 陳奇猷：韓非子集釋，上海人民出版社，1974 年。

9. 〔清〕王先謙：莊子集解，中華書局，2006 年。

10. 商君書：《諸子集成》本，中華書局，2006 年。

11. 高亨注譯：商君書注譯，中華書局，1974 年。

12. 蔣禮鴻：商君書錐指，中華書局，2006 年。

13. 楊伯峻：列子集釋，中華書局，2007 年。

14. 陳奇猷：呂氏春秋校釋，上海學林出版社，1984 年。

15. 〔漢〕劉安等編著，高誘注：淮南子，上海古籍出版社，1989 年。

筆記、會要

1. 〔唐〕杜佑：通典，中華書局，1996 年。

2. 〔宋〕程大昌撰，劉尚榮校正：考古編‧續考古編，中華書局，2008 年。

3. 〔清〕顧炎武：日知錄，上海古籍出版社，1985 年。

4. 〔清〕趙翼：陔餘叢考，河北人民出版社，1990 年。

5.〔清〕顧祖禹：讀史方輿紀要，中華書局，1955 年。

6.〔清〕錢大昕：潛研堂文集，《錢大昕全集》，江蘇古籍出版社，1997 年。

7. 王貴民、楊志清編著：春秋會要，中華書局，2009 年。

8. 楊寬、吳浩坤主編：戰國會要，上海古籍出版社，2005 年。

9.〔清〕孫楷著：秦會要，楊善群校補，上海古籍出版社，2004 年。

10. 繆文遠：七國考訂補，上海古籍出版社，1987 年。

11. 馬非百：秦集史，中華書局，1982 年。

二、文字・工具・考古

（一）論著

文　字

1. 高明：古文字類編，中華書局，1980 年。

2. 李孝定：甲骨文字集釋，中央研究院歷史語言研究所專刊之五十，1965 年。

3. 徐中舒主編：甲骨文字典，四川辭書出版社，1988 年。

4. 于省吾主編：甲骨文字詁林，中華書局，1999 年。

5. 趙誠主編：甲骨文簡明詞典——卜辭分類讀本，中華書局，1988 年。

6. 甲骨文合集，中華書局，1999 年。

7. 胡厚宣主編：甲骨文合集釋文，中國社會科學出版社，1999 年。

8. 曹錦炎、沈建華編著：甲骨文校釋總集，上海辭書出版社，2006 年。

9.〔日〕島邦男：殷墟卜辭研究，濮茅左、顧偉良譯，上海古籍出版社，2006 年。

10.〔日〕島邦男：殷墟卜辭綜類，汲古書院，1967 年。

11. 殷周金文集成（修訂增補本），中華書局，2007 年。

12. 近出殷周金文集錄，中華書局，2002 年。

13. 中國社會科學院考古研究所、安陽市文物考古研究所編著：殷墟新出土青銅器，雲南人民出版社，2008 年。

14.〔日〕白川靜：金文通釋，白鶴美術館，1964 年。

15. 華東師大中國文字研究與應用中心：金文引得（春秋戰國卷），廣西教育出版社，2002 年。

16. 劉志基：金文今譯類檢（殷商西周卷），廣西教育出版社，2003 年。

17. 容庚編著，張振林、馬國權摹補：金文編，中華書局，1985 年。

18. 徐中舒主編：殷周金文集錄，四川人民出版社，1984 年。

19. 馬承源：商周青銅器銘文選，文物出版社，1986 年。

20. 嚴志斌：商代青銅器銘文研究，中國社科院研究生院博士學位論文，2006 年。

21. 陳夢家：西周銅器斷代，中華書局，2004 年。

22. 郭沫若：兩周金文辭大系圖錄考釋，郭沫若全集，考古編第七卷，科學出版社，2002 年。

23. 李學勤：新出青銅器研究，文物出版社，1990 年。

24. 嚴志斌、洪梅編著：殷墟青銅器——青銅時代的中國文明，上海大學出版社，2008 年。

25. 岳洪彬：殷墟青銅禮器研究，中國社會科學出版社，2006 年。

26. 王世民、陳公柔、張長壽：西周青銅分期斷代研究，文物出版社，1999 年。

27. 朱鳳瀚：古代中國青銅器，南開大學出版社，1995 年。

28. 楊樹達：積微居小學述林，上海古籍出版社，2007 年。

29. 楊樹達：積微居金文說，上海古籍出版社，2007 年。

30. 劉正：金文氏族研究，中華書局，2002 年。

31. 湯餘惠主編：戰國文字編，福建人民出版社，2001 年。

32. 高明：古陶文匯編，中華書局，1990 年。

33. 湖北省荊沙鐵路考古隊：包山楚簡，文物出版社，1991 年。

34. 湖北省文物考古研究所、北京大學中文系編：九店楚簡，中華書局，2000 年。

35. 荊門市博物館編：郭店楚墓竹簡，文物出版社，1998 年。

36. 劉信芳、梁柱編著：雲夢龍崗秦簡，科學出版社，1997 年。

37. 睡虎地秦墓竹簡整理小組：睡虎地秦墓竹簡，文物出版社，1978 年。

38. 吳九龍：銀雀山漢簡釋文，北京文物出版社，1985 年。

39. 張家山漢墓竹簡，文物出版社，2006 年。

考　古

1. 北京大學歷史系考古研究室商周組：商周考古，文物出版社，1979 年。

2. 中國社會科學院考古研究所編：中國考古學·夏商卷，中國社會科學出版社，2003 年。

3. 中國社會科學院考古研究所編：中國考古學·兩周卷，中國社會科學出版社，2004 年。

4. 楊權喜：楚文化，文物出版社，2000 年。

5. 王學理、梁雲：秦文化，文物出版社，2001 年。

6. 王宇信、宋鎮豪、孟憲武主編：2004 年安陽殷商文明國際學術研討會論文集，社會科學文獻出版社，2004 年。

7. 鄒衡：夏商周考古學論文集，文物出版社，1980 年。

8. 張長壽：商周考古論集，文物出版社，2007 年。

9. 梁雲：戰國時代的東西差別——考古學的視野，文物出版社，2008 年。

10. 徐宏：先秦城市考古學研究，北京燕山出版社，2000 年。

11. 楊寬：中國古代都城制度史研究，上海古籍出版社，1993 年。

12. 李純一：中國上古出土樂器綜論，文物出版社，1996 年。

13. 孫慶偉：周代用玉製度研究，上海古籍出版社，2008 年。

14. 郭寶鈞：浚縣辛村，科學出版社，1964 年。

15. 郭德維：楚系墓葬研究，湖北教育出版社，1995 年。

16. 盧連成、胡智生：寶雞強國墓地，文物出版社，1988 年。

17. 北京市文物研究所：琉璃河西周燕國墓地，文物出版社，1995 年。

18. 印群：黃河中下游地區的東周墓葬制度，社會科學文獻出版社，2001 年。

19. 李學勤：文物中的古文明，商務印書館，2008 年。

20. 孫敬明：考古發現與齊史類證，齊魯書社，2006 年。

（二）論文

1. 高明：商代卜辭中所見王與帝，《考古學文化論集》（四），蘇秉琦主編，文物出版社，1997：243～255。

2. 葛英會：殷墟卜辭所見王族及相關問題，《考古學文化論集》（四），蘇秉琦主編，文物出版社，1997：256～278。

3. 陳公柔：士喪禮、既夕禮中所記載的喪葬制度，《考古學報》1956（4），收入《先秦兩漢考古學論叢》，文物出版社，2005：79～100。

4. 魏建震：商代墓道初探，《2004 年安陽殷商文明國際學術研討會論文集》，王宇信、宋鎮豪、孟憲武主編，社會科學文獻出版社，2004：483～489。

5. 楊錫璋：商代的墓地制度，《考古》1983（10）。

6. 趙化成：周代棺槨多重制度研究，《國學研究》（五），北京大學出版社，1998 年。

7. 程永健、商春芳：東周王畿與莒國東周葬制、青銅禮器比較，《耕耘論叢》（二），洛陽市文物局編，科學出版社，2003：52～65。

8. 蔡運章：虢國的分封與五個虢國的歷史糾葛——三門峽虢國墓地研究之三，《中原文物》1996（2）；收入《甲骨金文與古史新探》，中國社會科學出版社，1996：81～90。

9. 蔡運章：虢文公墓考——三門峽虢國墓地研究之二，《中原文物》1994（3）；收入《甲骨金文與古史新探》，中國社會科學出版社，1996：75～80。

10. 蔡運章：論虢仲其人——三門峽虢國墓地研究之一，《中原文物》1994（2）；收入《甲骨金文與古史新探》，中國社會科學出版社，1996：69～74。

11. 蔡運章：西虢史蹟及相關問題——三門峽虢國墓地研究之四，《洛陽考古發現與研究》，《中原文物》特刊 1996；收入《甲骨金文與古史新探》，中國社會科學出版社，1996：91～106。

12. 韓偉：略論陝西春秋戰國秦墓，《磨硯書稿：韓偉考古文集》，科學出版社，2001：38～51。

13. 河南省文物研究所：平頂山應國墓地九十五號墓的發掘，《華夏考古》1992（3）：92～103。

14. 湖北丹江口市外邊溝東周兩漢墓，《考古學集刊》14，劉慶柱主編，文物出版社，2004：14～53。

15. 李伯謙：晉侯墓地墓主推定之再思，《揖芬集——張政烺先生就是華誕紀念文集》，社會科學文獻出版社，2002：97～101。

16. 彭浩：楚墓葬制初論，《中國考古學第二次年會論文集》（1980），文物出版社，1982：33～40。

17. 俞偉超：平王東遷以後的西虢墓地，《古史的考古學探索》，文物出版社，2002：151～154。

18. 張長壽：關於晉侯墓地的幾個問題，《文物》1998（1）；收入《商周考古論集》，文物出版社，2007：314～318。

19. 張長壽：關於井叔家族墓地——1983～1986 年灃西發掘資料之一，《考古學研究》，三秦出版社，1993；收入《商周考古論集》，文物出版社，2007：328～332。

20. 張長壽：牆柳與荒帷——1983～1986年灃西發掘資料之五，《文物》1992（4），收入《商周考古論集》，文物出版社，2007年。

21. 張長壽：商丘宋城和鹿邑大墓，《揖芬集——張政烺先生就是華誕紀念文集》，社會科學文獻出版社，2002：77～79。

22. 張學海：試論魯城兩周墓葬的類型、族屬及其反映的問題，《中國考古學第四次年會論文集》（1983），文物出版社，1985：81～97。

23. 王曉田、高青山、賈振國：從秦和東方六國墓葬的不同，看商鞅變法的徹底性，《周秦社會結構研究》，田昌武、臧知非主編，西北大學出版社，1996：256～288。

24. 劉一曼：記安陽殷墟墓葬青銅武器的組合，《考古》2002（3）。

25. 楊錫璋、楊寶成：殷代青銅禮器的分期與組合，《殷墟青銅器》，文物出版社，1985：79～102。

26. 張長壽：殷商時代的青銅容器，《考古學報》1979（3），收入《商周考古論集》，文物出版社，2007：15～44。

27. 杜金鵬：銅爵研究——中國古代酒器研究之三，《夏商周考古學研究》，科學出版社，2007：747～784。

28. 曹瑋：試論茹家莊西周墓地的器用制度——兼論西周後期器用制度的源流，《中國考古學跨世紀的回顧與前瞻》（1999 年西陵國際學術研討會論文集），張忠培、許倬雲主編，科學出版社，2000：274～280。

29. 陳公柔：《宋國繼簠》與宋國青銅器，《洛陽考古四十年——1992 年洛陽考古學術研討會論文集》，科學出版社，1996；收入《先秦兩漢考古學論叢》，文物出版社，2005：49～57。

30. 陳公柔：《曾伯霏簠》銘文中的「金道錫行」及相關問題，《中國考古學論叢——中國社會科學院考古研究所建所 40 年紀念》，科學出版社，1993；收入《先秦兩漢考古學論叢》，文物出版社，2005：1～12。

31. 李瑾：曾國和曾國銅器綜考，《江漢考古》，1980（1）：69～84；收入《殷周考古論著》，河南大學出版社，1992：153～169。

32. 陳公柔：滕國、郑國青銅器及其相關問題，《中國考古學研究——夏鼐先生考古五十年紀念論文集》，文物出版社，1986；收入《先秦兩漢考古學論叢》，文物出版社，2005：13～32。

33. 陳公柔：徐國青銅器的花紋、形制及其他，《吳越地區青銅器研究論文集》上海博物館編，兩木出版社，1997；收入《先秦兩漢考古學論叢》，文物出版社，2005：58～72。

34. 陳偉：同盟中的諸侯——關於皞鍾銘文的一些推測，《九州學林》，鄭培凱主編，2005 春季 3 卷一期，復旦大學出版社，2005 年。

35. 金岳：斐方鼎考釋——兼論殷周冥國，《考古學文化論集》（四），蘇秉琦主編，文物出版社，1997：251～265。

36. 曹錦炎：吳越青銅器銘文述編，《古文字研究》（十七），中華書局，1989 年。

37. 林澐：棗莊市東江墓地青銅器銘文部份人名的考釋，《古文字研究》（第26 輯），中華書局，2006；收入《林澐學術文集 2》，科學出版社，2009：216～219。

38. 劉彬徽：楚國青銅禮器初步研究，《中國考古學第四次年會論文集》（1983），文物出版社，1985：108～122。

39. 劉啓益：西周康王時期銅器的初步清理，《出土文獻研究》，文物出版社，1985：69～106。

40. 劉啓益：西周昭王時期銅器的初步清理，《出土文獻研究續集》，文物出版社，1989：56～106。

41. 劉啓益：西周孝王時期銅器的初步清理，《出土文獻研究》（第 3 輯），中華書局，1998：43～59。

42. 劉啓益：西周銅器斷代研究的反思，《揖芬集——張政烺先生就是華誕紀念文集》，社會科學文獻出版社，2002：261～279。

43. 楊寶成：出國青銅禮器組合研究，《華夏考古》，2000（2）。

44. 張長壽：大保簋的復出和大保諸器，《考古與文物》1980（4），收入《商周考古論集》，文物出版社，2007：168～177。

45. 張長壽：論井叔銅器，《文物》1990（7）；收入《商周考古論集》，文物出版社，2007：117～122。

46. 王冠英：覲簋考釋，《黎虎教授古稀紀念中國古代史論叢》，張金龍主編，世界知識出版社，2006：252～255。

47. 張鍾雲：淮河中下游諸國青銅器研究，《考古學研究》（四），北京大學考古系編，科學出版社，2000：140～179。

48. 笪浩波：先秦禮車制度初探，《楚文化研究論集》（第 6 輯），湖北教育出版社，2004：81～103。

49. 高崇文：中國古代都城禮制文化的形成，《揖芬集——張政烺先生就是華誕紀念文集》，社會科學文獻出版社，2002：103～113。

50. 黃盛璋：西周銅器中服飾賞賜與職官及冊命制度的關係，《傳統文化與現代化》，1997（1）。

51. 俞偉超、高明：周代用鼎制度研究，《先秦兩漢考古學論集》，文物出版社，1985 年。

52. 李玉潔：殷周用鼎制度研究，《歷史文化論叢》，程民生、龔留柱主編，河南大學出版社，2000 年。

53. 林澐：周代用鼎制度商榷，《史學集刊》，1990（3）。

54. 王飛：用鼎制度興衰異議，《文博》，1986（6）：29～33。

55. 印群：論周代列鼎制度的嬗變——質疑「春秋禮制崩壞說」，《遼寧大學學報》（哲社版），1999（4）。

56. 王紅星、胡雅麗：由包山二號楚墓看楚系高級貴族墓的用鼎制度，《包山楚墓》，文物出版社，1991 年。

57. 李學勤：考古發現與古代姓氏制度，《考古》，1987（3）：253～257，241。

58. 盛冬玲：西周銅器銘文中的人名及其對斷代的意義，《文史》第 17 輯，中華書局，1983：27～64。

59. 吳鎮烽：金文人名研究，《考古文選》，科學出版社，2002：171～195。

60. 夏鼐：商代玉器的分類、定名和用途，《考古》，1983（5）。

61. 孫慶偉：《考工記·玉人》的考古學研究，《考古學研究》（四），北京大學考古系編，科學出版社，2000：115～139。

三、近人研究著作

（一）論著

通　論

1. 翦伯贊：中國史綱（第一卷史前史、殷周史），收入《翦伯贊全集》（第一卷），河北教育出版社，2008 年。

2. 吳澤：中國歷史大系·古代史，華東師範大學出版社，2002 年。

3. 金景芳：中國奴隸社會史，上海人民出版社，1983 年。

4. 王玉哲：中華遠古史，上海人民出版社，2000 年。

5. 白壽彝總主編，徐喜辰等主編：中國通史（第三卷：上古時代），上海人民出版社，1994 年。

6. 〔日〕內藤湖南著，夏應元等譯：中國史通論（上、下），社會科學文獻出版社，2004 年。

7. 江林昌：中國上古文明考論，上海教育出版社，2005 年。

8. 袁行霈等主編：中華文明史（第一卷），中華書局，2006 年。

9. 張廣志、李學功：三代社會形態，陝西師範大學出版社，2001 年。

10. 晁福林：夏商西周的社會變遷，北京師範大學出版社，1996 年。

11. 晁福林：先秦社會形態研究，北京師範大學出版社，2003 年。

12. 杜正勝：古代社會與國家，允晨文化實業股份有限公司，1992 年。

13. 杜正勝：編戶齊民——傳統政治社會結構之形成，聯經出版事業公司，1992 年。

14. 李宗侗：中國古代社會史，臺北中華文化出版事業委員會，1954 年。

15. 劉澤華：先秦政治思想史，南開大學出版社，1984 年。

16. 錢杭主編：傳統中國的社會文化研究，上海社會科學院出版社，2008 年。

17. 沈長雲：先秦史，人民出版社，2006 年。

18. 呂思勉：先秦史，上海古籍出版社，2005 年。

19. 徐中舒：先秦史論稿，巴蜀書社，1992 年。

20. 許倬雲：西周史（增訂本），三聯書店，1994 年。

21. 楊寬：西周史，上海人民出版社，2003 年。

22. 楊寬：戰國史，上海人民出版社，2003 年。

23. 呂思勉：秦漢史，上海古籍出版社，2005 年。

24. 童書業：春秋史，中華書局，2006 年。

25. 顧德融、朱順龍：春秋史，上海人民出版社，2001 年。

26. 郭克煜：魯國史，人民出版社，1994 年。

27. 王閣森：齊國史，山東人民出版社，1992 年。

28. 李玉潔：楚國史，河南大學出版社，2002 年。

29. 沈長雲等：趙國史稿，中華書局，2000 年。

30. 林劍鳴：秦史稿，上海人民出版社，1981 年。

31. 林劍鳴：秦漢史，上海人民出版社，2004 年。

32. 呂思勉：中國制度史，上海教育出版社，2006 年。

33. 白鋼主編：中國政治制度通史，人民出版社，1996 年。

34. 陶希聖編校：中國政治制度史（第一冊先秦），啟業書局，1979 年。

35. 王宇信、楊升南：中國政治制度通史·先秦卷，北京人民出版社，1996 年。

36. 左言東：中國政治制度史，浙江古籍出版社，1986 年。

37. 王貴民：商周制度考信，明文書局，1989 年。

38. 周谷城：中國政治史，中華書局，1982 年。

39. 繆文遠：戰國制度通考，巴蜀書社，1998 年。

40. 李學勤：比較考古學隨筆，香港：中華書局，1991 年。

專 著

1. 丁山：甲骨文所見氏族及其制度，中華書局，1988 年。

2. 胡慶鈞主編：早期奴隸制社會比較研究，中國社會科學出版社，1996 年。

3. 荊志純、唐際根、高嶋謙一編：多維視角：商王朝與中國早期文明研究，科學出版社，2008 年。

4. 李雪山：商代分封制度研究，中國社會科學出版社，2004 年。

5. 李學勤主編：中國古代文明與國家形成研究，王宇信等著，中國社會科學出版社，2007 年。

6. 孟世凱：商史與商代文明，上海科學技術文獻出版社，2007 年。

7. 宋鎮豪：夏商社會生活史（增訂本），中國社會科學出版社，2005 年。

8. 王國維：觀堂集林，中華書局，1959 年。

9. 王宇信、楊升男：甲骨學一百年，社會科學文獻出版社，1999 年。

10. 張秉權：甲骨文與甲骨學，國立編譯館，1988 年。

11. 陳槃：春秋大事表列國爵姓及存滅表譔異（三訂本），上海古籍出版社，2007 年。

12. 李索：敦煌寫卷《春秋經傳集解》異文研究，中國社會科學出版社，2007 年。

13. 王鍔：《禮記》成書考，中華書局，2007 年。

14. 呂思勉：呂思勉讀史札記（增訂本），上海古籍出版社，2005 年。

15. 周谷城：周谷城學術論著自選集，北京師範學院出版社，1992 年。

16. 童書業：春秋史料集，中華書局，2008 年。

17. 童書業：春秋左傳研究（校訂本），中華書局，2006 年。

18. 童書業：童書業史籍考證論集，中華書局，2005 年。

19. 顧頡剛：史林雜識（初編），中華書局，1963 年。

20. 郭沫若：中國古代社會研究，人民出版社，1964 年。

21. 韓連琪：先秦兩漢史論叢，齊魯書社，1986 年。

22. 郝鐵川：周代國家政權研究，黃山書社，1990 年。

23. 何茲全：中國古代社會，北京師範大學出版社，2001 年。

24. 金景芳：古史論集，齊魯書社，1981 年。

25. 金景芳：金景芳古史論集，吉林大學出版社，1991 年。

26. 李峰：西周的滅亡，徐峰譯，上海古籍出版社，2007 年。

27. 李開元：漢帝國的建立與劉邦集團——軍功受益階層研究，三聯書店，2000 年。

28. 李零：李零自選集，廣西師範大學出版社，1998 年。

29. 李學勤：東周與秦代文明，上海人民出版社，2007 年。

30. 李亞農：李亞農史論集（上、下），上海人民出版社，1962 年。

31. 劉俊文主編，高明士、邱添生、夏日新等譯：日本學者研究中國史論著選譯（第二卷專論），中華書局，1993 年。

32. 齊思和：中國史探研，中華書局，1981 年。

33. 錢玄：三禮通論，南京師範大學出版社，1996 年。

34. 瞿同祖：中國封建社會，上海人民出版社，2005 年。

35. 沈長雲：上古史探研，中華書局，2005 年。

36. 孫作雲：詩經與周代社會研究，中華書局，1966 年。

37. 田昌五、臧知非：周秦社會研究，西北大學出版社，1996 年。

38. 〔日〕西嶋定生著，武尚清譯：中國古代帝國的形成與結構——二十等爵制研究，中華書局，2004 年。

39. 謝維揚：周代家庭形態，中國社會科學出版社，1990 年。

40. 熊逸：春秋大義 2 隱公元年，廣西師範大學出版社，2009 年。

41. 許倬雲：中國古代社會史論——春秋戰國時期的社會流動，廣西師範大學出版社，2006 年。

42. 何懷宏：世襲社會及其解體——中國歷史上的春秋時代，三聯書店，1996 年。

43. 許倬雲：求古編，新星出版社，2006 年。

44. 楊寬：古史新探，中華書局，1965 年。

45. 楊光輝：漢唐封爵制度，學苑出版社，2001 年。

46. 楊向奎：宗周社會與禮樂文明，人民出版社，1992 年。

47. 張金光：秦制研究，上海古籍出版社，2004 年。

48. 張光直：中國青銅時代，三聯書店，1983 年。

49. 張廣志：西周史與西周文明，上海科學技術文獻出版社，2007 年。

50. 趙伯雄：周代國家形態研究，湖南教育出版社，1990 年。

51. 趙光賢：周代社會辨析，人民出版社，1980 年。

52. 朱鳳瀚：商周家族形態研究（增訂本），天津古籍出版社，2004 年。

53. 朱亮、宋鎮豪主編：西周文明論集，朝華出版社，2003 年。

54. 高敏：秦漢史論稿，臺北：五南圖書出版股份有限公司，2002 年。

55. 朱紹侯：軍功爵制研究，上海人民出版社，1990 年。

56. 朱紹侯：朱紹侯文集，河南大學出版社，2005 年。

57. 〔日〕佐竹靖彦：殷周秦漢史學的基本問題，中華書局，2008 年。

58. 閻步克：品位與職位——秦漢魏晉南北朝官階制度研究，中華書局，2002 年。

59. 閻步克：從爵本位到官本位——秦漢官僚品位結構研究，三聯書店，2009 年。

60. 楊筠如：周代官名略考，《國立中山大學語言歷史學研究所週刊》第二集第二十期，1928 年。

61. 陳茂同：歷代職官沿革史，華東師範大學出版社，1997 年。

62. 左言東：先秦職官表，商務印書館，1994 年。

63. 卜憲群：秦漢官僚制度，社會科學文獻出版社，2002 年。

64. 張晉藩主編：中國官制通史，中國人民大學出版社，1992 年。

65. 張亞初、劉雨：西周金文官制研究，中華書局，2004 年。

66. 段志洪：周代卿大夫研究，臺灣文津出版社，1994 年。

67. 陳漢平：西周冊命制度研究，學林出版社，1986 年。

68. 徐傑令：先秦社會生活史，黑龍江人民出版社，2004 年。

69. 蔡鋒：春秋時期貴族社會生活研究，中國社會科學出版社，2004 年。

70. 徐傑令：春秋邦交研究，中國社會科學出版社，2004 年。

71. 高銳：中國上古軍事史，軍事科學出版社，1995 年。

72. 黃樸民：簡明中國軍制史，黑龍江人民出版社，1991 年。

73. 劉展主編：中國古代軍制史，軍事科學出版社，1992 年。

74. 中國軍制史（第三卷兵制），解放軍出版社，1987 年。

75. 商立文：中國歷代地方政治制度，正中書局，1980 年。

76. 周振鶴：中國地方行政制度史，上海人民出版社，2005 年。

77. 董平均：出土秦律漢律所見封君食邑制度研究，黑龍江人民出版社，2007 年。

78. 葛志毅：周代分封制度研究，黑龍江人民出版社，2005 年。

79. 柳春藩：秦漢封國食邑賜爵制，遼寧人民出版社，1984 年。

80. 侯志義：采邑考，西北大學出版社，1989 年。

81. 呂文郁：周代的采邑制度（增訂版），社會科學文獻出版社，2006 年。

82. 周書燦：西周王朝經營四土研究，中州古籍出版社，2000 年。

83. 黃春高：西歐封建社會，中國青年出版社，1999 年。

84. 侯建新：社會轉型時期的西歐與中國，高等教育出版社，2005 年。

85. 齊思和等譯：中世紀晚期的西歐，商務印書館，1962 年。

（二）期刊論文

商代爵制

1. 王國維：古諸侯稱王說，《觀堂別集》卷一，載於《觀堂集林》（外二種），河北教育出版社，2001：623～624。

2. 王國維：散氏盤考釋，《古史新證——王國維最後的講義》，清華大學出版社，1994：83～104。

3. 傅斯年：論所謂五等爵，《歷史語言研究所集刊》第二本，中華書局，1987年影印；又載《傅斯年全集》（三），湖南教育出版社，2003：22～45。

4. 董作賓：《王孫舌考》，原載香港大學《東方文化》三卷第一期 1～14，又載《董作賓學術論著》，臺北：世界書局，1980：1077～1085。

5. 董作賓：五等爵在殷商，原載《中央研究院歷史語言研究所集刊》第六本 413～430，又載《董作賓學術論著》，臺北：世界書局，1980：717～734。

6. 董作賓：民無二王，《平廬文存》上集，藝文印書館，1963 年。

7. 胡厚宣：殷代封建制度考，《甲骨學商史論叢初集》（上），河北教育出版社，2002：19～81。

8. 〔日〕白川靜：胡厚宣氏的商史研究——甲骨學商史論叢，載於《甲骨文與殷商史》（第三輯），宋鎮豪譯自《立命館文學》第一〇二、一〇三號：436～474。

9. 徐中舒、唐嘉弘：論殷周的外服制——關於中國奴隸制和封建制分期的問題，《先秦史論文集》（人文雜誌增刊），1982：53～57。

10. 嚴志斌：商代金文的婦名問題，《古文字研究》（第二十六輯），中華書局，2006：141～146。

11. 曹定雲：「婦好」乃「子方」之女，《慶祝蘇秉琦考古五十五年論文集》，文物出版社，1989 年。

12. 常耀華：關於周原四片卜甲的幾點看法，《西周文明論集》，朱亮、宋鎮豪主編，朝華出版社，2003：345～349。

13. 晁福林：殷墟卜辭中的商王名號與商代王權，《歷史研究》1986（5）：140～153

14. 陳絜：關於商代婦名研究中的兩個問題，《2004 年安陽殷墟商文明國際學術研討會論文集》，社會科學文獻出版社，2004：244。

15. 陳蒲清：論箕子的「子」不是爵位，《湖南師範大學社會科學學報》2003（3）：92～93。

16. 高明：從甲骨文中所見王與帝的實質看商代社會，《古文字研究》（16）1989 年。

17. 高明：商代卜辭中所見王與帝，《紀念北京大學考古專業三十週年論文集》，文物出版社，1990 年。

18. 葛英會：殷墟卜辭所見王族及相關問題，《紀念北京大學考古專業三十週年論文集》，文物出版社，1990 年。

19. 黃奇逸：甲金文中王號生稱與諡法問題的研究，《中華文史論叢》，1983（1），上海古籍出版社，1983，27～44。

20. 黃天樹：談談殷墟甲骨文中的「子」字，《古文字研究》（二十七輯），中華書局，2008，49～54。

21. 黃中業：商代分封說質疑，《學術月刊》，1986（5）：76～79。

22. 李雪山：卜辭「子某」之「子」爲爵稱説，《董作賓與甲骨學研究續編》，李雪山主編，中國社會科學出版社，2007：41～49。

23. 李雪山：卜辭所見商代晚期封國分佈考，《殷都學刊》，2004（2）。

24. 林澐：甲骨文中的商代方國聯盟，《古文字研究》（六），中華書局，1981：67～92。

25. 林澐：從武丁時代的幾種「子卜辭」試論商代的家族形態，《古文字研究》（一），中華書局，1979年。

26. 劉桓：關於商代貢納的幾個問題，原載《文史》2004（4），又載《甲骨集史》，中華書局，2008：15～44。

27. 劉桓：試説卜辭的「奠某侯」與建侯的關係，《甲骨集史》，中華書局，2008：92～94。

28. 劉軍社：卜辭中的「周」，《西周文明論集》，朱亮、宋鎮豪主編，朝華出版社，2003：336～344。

29. 彭邦炯：從商的竹國論及商代北疆諸氏，載於王宇信主編《甲骨文與殷商史》（第三輯），上海古籍出版社1991：380～404。

30. 裘錫圭：關於商代的宗族組織與貴族和平民兩個階級的初步研究，《文史》（第十七輯），中華書局，1983年。

31. 裘錫圭：甲骨卜辭中所見的「田」、「牧」、「衛」等職官的研究，《古代文史研究新探》，江蘇古籍出版社，1992：343～365。

32. 裘錫圭：説殷墟卜辭的「奠」——試論商人處置服屬者的一種方法，《中央研究院歷史語言研究所集刊》，1996，64（3）。

33. 齊文心：關於商代稱王的封國君主的探討，《歷史研究》1985（2）：63～78。

34. 齊文心：王字本義試探，《歷史研究》1991（4）。

35. 齊文心：「婦」字本義試探，《紀念殷墟甲骨文發現一百週年國際學術研討會論文集》，社會科學文獻出版社，2003年。

36. 沈建華：商代冊封制度初探，《第二屆國際中國古文字研討會論文集》（香港中文大學三十年校慶），香港中文大學，1993年。

37. 沈建華：卜辭所見商代的封疆與納貢，原載《中國史研究》2004（4），又載《初學集——沈建華甲骨學論文選》，文物出版社，2008：121～136。

38. 沈建華：從花園莊東地卜辭看「子」的身份，原載《中國歷史文物》2007（1），又載《初學集——沈建華甲骨學論文選》，文物出版社，2008：171～179。

39. 沈建華：甲骨文所見晉南方國考，原載《輯芬集——張政烺先生九十華誕紀念文集》，社會科學文獻出版社，2002，又載《初學集——沈建華甲骨學論文選》，文物出版社，2008：78～85。

40. 宋鎮豪：論商代的政治地理架構，《中國社會科學院歷史研究所學刊》（第一集），中國社會科學院歷史研究所學刊編委會編，社會科學文獻出版社 2001：6～27。

41. 王冠英：殷周的外服及其演變，《歷史研究》1984（5）：80～99。

42. 王貴民：「衛服」的起源和古代社會的守衛制度，《中華文史論叢》，1982（3），上海古籍出版社，1982：51～64。

43. 王貴民：甲骨文所記商朝貢納及所顯示的有關制度，載於《紀念殷墟甲骨文發現一百週年國際學術研討會論文集》，社會科學文獻出版社，2003：415～424。

44. 王貴民：商朝官制及其歷史特點，《歷史研究》，1986（4）：107～119。

45. 王貴民：試論貢、賦、稅的早期歷程——先秦時期貢、賦、稅源流考，《中國經濟史研究》，1988（1）。

46. 徐義華：甲骨刻辭諸婦考，《殷商文明暨紀念三星堆遺址發現七十週年國際學術研討會論文集》，社會科學文獻出版社，2003：292～293。

47. 楊升南：卜辭中所見諸侯對商王室的臣屬關係，胡厚宣主編《甲骨文與殷商史》，上海古籍出版社，1983：128～172。

48. 楊升南：甲骨文的「男」為爵稱說，《紀念殷墟甲骨文發現一百週年國際學術研討會論文集》，社會科學文獻出版社，2003：433～438。

49. 楊升南：甲骨文中所見商代的貢納制度，原載《殷都學刊》，又載《殷商文明論集》，郭旭東主編，中國社會科學出版社，2008：152～162。

50. 朱鳳瀚：殷墟卜辭所見商王室宗廟制度，《歷史研究》1990（6）。

51. 張亞初：商代職官研究，《古文字研究》(13)，中華書局 1986：82～116。

52. 張政烺：帚好略說，《考古》，1983（16）。

53. 趙誠：諸婦探索，《古文字研究》1985（12）。

周代爵制

1. 郭沫若：班殷的再發現，《文物》1972（9）。

2. 郭沫若：金文所無考·五等爵祿，《金文叢考》，人民出版社 1954；《郭沫若全集·考古編》（第五卷），科學出版社，2002：81～120。

3. 楊樹達：古爵名無定稱說，《積微居小學述林》卷六，中華書局 1983 年。

4. 晁福林：先秦時期爵制的起源與發展，《河北學刊》，1997（3）：73～81。

5. 陳恩林：先秦兩漢文獻中所見周代諸侯五等爵，《歷史研究》1994（6）：59～72。

6. 陳恩林：《春秋左傳注》辨正六則，《古籍整理研究學刊》，2005（5）：1～8。

7. 王世民：西周春秋金文中的諸侯爵稱,《歷史研究》1983（3）。

8. 王世民：西周春秋金文所見諸侯爵稱的再檢討,《古文字與古代史》第三輯,臺北：中央研究院歷史語言研究所,2012 年 3 月：149～157。

9. 詹子慶：先秦禮學研究芻議,《社會科學戰線》2009（5）：222～227。

10. 蔡運章：召公奭世系初探,《人文雜誌》叢刊第二輯《西周史研究》,1984：207～217。

11. 陳世輝：《爵名釋例》質疑,《學術月刊》,1961（8）：41～42。

12. 杜正勝：周代封建制度的社會結構,中研院史語所集刊,50：3,1968,9。

13. 葛志毅：殷周兩代諸侯體制的比較,《學習與探索》2000（6）,收入《譚史齋論稿》,葛志毅著,黑龍江人民出版社,2003：32～45。

14. 葛志毅：中國古代姓氏制度與宗法分封體制,《譚史齋論稿四編》,葛志毅著,黑龍江人民出版社,2008：41～73。

15. 郝鐵川：周朝國家結構考述,《華東師範大學學報》,1987（2）。

16. 雷海燕：周代封侯爵制辨析,《寶雞文理學院學報》（社科版）,2008（5）：35～38。

17. 李峰：論「五等爵」稱的起源,《古文字與古代史》第三輯,臺北：中央研究院歷史語言研究所,2012 年 3 月：159～184。

18. 劉順超：初論西周邢國史及相關問題,《西周文明論集》,朱亮、宋鎮豪主編,朝華出版社,2003：223～228。

19. 劉源：「五等爵」制與殷周貴族政治體系,《歷史研究》2014（1）：62～78。

20. 羅志田：先秦的五服制與古代的天下中國觀,《學人》第 10 輯,江蘇文藝出版社 1996：367～400。

21. 邵蓓：西周伯制考索,《中國史研究》,2008（2）：3～12。

22. 沈長雲：論殷周之際的社會變遷,《歷史研究》1997（6）。

23. 沈長雲：說燕國的分封在康王之世——兼說銘有「匽侯」的周初青銅器,《中國歷史博物館館刊》,1999（2）。

24. 石永士：關於西周初封燕的幾個問題,《西周文明論集》,朱亮、宋鎮豪主編,朝華出版社,2003：33～41。

25. 施偉青：論西周春秋的「士」,《中國古代史論叢》,嶽麓書社 2004,1～11。

26. 束世澄：爵名釋例——西周封建制探索之一,《學術月刊》,1961（4）：50～57。

27. 張錚：論周代五等爵制與五服制，《求索》，2007（12）：212～214，222。

28. 趙縕：五等爵溯源——兼論三代血緣政治，《山東社會科學》，1989（2）：68～73。

29. 張懋鎔：周人不用日名說，《歷史研究》1993（5）。

30. 張文祥：西虢史蹟考略，《西周文明論集》，朱亮、宋鎮豪主編，朝華出版社，2003：229～233。

31. 趙伯雄：周代大夫階層的歷史發展，內蒙古大學學報，1983（2）：1～26。

32. 楊靜剛：周代之朝貢及畿服制度，《華學》（九、十），饒宗頤主編，上海古籍出版社 2008：458～471。

33. 王暉：西周蠻夷「要服」新證——兼論「要服」與「荒服」、「侯服」之別，《長安史學》（第 4 輯），賈二強主編，中國社會科學出版社 2007：38～56。

34. 王培眞：金文中所見西周世族的產生和世襲，《人文雜誌》叢刊第二輯《西周史研究》，1984 年：174～191。又收入《古史文存》（先秦卷），中國社會科學院歷史研究所編，社會科學文獻出版社 2004：298～315。

35. 王樹民：畿服說考略，《文史》（44），中華書局 1998：59～69。

春秋戰國

1. 施之勉：《春秋》伯子男同位說，《東方雜誌》四十一卷，第十三號：48～50。

2. 劉澤華：從春秋戰國封建主形成看政治的決定作用，《歷史研究》1986（6）：102～116。

3. 許子濱：《左傳》「鄭伯男也」解，《華學》（九、十），饒宗頤主編，上海古籍出版社 2008：236～245。

4. 葉國良：關於《國語》「鄭伯南也」與《左傳》「鄭伯男也」之解釋問題，《孔孟月刊》，十九卷第三期：15～20、36。

5. 馬衛東：春秋時代五等爵制的存留及其破壞，《史學集刊》2006（7）：132～137。

6. 徐鴻修：春秋時期執政正卿的選拔，《先秦史研究》，徐鴻修著，山東大學出版社 2002：118～123。

7. 徐鴻修：春秋貴族法規研究，《先秦史研究》，徐鴻修著，山東大學出版社 2002：138～226。

8. 劉澤華：戰國大夫辨析，《史學集刊》，1987（1）。

9. 裘錫圭：戰國時代社會性質試探，《古代文史研究新探》，江蘇古籍出版社，1992：387～429。

10. 楊一民：戰國秦漢時期爵制和編戶齊民稱謂的演變，《學術月刊》1982（9）：68～73。

11. 祝中熹：戰國秦漢新爵制的社會基礎及歷史作用，《青海社會科學》1989（4）：74～80。

12. 白國紅：論趙國的軍事賞罰制度，《河北師範大學學報》（哲社版），1998（3）：53～56，66。

13. 卜憲群：秦制、楚制與漢制，《中國史研究》1995（1），又《古史文存》（秦漢魏晉南北朝卷），社會科學文獻出版社，2004：103～119。

14. 吳永章：楚官考，中華文史論叢，1982（2），上海古籍出版社，1982：157～180。

15. 顧久幸：「執圭」雜考——兼論楚國爵制，《江漢論壇》1992（05）：79～81。

16. 何浩：戰國時期楚封君初探，《歷史研究》1984（5）：100～111。

17. 張君：楚國倌人考，《湖北大學學報》（哲社版），1990（4）：80～85，70。

18. 徐勇：西周時期齊國的軍事制度初探，《西周文明論集》，朱亮、宋鎮豪主編，朝華出版社，2003：218～222。

19. 鄭傑文：齊國功爵制的產生和發展，《天津師範大學學報》（社會科學版），1993（4）：50～52。

20. 孫國志：戰國時期秦國封君考論，《求是學刊》，2002（4）：115～120。

秦漢及後世

1. 漆俠：二十等爵與封建制度，《求實集》，天津人民出版社，1982：40～59。

2. 高敏：從《二年律令》看西漢前期的賜爵制度，《文物》，2002（9）。

3. 高敏：從雲夢秦簡看秦的賜爵制度，高敏《雲夢秦簡初探》，河南人民出版社，1979：171～184。

4. 高敏：論兩漢賜爵制度的歷史演變，高敏《秦漢史論集》，中州書畫社，1982：33～57。

5. 高敏：秦的賜爵制度試探，高敏《秦漢史論集》，中州書畫社，1982：1～32。

6. 高敏：商鞅的賜爵制非二十等爵制說，《秦漢史探討》，中州古籍出版社，1998：28～35。

7. 胡大貴：商鞅制爵二十級獻疑，《史學集刊》，1985（1）：7～10。

8. 李均明：張家山漢簡所反映的二十等爵制，《中國史研究》，2002（2）。

9. 李零：《商君書》中的土地人口政策與爵制，《古籍整理與研究》（6）：23～30，又載於《李零自選集》，廣西師範大學出版社，1998：184～194。

10. 董平均：《二年律令》所見「卿」與「卿侯」獻疑，《首都師範大學學報》（社科版），2007（2）：11～15。

11. 黃留珠：秦客卿制度簡論，《秦漢歷史文化論稿》，三秦出版社，2002 年。

12. 于振波：張家山漢簡中的「卿爵」，《文物》，2004（8）。

13. 林劍鳴：秦代官、爵制度變化的奧秘，《光明日報》1983 年 5 月 25 日，又載於《史學》論文選，光明日報出版社，1984，75～80。

14. 〔日〕西嶋定生：中國古代帝國形成史論，《日本學者研究中國史論著選譯（二）》北京：中華書局，1993：48～87。

15. 熊鐵基：試論秦代軍事制度，《秦漢史論叢》（第一輯），陝西人民出版社，1981：41～60。

16. 秦進才：秦漢士伍異同考，《中華文史論叢》，1984（2），上海古籍出版社，1984：265～274。

17. 張榮芳、高榮：朱紹侯先生與軍功爵制研究，載於《史學新論：祝賀朱紹侯先生八十華誕》，河南大學歷史文化學院編，河南大學出版社，2005：124～142。

18. 朱紹侯：劉邦施行過楚爵制已有實證，《南都學壇》（哲學社會科學版），1994（2）。

19. 朱紹侯：商鞅變法與秦國早期軍功爵制，《零陵學院學報》，2004（5）：68～72。

20. 朱紹侯：《奏讞書》新郪信案例爵制釋疑，《史學月刊》2003（12）。

21. 朱紹侯：對劉劭《爵制》的評議，《南都學壇》（人文社會科學版），2008（4）：41～45。

22. 李方：唐西州的封爵制度，《慶寧可先生八十華誕論文集》，中國社會科學出版社 2008：244～261。

官制、軍制、祿及其他

1. 卜憲群：周代職官制度與秦漢官僚制度的形成，《南都學壇》（人社版），2000（1）：1～6。

2. 晁福林：論周代卿權，《中國社會科學》，1993（6）。

3. 王貽梁：概論西周內服職官的爵位判斷，《中華文史論叢》，1989（1），上海古籍出版社，1989：23～37。

4. 閻步克：「品位——職位」視角中的傳統官階制五期演化，《歷史研究》，2001（2）：3～14。

5. 楊寬：西周王朝公卿的官爵制度，《人文雜誌》叢刊 2《西周史研究》1984 年：93～119。

6. 楊善群：西周公卿職位考，《中華文史論叢》，1989（2），上海古籍出版社，1989：41～54。

7. 俞鹿年：中國奴隸社會官制研究，《學習與探索》，1980（4）：126～134。

8. 宮長爲：有關「卿事寮」問題的再探討，《西周文明論集》，朱亮、宋鎭豪主編，朝華出版社，2003：212～217。

9. 陳漢平：冊命金文所見西周輿服制度，《人文雜誌》叢刊第二輯《西周史研究》，1984：192～206。

10. 張先裕：金文中冊命之典，《中國文化研究所學報》10：下，1980：68。

11. 陳恩林：軍功爵制的確立是戰國軍事制度根本變革的標誌，載於《史學論文集》，吉林省歷史學會編，東北師範大學出版社，1989：22～37。

12. 徐鴻修：西周春秋軍事制度的兩個問題，《先秦史研究》，徐鴻修著，山東大學出版社，2002：124～137。

13. 徐喜辰：春秋時代的「室」和「縣」，《人文雜誌》，1983（3）。

14. 湯雄平：關於春秋時代的「室」，《史學月刊》，1987（6）。

15. 尉博博：西周爵祿制度研究綜述，《社科縱橫》，2007（1）：128～129。

16. 徐鴻修：從祿賞制的演變看周代的土地制度——兼評「軍功地主」論，《先秦史研究》，徐鴻修著，山東大學出版社，2002：6～21。

17. 徐鴻修：試論西周時期的貴族經濟，《先秦史研究》，徐鴻修著，山東大學出版社，2002：27～46。

18. 楊希枚：論周初諸王之生稱謚，《殷都學刊》，1988（3）：10～13。

19. 虞萬里：商周稱謂與中國古代避諱起源，《傳統中國研究集刊》第一輯，上海人民出版社，2006：110～183。

20. 陳絜：周代男子以「孫」相稱的含義及其相關問題的探討，載於《中國社會歷史評論》（第三卷），中華書局，2001：49～57。

21. 李學勤：先秦人名的幾個問題，《歷史研究》1991（5）：106～111。

22. 姚偉鈞：商周禮制與飲食禮俗考論，《中國傳統社會探研》，葛金芳主編，人民出版社，2005：11～39。

23. 姚偉鈞：鄉飲酒禮探析，《中國傳統社會探研》，葛金芳主編，人民出版社，2005：40～61。

（三）學位論文

1. 車新亭：試說衛鞅「強國之法」中的爵制，北京師範大學碩士學位論文，1990 年。

2. 陳國忠：從世襲到流動——中國上古時期等級制度演變研究，華中師範大學碩士學位論文，2001 年。

3. 馮盛國：周代儀禮與等級社會，陝西師範大學碩士學位論文，2007 年。

4. 馮秀環：試論戰國中山國的軍事制度，河北師範大學碩士學位論文，2004 年。

5. 高兵：周代婚姻制度研究，吉林大學博士學位論文，2004 年。

6. 金允子：《左傳》與春秋銅器上所見方國名比較研究，輔仁大學博士學位論文，2003 年。

7. 林聖傑：殷商至春秋時期金文人物名號研究，東吳大學博士學位論文，2005 年。

8. 劉兵：二十等到五等——秦漢至魏晉南北朝爵制系統的替嬗，山西大學碩士學位論文，2008 年。

9. 馬衛東：春秋時期貴族政治的歷史變遷，吉林大學博士學位論文，2007 年。

10. 苗永立：周代宋國史研究，吉林大學博士學位論文，2008 年。

11. 潘文凱：秦漢之際的封爵制度，國立成功大學碩士學位論文，2006 年。

12. 邱德修：商周禮制中鼎之研究，國立臺灣師範大學博士學位論文，1981 年。

13. 邱信義：五等爵說研究，國立臺灣大學碩士學位論文，1970 年。

14. 蘇勇：周代養老制度研究，吉林大學碩士學位論文，2005 年。

15. 譚黎明：春秋戰國時期楚國官制研究，吉林大學博士學位論文，2006 年。

16. 仝衛敏：《商君書》研究，北京師範大學博士學位論文，2007 年。

17. 汪中文：西周冊命金文所見官制研究，國立臺灣師範大學博士學位論文，1989 年。

18. 王啓發：禮義新探，中國社科院研究生院博士學位論文，2001 年。

19. 王雪萍：《周禮》飲食制度研究，揚州大學博士學位論文，2007 年。

20. 尉博博：周代爵祿制度的形成與發展，西北大學碩士學位論文，2007 年。

21. 魏芃：西周春秋時期「五等爵稱」研究，南開大學博士學位論文，2012 年。

22. 文炳淳：包山楚簡所見楚官制研究，國立臺灣大學碩士學位論文，1998 年。

23. 巫雪如：包山楚簡姓氏研究，國立臺灣大學碩士學位論文，1996 年。

24. 吳勝：晉國卿族政治研究，山西大學碩士學位論文，2008 年。

25. 徐富昌：睡虎地秦簡研究，國立臺灣大學博士學位論文，1992 年。

26. 徐義華：甲骨刻辭諸婦考，中國社科院研究生院碩士學位論文，1999 年。

27. 楊軍：西漢土地制度與爵位制度關係之研究，陝西師範大學碩士學位論文，2006 年。

28. 楊媚：秦漢爵制問題再探討，西北師範大學碩士論文，2005 年。

29. 葉萍：張家山漢簡《二年律令・爵律》述析，西南政法大學碩士學位論文，2006 年。

30. 鄭憲仁：西周銅器銘文所載賞賜物之研究——器物與身份的詮釋，國立臺灣師範大學博士學位論文，2004 年。

（四）外文文獻

1. 〔俄〕H.II.巴甫洛夫－西利萬斯基：俄國封建主義，呂和聲等譯，商務印書館，1998 年。

2. 〔日〕林巳奈夫：殷周時代的圖象記號，《東方學報》1968（39）。

3. 〔日〕貝冢茂樹：五等爵制的成立，（該氏《中國古代史學的發展》），中央公論社，1977 年。

4. 〔日〕貝冢茂樹：周代的土地制度，《史林》四十九卷第四號。

5. 〔日〕濱田耕作：關於爵與杯，《市村博士古稀紀念東洋史論文集》，1933 年。

6. 〔日〕大櫛敦弘：國制史，《殷周秦漢史學的基本問題》，佐竹靖彥主編，中華書局，2008：185～203。

7. 〔日〕工藤元男：「卜筮祭禱簡」所見戰國楚的王權與世族、封君，《楚文化研究論集》（第 6 輯），湖北教育出版社，2004：393～405。

8. 〔日〕吉本道雅：春秋五等爵考，《東方學》87，1994：15～27。

9. 〔日〕吉本道雅：西周冊命金文考，《史林》74～5，1991 年。

10. 〔日〕吉本道雅：先秦時期國制史，《殷周秦漢史學的基本問題》，佐竹靖彥主編，中華書局，2008：48～69。

11. 〔日〕栗原朋信：關於「封爵之誓」的一點研究，《秦漢史研究》，1960 年。

12. 〔日〕守屋美都雄：作爲漢代爵制源流看待的商鞅爵制之研究，《東方學報》，二七，1957（4）。

13. 〔日〕松井嘉德：周的國制——以封建制與官制爲中心，《殷周秦漢史學的基本問題》，佐竹靖彥主編，中華書局，2008：70～87。

14. 〔日〕藤田高夫：關於秦漢王朝爵位制的轉變——淺析日中爵位制研究的迥異，《古代中國：社會轉型與多元文化》，韓升主編，上海人民出版社，2007：24～29。

15. 〔日〕伊藤道治：中國古代王朝的形成，中華書局，2002 年。

16. 〔日〕增淵龍夫：中國古代國家和社會，岩波書店，1996 年。

17.〔日〕佐竹靖彥：春秋戰國時期秦代爵制的研究，載於《亞洲的份地制度》，日本文部省科學研究報告書，1997.3.

18. Li Feng, Bureaucracy and the State in Early China: Governing the Western Zhou, Cambridge University Press, October 2008.

19. Li Feng,「Transmitting Antiquity: The Origin and Paradigmization of the 『Five Ranks』」in Perceptions of Antiquity in China's Civilization, ed.Dieter Kohn（Monograph of Monumenta Serica）.

20 Li Feng, Feudalism and Western Zhou China, A Criticism pp125～132, Harvard Journal of Asiatic Studies 63.1（2003）.

本文引書簡稱

《合集》　　　　　《甲骨文合集》
《合補》　　　　　《甲骨文合集補編》
《屯南》　　　　　《小屯南地甲骨》
《英藏》　　　　　《英國所藏甲骨集》
《懷特》　　　　　《懷特氏等所藏甲骨文集》
《花東》　　　　　《殷墟花園莊東地甲骨》
《集成》　　　　　《殷周金文集成》
《集成釋文》　　　《殷周金文集成釋文》
《引得》　　　　　《殷周金文集成引得》
《雲夢》　　　　　《睡虎地秦墓竹簡》

後　記

　　此書是在我的博士學位論文《周代爵制研究》的基礎上修訂而成，論文是 2011 年通過答辯的。對於「周代爵制」這個龐大而複雜的問題來說，四年前的論文只是勾勒出一個雛形。當時在論文「緒論」後面列出了對這一問題進一步的研究展望：「第一，將古人對周代爵制的認識做詳盡的學術史方面的梳理和辨析。其中包括：對『三禮』中爵制觀念的辨析；『諸子』爵制觀的辨析和認識；對鄭玄、杜預等乃至清代學者爵制觀的梳理等一系列學術史的整理，同時就這些觀念在各時期的形成做詳細的分析。第二，加強對金文等出土文獻的辨析和已有成果的吸收。其中大概包括：西周冊命金文中等級制度的研究；金文中有關官制、軍制、服飾等級制等與爵制相關問題的深入研究。第三，結合金文及顧棟高、陳槃等人的研究成果，對西周乃至春秋時期各諸侯國的爵制情況做具體的分析論述。以期看出『五等爵制』在當時發展和演變的詳細內容。第四，對爵制有關的相關政制和禮制等方面繼續做更深入和詳盡的研究。在爵制與這些相關制度關係的演變中，找出周代社會的變化脈絡，同時對周代貴族等級制度做全面的瞭解。第五，從社會史的角度出發，對周代爵制體制外的『庶人』及『民隸』等階層進行討論，以此來看爵制對社會基層的影響，從而將爵制問題的討論納入到整個社會的範圍中來。」

　　現在回頭看來，套用一句很時髦的話「理想很豐滿，現實很骨感」。作為一項制度研究來講，能把上面提到的這些問題都研究清楚，當然是一種美好的願望。回顧這一問題的研究史，王國維、傅斯年、郭沫若等諸多大家的名字熠熠生輝，卻始終沒有一個得到學界一致認可的結論。截止今日，即使大量甲骨文、金文乃至簡帛文獻的公佈，史料的欠缺仍制約著我們對這一課題

的深入研究。從本文的內容來看，它僅僅是為周代乃至先秦爵制的研究勾勒了一個大概的框架，匯總了涉及到的史料和前人的研究成果，描繪出作者心目中周代爵制的發展演變（從器物到制度的轉變；商代的萌芽；周代的確立；春秋的繼承和變異；戰國到秦漢的轉型等），以及爵制與其他制度之間的大致關聯。

在這一論文發布後的幾年時間中，學界陸續有一些新的成果出現，如魏芃、李峰、劉源等諸位先生的大作，他們無一例外都是以金文史料為依據，否認周代「五等爵」的存在，或認為「五等爵」這一制度是春秋時期霸主政治體系下為了規範和協調國與國之間關係而產生；戰國時期儒家以一種託古的方式將這一理想化的制度錯誤地追加到西周國家之上；這種理想化的制度在漢代以後的政治中逐漸得以實施，並對中國古代社會產生巨大影響。這一觀點基本與世紀初「疑古」理念相合，立論基礎也以出土文獻為基本，在國內外學界影響很大。即使如此，我認為「五等爵」制形成於西周中期的觀點仍未改變。西周中期，伴隨著周統治的逐漸穩固，統治者開始改革禮制，以取代之前繼承的商文化，於是在青銅器紋飾和組合上，在祭祀詩詠唱上，在策命禮儀和埋葬品上都映像出這種變革的存在，這基本是目前學界的共識。這個過程中統治者對於貴族等級秩序進行規範化也是很有可能的，以五等爵制為代表的周代爵制由此形成。這一推斷目前仍未有直接的史料支撐，而反對的觀點也同樣沒有相應的史料。因此，對這一問題的確切看法仍有待新材料的進一步發現。

在本書即將付梓之際，我最感謝的是我的導師詹子慶先生。2005 年我到先生門下讀碩士，畢業論文《秦國君位繼承制研究》是按照個人興趣而定。2007 年有幸能繼續跟著先生讀博士，入學不久，老師就提出這個題目要我考慮考慮，試試能不能為前輩學者「拉架」，同時對爵制相關的官制、軍制、祿邑及日常生活等內容展開論述，全面展示爵制在周代等級社會中的地位和作用。老師的期望很高，但我資質駑鈍，興趣點又過於分散，四年時間才完成了一個大致的框架，但老師並沒有對我失望，而是以 70 餘歲高齡仍從百忙中抽出時間來對我進行詳盡的指導和幫助，而在本書要付梓之際，老師仍以顫抖的手為我一筆一劃寫序，這是我要永遠銘記於心的。讀書乃至剛工作的這些年，不能忘懷的還有老師和師母對我各方面的關懷和幫助。在這近十年的時光中，最難忘的是在老師家的日子，老師和我們談論學業、學術、國內外

大事、故鄉人情，在這過程中，我不僅體會到老師的治學路徑，更能感受到老師的人格風範，這都是我今後人生道路上永遠的財富；還有師母給我們做的可口的飯菜，每次想起師母做的「黏米飯」，我們這些師門的弟子都饞涎欲滴，是老師和師母讓我們這些異鄉的游子感受到了家的溫暖。在此，恭祝老師和師母身體安康，健康長壽！

2001 年我考入東北師範大學歷史文化學院，隨後一直在學院讀書，博士畢業後又蒙學院不棄，留我在院工作。這十餘年來，學院的各位老師在學業和生活上給予我很多教導和幫助，學生永遠銘記於心。還要特別感謝學院韓東育老師，正是您在我本科畢業時的指點，我才踏上了先秦史學習之路。感謝中國古代史團隊的劉曉東老師、王彥輝老師、謝乃和老師等諸位師長，感謝鄭升濱老師在日常工作和生活中的幫助。謝謝你們！

由於個人學識有限，書中有些問題的論述都難免粗疏，許多重要的問題還要留待以後去探索。希望能夠得到學界同仁的批評指教。

又本書簡體字版曾於 2016 年 5 月在東北師範大學出版社印刷出版，今花木蘭文化出版社又不嫌拙作淺陋，屬意公開發行繁體字版，甚是感激。因時間倉促，全文除了更改幾個錯別字、注釋仍更回博士論文舊貌外，基本沒有更多變動，特此說明。

劉芮方

2017 年 10 月於長春